ハービー・ペニックのゴルフレッスン

the wisdom of Harvey Penick

迫田 耕・訳
Harvey Penick with Bud Shrake

ハービー・ペニックのゴルフレッスン　目次

第一章　私の小さな赤い本

第二章 ゴルフをすれば、あなたは友達

第三章　ゲームを愛する人へ

第四章　生涯のゲーム

ハービー・ペニックのゴルフレッスン

the wisdom of Harvey Penick

迫田 耕・訳
Harvey Penick with Bud Shrake

まえがき——ハービーと私

トム・カイト

お気づきかもしれませんが、この解説書は今まで書かれた中で最も普遍的な真実を語っている本です。

ハービー・ペニック氏のレッスンを直に受けたことがなくても、この本を読み進めていくうちに何かを感じ取り、結果としてゴルフが上達してしまうでしょう。

何十年ものハービーの活動は「ペニック信奉者」を生み出しました。彼は古いジーンズのように心地良く、気取らず、しかも賢いので、彼と一緒にいるのが楽しいのです。学術的な偉さではなく、人を知り、愛する人間的な賢さが人々を惹きつけるのでしょう。

実際、誰もコースに出ないような寒い日に皆と彼を囲んで過ごし、ハービーの内面に触れた想い出は私の大好きな記憶の一つです。

誰よりも生徒の練習に付き合ってきたことが、自分を良い教師にさせたのだろうとハービー自身はよく言っていましたが、他の多くのレッスンプロも長い時間を生徒と練習場で過ごしてきたはずです。しかし、ハービーの生徒は必ず上達して結果を出し、そのことによってハービー自身もさらに磨かれてきました。すでに多くの優秀な生徒を輩出した現在でも、彼には毎日何がしかの発見があるのだそうです。

スウィングは突き詰めればたった1種類だとする昨今の潮流と比べると、ハービーは生徒の個性を尊重し許容します。だからこそ個性的で優秀な選手が数多く集まってくるのです。

全員は書けませんが、ミッキー・ライト、ベッツィ・ロールズ、サンドラ・パーマー、ジュディ・キンボール、キャシー・ウィットワース、テリー・ディル、ドンとリックのマッセンゲール兄弟など、米ツアーに参戦している選手もオースティンの彼を訪ね指示を仰ぎます。

ボブ・トスキ氏が指摘したように、ベン・クレンショーと私という性格も運動能力も全く違う二人を同時期に指導しながら、無理なくそれぞれの個性を伸ばすよう仕向けることなど、ハービーにしかできない芸当です。

しかしハービーはプロ専門の教師ではありません。彼は全くの初心者が初めて空高くボールを打ち出せた時や、ハンディ21の迷える子羊を迷宮から救い出せた時など、いまだに鳥肌が立つほど興奮するのだそうです。

長年にわたりオースティン・カントリークラブはシングルプレーヤーの数が全米で最も多いクラブですが、ハービーのレッスンを受けたメンバーが必ず上達することと無関係ではありません。

お伝えしたように、ハービーは同じ指導内容や方法を画一的に教えることはありませんし、グループレッスンしている姿も見たことがありません。

それどころか、他人に対するレッスンを不用意に聞きかじって混乱する事態を避けるため、他の人をレッスンしている傍には近づかないよう諭されることすらあるのです。

私はベン・クレンショーと30年以上の付き合いで、いわば兄弟子ですが、ハービーがベンをレッスンしているところに同席を許された経験はありません。逆に私のレッスンにベンが立ち会ったこともないのです。

ハービーは実に注意深く言葉を選びます。そのせいか質問の回答が翌日まで持ち越されることもしばしばです。

そして最終的にすべて（本当にすべてです）の答えは肯定型ばかりなのです。ハービーは『〇〇しないで』とは表現せずに『ちょっと△△してみよう』と言うのです。

この世にはどうすることもできないことだってあるでしょう。ドライバーが以前のように飛ばなくなり、アイアンは切れなくなり、かつて29で収まっていたパットが33も34も叩くようになっても、ハービーから学んだ愛が残っています。気づかなくても結果的に自己鍛錬になってしまうゴルフゲームそのものに対する愛情と、このゲームを分かち合う人達への愛情です。

ハービーはコースを尺取虫のようにしか進めない初心者と、ベルベットのように滑らかにスウィングできるツアープロとを全く区別しません。ゴルフを愛している人ならハービーは全力で上達の手助けをするでしょう。それは生徒に絶大な効果をもたらします。

ノースカロライナ大学の著名なスポーツ心理学者であるディック・クープ氏の言葉を借りれば、「ハービーは例え話によって本質を伝える」と言えるかもしれません。

最後に私見ですが、ハービーにも彼を導いた素晴らしい先生が存在したことは疑う余地がありません。

ベン・クレンショー

テキサス西部の友人とハービー・ペニックについていろいろ話していたら、彼は「ハービーは私の知る限り最も達観した人だ」と評するのです。まさにぴったりの表現だと思いました。テキサス大学で優秀なプレーヤーだった彼は、当時をよく思い出すのだそうです。ハービーの教え方の規範やその背後にある素朴な人生観は、この友人を計り知れないほど感化し、彼の人生を変えるきっかけになったそうです。惜しむらくは、我々がハービーのもとにいる時そのことに気づいていれば、と思います。

ゴルフはあらゆる形でハービーに満足を与えてきました。さらに、早い時期からライフワークとなるゴルフと出会ったことも事実です。

ハービーは、1920年代に形成されたテキサス派とも呼ばれるゴルフ流派の実質的な指導者であるジャック・バーク・シニアとも会っていました。バーク家にはゴルフ教師に憧れる者が面接のために列を作っていたそうです。バークはフィラデルフィア出身なので、素朴で原理主義的な教え方をする、東海岸のスコットランド系プロゴルファーたちの影響を強く受けていました。

断言できますが、ハービーが特に感化されたのは、アトランタの若きボビー・ジョーンズを指導したスチュアート・メイデンの教え方でした。メイデンは専門用語ではなく単純で嚙み砕いた表現を使いましたが、これは今やハービーのトレードマークになっています。また、ハービーはジョーンズとメイデンの共著『ボビー・ジョーンズのゴルフ』を最高のレッスン書に挙げていました。ジョーンズ氏とメイデン氏のゴルフにおける才能と共通認識を素晴らしい言葉で著しているのです。

その他にもハービー・ペニックに影響を与えた人はたくさんいましたが、偉大な教師とそうでない人を分かつのはゴルフの知識だけではなく、コミュニケーション能力が不可欠です。残念なことにゴルフ界において生徒と上手くコミュニケーションできる教師は非常に少ないのですが、ハービーは天賦の才でしょう、両方持っています。私はハービーがゴルフ人生の大半を、生徒に向かって「何か」よりも「どのように」教えるかを考え続けてきたことを知っています。ハービーの言葉はいつも優しい口調で語られ、命令口調とは正反対でした。調子の悪い時の生徒の精神状態が危ういことをよく理解していたからです。

例えば、ハービーはよく生徒の手にタコができていないかチェックしていました。もしあれば「クラブに手を添えてごらん」というでしょう。この表現でクラブを「握り込む」「捻る」「巻き込む」ことがないよう示唆するのです。「手を添える」という言葉は握力を弱くする効果があり、クラブヘッドを走らせやすくするのです。

いろいろな意味でハービーはオールド・トム・モリスを連想させます。オールド・トムはスコットランドのセント・アンドリュース出身のゴルファーで、全英オープンに4回も優勝した偉大なプレーヤーでした。

恩師ハービーをはさんでトム・カイト（左）とベン・クレンショー（1985年）

ハービーほどゴルフ教師として評価されていませんが、人々に彼の哲学やゴルフの伝統を広め、深い感動を与えました。セント・アンドリュース・リンクスの名誉プロ、そしてコース管理者として、ゴルフゲームの変貌を見ながら、この愛すべき人物はあらゆるレベルのプレーヤーがよりゴルフを楽しめる環境作りに、その実り多き人生を捧げたのです。

オールド・トムは賢く、公平で、非常に明快でした。彼を幸せにするのは簡単だったでしょう。友達に囲まれ、ゴルフをプレーできて、ゴルフの話ができれば充分だったのです。彼はよく「神とゴルフのお陰様」と言っていたそうです。

ゴルフに真剣に取り組んでいる者にとって、ゴルフ教師ハービー・ペニックの人生について読めることは大いなる喜びです。ゴルフに関してはシンプルで良識的に説明してあり、わかりやすいと思います。しかし、幸運にもハービーと直に接した者は、いつも変わらぬ礼儀正しさと寛大さや優しさに感動して来ました。彼が声を荒らげたところなど一度も見たことがありません。彼は本当に思いやりに満ちた人なのです。尊敬すべき点はたくさんありますが、一言で言えばハービー・ペニックは人生とゴルフの最高の賜り物なのです。

ベッツィ・ロールズ

ハービー・ペニックは、私がゴルフ競技から引退する1975年までの30年間、私にとって唯一のゴルフの先生でした。ハービーはゴルフを、彼の人生と同じような堅実で価値ある、いくつかの原則に要約してくれました。そしてそれらの原則を、地に足の着いた簡潔な（時にはユーモラスな）言葉で説明してくれたのです。

彼は常に私にとって、ツアー競技の錯綜した感情的トラウマからの避難所でした。コースから戻ってきてハービーと会うだけで、リフレッシュし、元気になり、そして再び物事が見通せるようになるのです。彼は私を、良いスウィングの土台である基本的な仕組みに、立ち戻らせてくれるのです。

ハービーは、彼の性格の強さ、モラル、献身、そして偉大な智恵で、私をより強くより賢くしてくれたようです。ハービーを先生、助言者、そして友達として持てたことは、私の人生の中で最も恵まれたことのひとつでした。

ミッキー・ライト

オースティンCCの練習場で、ハービー・ペニック氏と過ごす時間は無上の喜びでした。単にスウィングを診てもらうだけでなく、彼を観察することや、彼からいろいろな話を聞けたからです。

私はいつも彼の実直な教え方に心打たれていました。彼はスウィングの要はグリップにあると力説し、草刈り用の大鎌や鎖の先に重い球を付けた器具などを使って、正しいスウィングのフィーリングをつかませようとしました。

彼は生徒の個性を尊重し、決して枠にはめようとはしませんでした。特に生徒に合ったショートゲームの修練に重点をおいていました。確かに彼の生徒の中でも出世頭のベン・クレンショー、トム・カイト、キャシー・ウィットワースのショートゲーム技術は突出しています。

キャシー・ウィットワース

ハービー・ペニックはクラブプロとティーチングプロを完遂しながら、なお独特の個性を持ち続けています。彼は簡単に手にできたであろう報酬や名声には全く関心がありませんでした。私自身も最初の数回のレッスン以降は、お支払いをしたかどうか覚えていません。

彼にとって最大の報酬は、生徒が今まで打った経験がないほど素晴らしいボールを打つ、その手助けができた瞬間だそうです。彼の日常生活の中での物腰や高潔さ、頑固なまでの清廉さは、ゴルフレッスンと同じくらい私に影響を与えました。彼の規範に沿って暮らそうと努力した経験は素晴らしく、私自身もティーチングプロを目指している今、その気持ちは強くなるばかりです。

ハービーは年齢なりに多くの人と接し、彼らを幸福にしてきたでしょう。そして今回、この本を通して、より多くの方がその恩典を受けられるのです。何と素晴らしいことでしょう。

『私の小さな赤い本』のこと

年老いたプロから、オリジナリティーとはまだ誰も言ったことがないことを示すのではなく、自分が真実だと確信したことを話すことだと言われました。私は60年以上前から『私の小さな赤い本』と自分で呼んできたノートに、私的な記録を取ってきました。しかし、つい最近まで息子のティンズリー以外には読ませようとはしませんでした。妻のヘレンはもちろん読もうと思えば読めたでしょうが、老キャディのような私と長年連れ添ってきたので、ゴルフに関する情報など十分過ぎると思っていたでしょう。

この『私の小さな赤い本』は、オースティンCCのヘッドプロを引き継いだティンズリーに譲ろうと思っていました。ティンズリーは、私が半世紀も勤めた名誉ヘッドプロを辞した1973年に、ヘッドプロに就任しました。

この本に書いた内容を参考にすれば、私が死んだ後もゴルフ教師として困らないだろうと考えたのです。ティンズリー自身も素晴らしい教師で、何年もこの本に関わる事象を集めてきてくれました。しかし、私が書きなぐったこのノートは1冊しかなく、いつもブリーフケースにしまい込んでいました。クラブメンバーの大半や私の指導を求めてやってきた人は、このノートの存在を知っていました。

私がゴルフについて学んだことを思えば薄すぎるくらいですが、小さな赤い本もいつの間にか厚くなってきました。

この本を読ませて欲しいと言ってきた人も少なくありません。しかし、トム・カイトにもベン・クレンショーにも、ベッツィ・ロールズにもキャシー・ウィットワースにも、ベティ・ジェイムソンにもサンドラ・パーマーにも、どんなに親しい相手であっても一度も見せたことはありませんでした。

『私の小さな赤い本』の特殊性は、これまで誰も言ったことのないことが書かれているからではありません。時を経ても変わらないことが書かれているからです。偶発的にしか上手くできないようなゴルフスウィングについて書かれたものを見かけます。が、私の本は初心者、中級者、上級者、また子供たちにとっても、試して上手くいったことだけを書いています。

昨春のある朝、私はオースティンCCのベランダ近くにある木の下の芝生でゴルフカートに座っていました。横には若くてとても忍耐強い看護師のペニーが乗っていました。家からクラブまでは数ブロックの距離です。私が外出できるぐらい元気な日には、彼女がゴルフカートに乗せて連れてきてくれるのです。

でも私は、毎回1～2時間以上いることも、毎週3～4回以上行くこともありません。クメンバーに背後霊のように付きまとっていると思われたくはないからです。同時に、クラブプロのジャクソン・ブラッドレーたちのレッスンを邪魔するわけにもいきません。

ただ、賞金王で古い友人のトム・カイトがカートまでやってきて、パットを診て欲しいと頼んできたら、断ることはできません。トミーは私の体調を気遣っておずおずと聞いてきます。でも彼の申し出には心底胸躍ります。

私はよく夜中に天井を見つめながら、テレビのトーナメントに出ていた頃のトミーの姿を思い浮かべます。そして彼が私に会いに来てくれるようにと祈り、幾晩も過ごすことがあるのです。トミーが望むなら、週末はクラブに行かないと決めたルールをも喜んで破り、ペニーに運転してもらって、木曜や金曜はおろか土日の朝だろうが、トミーの待つ練習グリーンに馳せ参じます。でもそうなると、私が昼食をとることよりもトミーのパットを診たがるので、ペニーに叱られてしまうのです。

また、カートの日除けで直射日光を避けながら、心地良い春風に吹かれて、私がこの世で最も平和な場所と思っている我がゴルフコースの美しい緑のうねりや、眼下のオースティン湖の碧い水の輝きを眺めていると、若いツアープロのシンディ・フィッグ・クリエが挨拶にやってくることもあります。そして彼女は勇気を奮い立たせて、パッティングストロークを診てくれませんかと言ってくるのです。

「もちろんだよ」と私は言います。トミーのようなすでに著名なヒーローだろうが、シンディのような売り出し中の新米プロだろうが、私は同じように指導しますし、またそれがとてつもなく楽しいのです。

前日の晩も、電話でシニアツアーのドン・マッセンゲールに、パッティングの長距離レッスンをしたばかりでした。私は耳が遠くなり、電話の声がよく聞こえないので、妻のヘレンに大声で仲立ちをしてもらい、ドンのグリップを直そうと試みたのです。

ほんの少し前、ベン・クレンショーが奥さんとお嬢さんを連れて、私とヘレンに逢いに来てくれました。彼は私が街の反対側にある旧オースティンCCで教えていた頃の少年グループの一員で、トム・カイトとともに成長し、あのマスターズを制した男です。ベンは天性の偉大なプレーヤーです。彼が子供だった頃、何か妙な技を身につけてしまってては大変と、あまり練習させなかったほどです。ベンは私の家から10分ほどのところに、相棒と共同設計して造ったバートンクリークCCという自分のコースを持っています。その彼と一緒にソファに座ることや、トーナメント先から電話をくれることを、私は無上の喜びと感じます。

ベンが帰ってまもなく、今度はクラブメンバーのギル・クイケンドールが空軍司令官のロビン・オールズを連れてやってきました。車椅子に座ったままでいいから、司令官にレッスンをつけて欲しいと言うのです。彼らはペアとして選手権に参加予定だが、司令官はまだ数回しかゴルフをしたことがないので、指導してもらいたいと。我が家の居間の絨毯の上で、しかも時間は30分ほどしかない。オールズ司令官は胸板の厚い、陽気な男性でした。ウェストポイントではフットボールのスターだったといいます。彼は立派な筋肉を持っていましたが、ボビー・ジョーンズがよく言っていたように、大げさな筋肉は鉄棒を曲げることには役立っても、ゴルフクラブを振るには無用の長物です。そこで私は、司令官にはフックグリップの、非常に短いスウィングがふさわしいと伝えました。腰から腰までの高さのスウィングです。彼はフルスウィングするには筋肉がありました。

すぎるのです。彼の強い筋肉は短いスウィングでも十分にボールを飛ばす力を持っていることを教えたのです。選手権で100を切ることはできないにせよ、これで楽にゴルフコースを回れます。

そのメンバーと司令官が帰ると、ヘレンとペニーが私を叱り出しました。こんなことをしていると疲れ切ってしまうというのです。ベンが立ち寄る前にも、テキサス大学のチーム入りを目指している女の子が、上達の具合を見て欲しいとやってきて、1時間も助言をしたではないかというのです。

確かに、夕方になる頃にはだいぶ疲れていました。しかし私の気持ちは昂ぶり、心臓が動悸を打っていました。なぜなら久しぶりに教えたからです。私は他の何よりも教えることに喜びを感じます。

パリから来た初対面の女性に、フランスに帰ってご主人と一緒にプレーできるようにと、ボールを宙に打ち出せるよう教えた時も、また幸運に恵まれた優れたプレーヤーたちの上達ぶりを見つめる時も、同じように喜びを感じるのです。以前、ある凡庸な教え子が素晴らしいショットを打てた時、「私と同じくらい喜びを感じてくれると嬉しいけど」と言ったことがあります。役に立てた喜びで腕には鳥肌が立つし、首にはピリピリと電気が走ってしまうのです。

教えてゆく中で、常に上手くいくスウィングや精神的なアプローチの方法が見つかると、私は例の『私の小さな赤い本』に書き留めたのです。たまにはウォルター・ヘーゲン、ボビー・ジョーンズ、ベン・ホーガン、バイロン・ネルソン、サム・スニード、ジャック・ニクラス、アーノルド・パーマーを始め、カイトやクレンショーなどのチャンピオンたち、そして、ロールズ、ウィットワース、ジェイムソン、ミッキー・ライト、サンドラ・パーマーやその他の優れたプレーヤーたちについての印象も書き綴ってきました。

私はイメージや例え話などで、ショットメーキングの種を心に植えつけるのが好きです。これらも好結果が立証されれば、このノートに書き加えられていったのです。

長い間教師をやっているので、私のレッスン書を書かせてもらえないかと、何人ものプロのライターが言ってきましたが、いつも丁重に断ってきました。第一、私に文才があるとは思えません。私はゴルフを慎ましやかに教わり、教えてきただけです。有名になるために覚えたわけではありません。お金には関心を持ったこともありません。私の学んだことは自分の生徒とだけ共有できれば良いと思っていましたし、最終的には息子のティンズリーと、娘のキャスリンに譲るだけだと考えていました。

しかし、先ほどもお話ししたある春の朝、車椅子の周りの芝生でリスが戯れ、黒光りするムクドリが頭上の枝を渡り歩くのを見ながら、ふと、これまでの考えは自分本位すぎるかもしれないと思い始めたのです。

蓄積した知識を秘蔵するのは間違っているかもしれない。87年生きられたのも、こんなに素晴らしい生涯を送れたのも、学んだことを皆に伝えるためだったのかもしれない。

この贈り物は私によって隠されるべきではないと気づいたのです。

その特別な朝、クラブ近くの丘に棲む著作家、バド・シュレイクが木陰にいた私に会いにきました。ペニーはカートの席をバドに譲りました。始めは、私が33年間もの間テキサス大学のコーチだった時の教え子で、バドの兄のブルースについて話していたのですが、やがて私は耐え切れなくなりました。そして、こう切り出したのです。

「ティンズリー以外には、誰にも読ませたことのないものを見せるよ」

私はブリーフケースの鍵を外し、『私の小さな赤い本』を彼に手渡しました。この本を出版するために手伝って欲しいと伝えると、バドはショップにいたティンズリーを連れてきてくれました。

ティンズリーに、多くの人とこの本を分かち合うというのはどうだろうと尋ねると、ティンズリーはにっこり笑って「父さんが、そう言ってくれるのをずっと待っていました」と言ってくれました。

そこで、その木陰で、私たちは『私の小さな赤い本』を開いたのです。

オリジナルの『私の小さな赤い本』を
手にするハービー（1994年）

第一章　私の小さな赤い本

ゴルフの薬と治療効果

もし、私がアスピリンを飲むようお願いしても、皆さんは1瓶全部を飲むようなことはしないでしょう。

ゴルフのスウィングはちょっとした変更で、とても大きな変化をもたらします。人間の性分として練習の成果を得ようと、本当はわずかな変更で十分なのに過剰に改革してしまいがちです。すると効果が大き過ぎて新たな修正が必要になり、挙句どんどん深みに嵌《はま》って、元に戻ることもできなくなってしまうのです。

私のレッスンは球を打つ練習だけとは限らず、効果があると思われる方法をあなたにちょうど良い分量だけ処方します。

ルッキング・アップ

ルッキング・アップはミスショットの言い訳として最も頻繁に使われる言葉です。しかし、ミスショットの原因をルッキング・アップのせいにするのは、二重の間違いです。

「球を見て打ってね」と言うと、生徒さんは「球を見さえすれば上手く打てる」と思いがちです。

でも私の長いゴルフ人生の中で、インパクトの瞬間、球を目視できると主張したのはわずか数人のトッププレーヤーだけで、ベン・ホーガンでさえ「ダウンスウィングのどこかで」球を見失ってしまうと、告白しているのです。

アドレスでの手の位置

ドライバーを除いたすべてのショットで、アドレス時の手の位置は左太ももの内側が好ましいと思います。

ドライバーではもう少し内側のジッパーあたりが良いでしょう。この小さな変更により球の後方に構えやすく、クラブヘッドが上昇軌道の過程で球を捕らえやすくもなります。

3本の重要なクラブ

お洒落で博学のゴルフライターであるハーバート・ウォーレン・ウィンドが訪ねてきて、「キャディバッグの中にあるクラブから、重要な順番に3本挙げると何ですか？」と、問われたことがあります。

「パター、ドライバー、ウェッジの順です」と答えましたが、彼は同様の質問をすでにベン・ホーガンにもしており、答えは「ドライバー、パター、ウェッジ」の順だったそうです。

私は「ドライバーは18ホールで通常14回しか使えませんが、パターはＯＫパットを除いても、23～25回は使うからです」と答えました。

5フィート（約1・5メートル）のパットも270ヤードのドライバーショットも同じワンストロークですが、パットの方がずっとスコアを左右するでしょう。

確かに心理的にはドライバーも重要です。ティショットが上手く打てれば自信につながる一方、林に2回打ち込んだだけでその自信は揺らぐからです。でも、難しいパットを捩じ込んだ時ほど痛快なことはありません。球はホールに落ちて行きますが、逆に天にも昇る晴れがましさを味わえますし、相手を凹ませることにもなるのです。パット巧者は誰にとっても手強い相手ですが、逆はどうでしょう。

もう一度ドライバーとパターの重要度を考えてみると、林には強打者が打ち込んだと思しき球がたくさん転がっているとは思いませんか？

グリップ

グリップが悪いと良いスウィングは望めません。

悪いグリップのままで球を真っ直ぐ打つためには、スウィングを醜く矯正しなければならないからです。

アル・ガイバーガーのような美しいスウィングには、彼のグリップが不可欠なのです。もし彼が腕を捻って妙なグリップにしたまま彼特有の優雅なスウィングをしたら、OBボールを打ってしまうかもしれません。

背丈や体型が似たプロゴルファーのスウィングを手本にするのは良いアイディアだと思いますが、その際にはぜひグリップも真似てください。

教師をして痛感しているのですが、生徒のグリップには細心の配慮が必要です。週1ペースで何年もゴルフを続けてきた挙句、ちっとも上達しないからといってレッスンを受けに来た生徒を想像してください。やるべき仕事（言い換えれば可能な仕事）の最初はグリップを直すことです。

でもグリップを直しただけでは良いショットを打てるようにはなりません。ミスショットを連発するあまり、彼は私のことを全米で最悪の教師だと感じるかもしれませんし、二度と顔も見たくないと思うかもしれません。悪いグリップを直すにはかなりの量の修練が必要です。生徒にやる気のない限りはできませんし、最初のレッスンだけで根治を目指すなど愚かな教師のやることです。

しかし、頻繁にプレーし練習熱心なプレーヤーには時として奇跡のような結果も起こるのです。

カービー・アットウェルがテキサス大学のチーム入りを目指していた頃のことです。彼はすでに良いスウィングを身につけていましたが、ウィークグリップのためにクラブフェースが開いたままになる癖がありました。彼のショットの多くは自動的に目標より右に飛び出すようでした。まれにクラブフェースをスクェアにすることを意識しすぎると酷いフックにもなるのです。

彼の性格とプレースタイルを把握したと確信できてから、私は彼の左グリップを右回りに移動させ、同時に右グリップもほんの少し右に動かしました。左手を動かしたからといって、右手も動かさなくては、などと考えないでください。大概、片手はもとのままで十分なのです。この若者の場合はたまたま、スウィングとの兼ね合いで両グリップともストロンググポジションに移動させる必要があったのです。

カービーは私が直したグリップを「信じられない」といった表情で見つめました。「ハービー先生！」と彼は訴えました。「こんなグリップで打ったら、フェンスを飛び越すような大フックになりそうですよ」

私はとにかく打ってみるようにと言いました。すると彼はじつに遠くまで強烈な、しかも着弾後も真っ直ぐ転がるような真のストレートボールを放ったのです。当然のことですが彼は驚き、喜びました。

カービーはその後テキサス大学の優秀なプレーヤーに育ちました。しかし彼をそこまで押し上げたのは、新しいグリップに慣れて自信が持てるまでコースに出ず、練習場で打ち続けた根気と才能、そして時間だったのです。

誰にでも合う万能グリップなど存在しません。自分に合ったものを見つけるしかないのです。

インターロッキンググリップは、シャフトの根元側を握る手（反利き手）の人差し指を、利き手の小指と薬指の間に差し込んで、お互いを絡ませて固定するのですが、指の短い人向けのグリップです。ジーン・サラゼン、ジャック・ニクラス、トム・カイトなどが採用しています。

オーバーラッピンググリップは、利き手の小指を反利き手の人差し指と中指の凹みに沿わせて被せるか、人差し指の真上に乗せます。一般から上級者まで広く用いられていますが、個性豊かで多くの派生があります。ベン・ホーガン、アーノルド・パーマー、バイロン・ネルソン、ベン・クレンショー、サム・スニード、アル・ガイバーガー、ペイン・スチュアートなどもオーバーラッパーですが、全く同じグリップというわけではありません。

両手（ツーハンド）または十本指（テンフィンガー）グリップは、ベースボールグリップ（野球のバットは手のひら寄りで、ゴルフクラブは指寄りで握ります）とも呼ばれ、ひ弱な女性や年配者に特に好適です。加えてベス・ダニエル、アート・ウォール、ボブ・ロスバーグなどのトッププロたちもこのグリップで良い成績を挙げています。私の生徒の小柄なアリス・リッツマンも、このグリップの採用によってツアーで戦うのに十分な飛距離を獲得しました。それどころか今では長距離ヒッターにも数えられています。

ベン・ホーガンは有名なハーブ・ウィンドとの共著『モダン・ゴルフ』の中で、利き手の親指と人差し指は決して触れ合ってはならないと説いています。ところが両指の関係を拳銃の引き金になぞらえて教える者もいます。ボビー・ジョーンズは、右手の人差し指の先端が全くシャフトに触れないようにグリップするタイプのオーバーラッピンググリップでした。しかし右手人差し指の第二関節裏でしっかりとシャフトを押していました。スポルディング社のビクター・イーストは、ジョーンズの右手人差し指が当る部分をフラットにした特製グリップを作りましたが、現代ではルール違反になるでしょう。

グリップの話は尽きないのですが、私の理解を超えてしまいそうです。実際、トッププレーヤーはグリップを変えるだけでドローやフェード、スライスやフックを打ち分けることができますが、傍で見ている人にはその違いが全くわからないでしょう。でも彼らには握りを変えた意識があり、それを感じるからこそ多彩に球筋を操れるのです。

私の指は長いのですが、指の長い人はオーバーラッピンググリップがしっくりきます。ヤード尺（鯨尺などの長い定規）を手にとって、ゴルフクラブの代わりに握ってみてください。きっとあなたにとっての良いグリップに近い形になっているはずです。少なくとも私が、利き手の親指と人差し指の間にできるV字がどこを指すべきかなどとくどくど述べるより、ずっとあなたにふさわしいグリップでしょう。そのままスウィングして不具合がないか確認しましょう。その後、実際のゴルフクラブで同じグリップをすればよいのです。

先に述べた三つのグリップに共通して申し上げたいことが一つだけあります。左手（ボトムハンド）の親指はクラブの真上に真っ直ぐには置かないでください。親指はほんの少し頂点より右にオフセットさせて置いて欲しいのです。

この親指の位置は最も大切なことだとバイロン・ネルソンに言われました。その位置ならバックスウィングのトップで下側からクラブを支えつつ、ヘッドの慣性や角度を感じながらクラブをコントロールしやすいのです。

逆にグリップがストロング過ぎる弊害についてもお伝えしておきましょう。

テキサス大学でコーチをしていると、州の西部からやってきた若者たちとたくさん知り合います。彼らは強い風の中でいつもプレーしてきたためか、ストロンググリップが定番です。7番アイアンでとんでもない距離を打てますし、ティからは3Wや4Wでも凄い飛距離を出します。でもドライバーは打てないのです。彼らのストロンググリップがロフトをかなり減らすので、元々ロフトの少ないドライバーでは遂にマイナスになってしまうからでしょう。

ビリー・マックスウェルはテキサス西部出身の若者の中で、ボトムハンドの親指の位置が頂点近くにある、私の言うところの良いグリップを持った最初の生徒だったと記憶しています。

三つのグリップのどれを採用するにせよ、両手は絡み合って溶け合うように一体になることが大切です。あなたに合ったグリップは心地良く感じますし、それを見つけたら変えてはいけません。弾道が適正ならばそのグリップはあなたに合っているのです。

しかし、もしあなたに合わないグリップだと、グリップに合わせようとしてバックスウィングを誤修正し、そのバックスウィングに合わせようとしてダウンスウィングにも更なる誤修正を加えることになってしまいます。

それとグリップの強さですが、軽めを保つように心がけてください。アーノルド・パーマーはきつめにグリップするのを好みますが、あなたはアーノルド・パーマーではないのですから。

ワッグル

ワッグルの効用は、やる気を起こさせアドレナリンの分泌を促すことでしょう。ワッグル自体が目的化しない限り、小さな練習スウィングにもなり、緊張もほぐれます。ただ限度はあります。スウィングする前に21回もワッグルするクラブメンバーがいましたが、同伴プレーヤーたちは彼の打順になると打ち終わるまで目を外らしていたものです。

ベン・ホーガンが鋭い指摘をしています。『ワッグルが癖になってはいけない。フィーリングをつかんだら即スウィングしなさい』。ボビー・ジョーンズも『3回もワッグルしたらろくなショットにならない』と言っています。

私も上下にワッグルするのは素人臭くて嫌いです。

最後に、偉大なホートン・スミスは全くワッグルをしませんでした。

クラブの持ち方

クラブの持ち方は、見方によってはグリップ技術を超えた芸術にもなり得ます。

ニューヨークのあるセミナーで教えていた時、私はいつものようにクラブを手に持ったまま講義をしていました。別にボブ・ホープを気取っていたわけではなく、私は特に大人数に向かって話をするときはクラブを携えている方がずっと楽なのです。

そんな私を見てあるプロが「ハービーは大切な楽器のようにクラブを扱っているよ」と言いました。この言葉はまさに私が自分のクラブに抱いている感覚そのものなのです。

ヒューストンでの別のセミナーでジャクソン・ブラッドレー、ジミー・ディマレ、ジャック・バーク・ジュニアと私が壇上にいました。その時私は、ジャッキー・バークの自然で美しいグリップを褒めたのです。すると「ちょっと補足させてください」と、ジャクソン・ブラッドレーが続けました。

「ジャッキーはグリップだけでなくファッションセンスも抜群ですよ」。ジャクソンは彼の手を聴衆に見せながら続けました。「ごらんのように私の指は少し曲がっています。私のグリップはジャッキーと同じぐらい良いと自負していますが、この指のせいで彼のようには美しく見えないのです」

ベン・クレンショーのグリップをごらんください。彼の手と指はとても優雅で自然なので、彼のグリップを芸術作品と評したくなります。ミッキー・ライトやデーブ・マーにについても同じことが言えると思います。

トム・カイトやジャック・ニクラスも良いグリップをしていますが、指が短いのとインターロッキンググリップのせいで、私の目には見栄えが悪く映ります。

最も楽だったレッスン

私の生涯で最も簡単なレッスンはドン・ジャニュアリーに行ったものでした。ドンは当時ノーステキサス大学のスタープレーヤーで、すでにテキサスアマチュアサーキットでの優勝経験もありました。この巡業トーナメントは、ここに書き出したら一冊の本になるほどたくさんの、優秀な選手がひしめき合っていたのです。ドンはプロツアーに参戦しようかどうか迷い、私に自分のスウィングを診て正直な意見と弱点の補正を頼んできたのです。

パットを少し見せてもらった後、練習場に移動してショートアイアンを6発、ミドルアイアンを6発、ロングアイアンを3発ほど打ってもらいました。彼は私に何か言って欲しそうでしたが、その代わりにドライバーを3発ほど見せてくれるよう頼みました。

打ち終わると彼は私の方に向き直って「それで、私には何が必要でしょうか？」と訊かれたので、私は「ドン、君に必要なことは今すぐ荷物をまとめてカリフォルニアに行き、ツアーに参戦することだよ」と答えました。

あっという間にレッスン終了！

手のひらのタコ

多くの人が自分の手のひらにできるタコを私に見せたがります。タコの位置や厚さを見れば、正しいグリップかどうか判断できるかもしれないと思っているのでしょう。

サム・スニードに手のひらのタコを見せて欲しいと頼んだ人がいたそうです。彼は「私はタコが全くできない」と答えました。彼はクラブをグリップする際、手の中に小鳥を抱いているように感じているのだそうです。鳥が逃げてしまわず、しかも息ができなくなることがないような力加減だそうです。なるほど、それならタコはできませんね。

クラブをしっかりと、しかしきつ過ぎず握れば、ひじと肩から余分な力が抜けます。この方法は特に女性に重要です。よりスナップを効かしたショットが打てるからです。

タコができるのは、クラブを握ったあとで、実際は悪いグリップを良く見えるように、手をひねってしまうからです。いったんクラブを正しく握ったら、それ以上いじらないことです。V字がどこを指すべきかなどと考えて、腕を捻り回す必要はありません。グリップしてから、さらに腕や指の位置を動かすと、困った結果を二つ招きます。悪いグリップを偽装するわけですから、正しくグリップするチャンスを逃しますし、結果的にタコもできてしまいます。

子供がゴルフを始める時

子供がゴルフを始めるのに最も適した年齢は、その子がゴルフに興味を示し始めた時です。他のことをしたがっているのにゴルフを押し付ける親は困りものです。しかし5歳以下の幼児であっても、パパやママと一緒に出かけてゴルフをしたがるようなら、ゴルフを始める時期でしょう。グリップなどあまり口やかましく言わず、両手を揃えて握ることだけ教えて、自由にさせておきましょう。

子供には十分にロフトのあるクラブを与えてください。ロフトの少ないクラブでボールを宙に打ち上げようとすると、問題が起きます。打ち上げようとすればするほど問題が悪化するのです。

また、クラブは必ず軽い物にしてください。幼い子供が重過ぎるクラブを使ってスウィングをすると、悪いグリップを覚えてしまうからです。私の従兄弟で50年もテキサス大学でテニスのコーチをしていたD・A・ペニックは、街中を自転車で駆け回る闊達なギリシャ語の先生なのですが、同じ理由で幼児期から重いテニスラケットを振り回すことには反対でした。

子供をティーチングプロのところに連れてゆく時は『授業』とは言わず「ちょっと手伝ってもらおう」とでも言いましょう。『授業』は学校を連想させてしまい、堅苦しく感じられるからです。ゴルフは楽しみであるべきです。私も決して「教える」とか「レッスン」とか子供には言いません。

子供たちへのグループレッスンは否定しませんが、教え方が複雑すぎて子供本来の能力を阻害する場合もあります。特に自分自身のゴルフは上手くないのに、流行りのレッスン書の受け売りをするような指導者は要注意です。

例えば、グループ全員にベン・ホーガンのスタンスとスウィングを真似させようとする指導者がいたなら、直ちにそのクラスから子供を辞めさせるべきです。ホーガンのスウィングが悪いわけではありませんが、彼のスウィングは彼独自のものです。あなたの子供には彼自身の方法を探させたいのです。

プロコーチには、月に一度診てもらうくらいで十分です。正しい方向に進んでいるかという確認だけで、それ以上は必要ありません。

練習内容は人によって様々です。少年時代のベン・クレンショーは練習打席よりもコースでの実践が多かったと思いますが、トム・カイトは半々。ベン・ホーガンは圧倒的に練習の虫で、バイロン・ネルソンは適度なバランスでした。プレーでも練習でも、子供が望むようにさせてあげましょう。

一番悪いのは、練習場であれコースであれ、頭を残せ、左腕は真っ直ぐ、ボールをよく見ろと、口うるさく干渉する父親です。当の父親は楽しいかもしれませんが、子供の成長を阻害しているのです。

もし子供に十分な時間をゴルフ場で過ごさせることができ、プロ教師の適切な指導があれば、思っているよりずっと早く、その父親は子供に追い抜かれるでしょう。

OKパット

ある少年の両親が誇らしげに、クラブにいた私のもとに来て、たった今幼い息子が人生で初めてのバーディを取ったのです、と告げました。私もそれは素晴らしい事件だと喜んだ後、バーディパットはどのくらいの距離を沈めたのですか、と尋ねました。

両親はたった60センチの距離でしたし、バーディを取らせたかったので、そのパットにOKを出したというのです。

「残念ですが、息子さんの初バーディはもう少し先ですね」

と答えるしかありません。それどころかその少年は現実に向き合う機会を奪われ、バーディパットに限らず60センチのパットは打たなくても沈めたことにできると教え込まれてしまったのです。少年はやがてOKパットのない高いレベルのゴルフをするようになった時、短いパットに対する不安が芽生え、一生悩まされるかもしれません。

どれほど幼くても、子供には必ず最後のパットまで打たせることが私の鉄則です。幼い頃から短いパットでも必ずホールアウトする習慣をつければ、自然にゴルフとはそういうものだと思って育ちます。成長して高いレベルでプレーするようになり、優勝がかかった60センチのパットに臨んだとしても、すでに彼は準備ができているのです。

カップ周辺から学び始めよ

ゴルフは、まずはカップ周辺で使う技術から学び、徐々にティに向かってその習得範囲を拡げてゆくべきなのです。

これは無垢な子供に対する話です。しかし、本当は大人の初心者にも当てはまるのですが、彼らには単調すぎるようです。初心者の大人、特に男性の場合、1時間もショートパットの練習をさせるとお金の無駄だと感じ、ドライバーを持ち出して強打したくなるのです。しかし私のところではドライバーの練習は最後の最後です。

初心者がティグラウンドで使う技術から学び始め、徐々にグリーンへと近づいて、ショートゲームの習熟を後回しにしたら、きっといつまでたっても誰にも勝てないでしょう。

チッピング用のクラブ1本とパターとボール1個を使って、練習グリーンから学ばせ始めるのが、子供にとって理想的です。チッピングはフルスウィングの縮小版です。子供は、彼らが成長してからでは習得し難い、しかも誰も教えることができない、チッピングのタッチやフィーリングを、いとも簡単に会得します。

世界一のストロークを持っていても、タッチやフィーリングが伴わなくては意味がありません。逆に個性的に見えるストロークでも、その子が自信を持てて、使いこなせると感じ、実際にカップに寄せることができれば、それが彼にとって世界一のストロークなのです。

チップとパットのタッチの優れた人は、美しいストロークだけどボールを転がすセンスの悪い人より、絶対に優れているのです。歴史的なチップとパットの名手は、多くがキャディをしながら学んだ人たちです。

子供には1個のボールでグリーン周りからチップさせ、そのボールをパットしてカップに沈めさせましょう。そうやって彼らはスコアを作ることを学ぶのです。

子供には、同じ場所から1ダースものボールを次から次にチップする練習方法はよくありません。これはある意味で失敗を許容する練習方法だからです。1発失敗しても次のボールを寄せれば、先の失敗は帳消しになりがちですが、現実のゴルフでは1発の失敗の代償は必ず自分で払わなくてはならないからです。

一番良い方法は、練習グリーン周辺で子供同士を競わせることです。全米オープンの真似事でも構いません。マッチ棒でも飴玉でも賭けて、集中力を高め、持続させるのです。生まれつき闘争心に長けた子や、徐々に学び取る子、競技には全く関心を示さない子もいます。試合形式は競争心を煽り学ばせる方法です。競技ゴルフに馴染めない子は、関心の持てそうな他の遊びを見つけるでしょう。

ベン・クレンショーがまだ私のレッスンを受ける2年ほど前、6歳だった時のことです。父親のチャーリーと、私の従兄弟でテニスプレーヤーのウィルマー・アリソンと3人で、練習グリーンの方々からパット合戦を何時間もやっていました。この時間こそが歴史的なパター名手と評されるベンのタッチとストロークを作り上げたのです。大人との勝負に勝ち25セント硬貨をせしめるようになるまでに、大して時間はかかりませんでした。

もちろん、誰もがカップから逆方向に学ぶ私の指導方法に賛成してはいません。

アーノルド・パーマーの父親は、かなり幼い頃からボールを強打するよう教えました。彼らの所属コースには飛距離が必要な池越えがあったからです。アーノルド少年はそのホールで大人相手に池越え合戦を仕掛け、10セントか25セントをまき上げるようになりました。同時期、同様の理由でパット名手にもなったのです。

それがゴルフ競技というものです。USGAルールブックはもとより、どのようにゴルフを学ぶべきか、遊ぶべきかを明示したものはありません。しかし、グリーン周りからゴルフを学んだ子供は進歩が早く、しかも会得した技術は永続的だと確信しています。

プロの出番

調子が悪くて惨めなプレーをした日のことは忘れましょう。

もし次の機会も調子が戻らないようなら、基本的なグリップ、スタンス、目標の定め方、ボール位置を再確認しましょう。大概の失敗はスウィング以前の問題で起こるものです。

もし三度目の機会にも調子が戻らないなら、やっとプロの出番です。

真摯に目的と向き合う

教え子のベッツィ・ロールズが全米女子オープンのプレーオフに残った時、私は1行だけ『テイク・デッド・エイム!(真摯に目的と向き合いなさい)』と、電報を送りました。彼女はプレーオフを制しました。

テキサス訛りのこの言葉を、別の表現で説明しましょう。

いったんボールに向かってアドレスした瞬間、ボールを打ち抜くことが、あなたの人生で最も大切になるのです。目標以外の邪念を追い払い、真摯に目的と向き合いなさい。またこの格言というかおまじないは、神経質になりすぎる心をも鎮めてくれます。

朝一番のティショットは、全米女子オープンのプレーオフだろうが、2ドルを賭けたヘボ同士のナッソーだろうが、誰でも緊張するものです。4万人の観客の前でも、数人の同伴競技者の間でも、恥をかくとか滑稽なスウィングを笑われたくないとか思わず、代わりにボールを飛ばしたい場所に意識を集中すべきです。

見事と評価されるのは、見事な結果を伴った時だけなのです。

『テイク・デッド・エイム』は、大学のゴルフチームの試合前にも訓示します。このおまじないは、ティショットだけでなくラウンド中いつでも使えます。フェアウェイやグリーンの一点に狙いを定めたら、頭をよぎる否定的な考えをすべて追い払って、ボールを打ち抜くのです。

下手なゴルファーは驚くと思いますが、完璧なスウィングでなくとも、願う心がボールを目標に導くように筋肉を動かすことが頻繁に起こります。しかし上級者は目標に向かって打てるのが当然ですから、そんなことで驚いてはいられません。が、上級者だからこそ、目標に向かって打つ、という本来の目的以外の事象に、時々気を取られてしまうことがあるのです。

何度申し上げても言い過ぎではありません。この本の中で最も重要なアドバイスなのです。

『テイク・デッド・エイム』

ショットのたびに念じてください。思い出した時に念じるのではダメなのです。

『真摯に目的と向き合いなさい』

要注意人物

テキサス大学の教え子の1人が、ノースカロライナのトーナメントに出場していた時のことですが、彼は最初の試合に楽勝しました。

彼は「明日の試合も楽に勝てると思います。対戦相手はグリップが悪いし、スウィングも酷いからです」と電話してきました。ところが、彼は翌日負けてしまったのです。

「この教訓から学ぶところは？」と、後日、彼をさとしました。

「グリップは良いのにスウィングが悪い、またはグリップは悪いけどスウィングが良いプレーヤーは恐るるに足らない。注意すべきはグリップもスウィングも悪い相手だよ。そんなプレーヤーが競技レベルまで達しているということは、彼はすでに彼自身の欠点を克服し、スコアメークの方法や対戦相手を打ち負かす術まで身につけているからね」

スコアを一気に5打縮めるには

アベレージゴルファーの場合、ワンストロークずつ徐々に上達はしません。進歩は一気にやってきます。

95で回っている人は、レッスンや練習をしてだんだん94、93、92、91、90とスコアを改善するわけではありません。また87の人も同様です。95は突然90になりますし、87は一夜にして81で回れるようになると思います。

同じように平均ストローク80前後の人も、短い期間で70台半ばに縮めることが可能です。

ただ75あたりまでくるとアベレージゴルファーとは呼べずエキスパートの域に達しているため、スコアの減少率は緩やかです。

でも、たとえ片手ハンディの上級者でも1週間ほど練習を積めば、3ストロークくらいはスコアを縮めることができるのです。

95から90にするにはたくさんの方法があります。スライスの対処法を学ぶだけでも、それは可能です。

87を81にするには、20ヤード飛距離を伸ばして、パーオン率を高めるだけかもしれません。両方とも比較的簡単に実現可能です。

ただスコアを75から72に縮めるには、ショートゲーム如何にかかってきます。むろん、もともと75で回る人がショートゲームの達人でない場合ですが。

『ザ・ショートゲーム』は魔法とでも称せる不思議な力です。ハイハンディキャッパーほどショートゲームに魔法をかけやすく、スコアを縮められます。

でも考えてみれば不思議ではありません。すべてのショットの約半分は旗から60ヤード以内から打ちますから、ショートゲームに魔法がかかれば恩恵も大きいのです。

ところが、アベレージゴルファーがどこで練習をしているのかと探すと、大概は練習打席でがんがんドライバーを打っています。

ショートゲームの練習比率を尋ねたら、おそらく1～2割と答えるでしょう。それ自体も残念ですが現実はさらに深刻で、アベレージゴルファーはティに向かうには早すぎる時だけ数発のパット練習をするようです。それが彼らのショートゲーム練習のすべてなのです。

1～2週間で急激に上達しスコアを5つ縮めるには、練習方法を抜本的に変える必要があります。2週間の間、練習時間の9割をチップとパットに費やし、フルスウィングは1割だけにしましょう。私が保証しますが、こうすれば95のスコアは必ず90になります。

アベレージゴルファーが首を縦に振りながら「そうです」「おっしゃる通りです」「やらなければならないことはわかっていました」と言っている姿が目に浮かびます。しかし、それが実行されるのを私は見たことがありません。その代わりに練習打席でドライバーを40回も振り回し、4～5回出るかもしれないナイスショットの快感に酔いしれている、以前と変わらぬ姿を目にするのです。

私は大学の教え子やツアープロたちに、立て続けに40発もドライバーを打たせたことなどありません。疲れて悪い癖がつくのを避けるためです。彼らは当然エキスパートですから、ショートゲームの重要性は身にしみて理解しています。例えばトム・カイトは毎日何時間も練習するのですが、フルショットの練習時間と同じだけウェッジショットの練習をし、それ以上の練習時間をパットに割いています。

それらが良いスコアに直結し、スコアが良いと獲得賞金につながることを彼は知っているからです。

ですから急いでスコアを5つ縮めたいのなら、長いクラブはバッグにしまって練習グリーンに向かうべきです。ボビー・ジョーンズも、スコアを少なく保つ秘訣は3回のショットを2回で収める能力だと言っていました。

この言葉で、以前オールド・オースティンCCで行われた大学対抗試合を思い出しました。私の優秀な教え子のビリー・マンがアーカンソー大のR・H・サイクスと対戦した時のことです。ビリーはすべてのホールでフェアウェイをキープし、グリーンを17回とらえ、67で上がってきました。対するサイクスは数回しかフェアウェイをキープできず、たぶん5回しかパーオンしませんでした。しかしサイクスは66でまわり、ビリーを打ち負かしたのです。

試合後、私はビリーに声をかけました。「素晴らしいラウンドだったね。私は誇りに思うよ。だけどビリー、今日は運が悪くて負けたと考えてはいけないよ」

サイクスはショートゲームの達人でした。その後のプロツアーでも彼は証明したのです。サイクスほどショートゲームに上手に魔法をかけるのは無理だとしても、必死にチップとパットを練習すれば、あなたのスコアは目に見えて縮まるはずで、すべてはあなた次第なのです。

エマーソンは『考えることはこの世で最も辛い作業である。だからそれをする人がこれほど少ないのだ』と言っています。チップとパットの練習が辛い作業だと思い込んでいるゴルファーが多すぎます。だから、その練習をする人が少ないのです。老婆心ながら付け加えると、これはチャンスなのです。

自信を取り戻すだけ

私の大好きな生徒の1人であるサンドラ・パーマーは、LPGAツアーで大成功を収めてきましたが、ある晩、全米女子オープンの試合会場から電話をかけてきました。

サンドラは経験したこともないツルツルの超高速グリーンに不安を感じていました。大会は明朝始まるというのに、あんなグリーンではタッチが合わないと神経質になっていたのです。ストロークを変えるべきなのか？

私は彼女のパット上手を知っていましたので、今は自信を取り戻すことが最優先事項だと判断しました。「そうだねサンドラ。グリーンがそれほど速いのなら、いつもより柔らかく打ってごらん」と、それだけです。

高速グリーンのコースでは重いパターに替えるべきなのかと、生徒によく聞かれます。

確かにそれはある意味で真実です。高速グリーンで名高いオークモントのメンバーの多くは、重いパターを使っているでしょう。しかし、いつもより速い（遅い）グリーンのコースでプレーする場合でも、普段使っているお気に入りのパターで通すべきです。いつもと違うパターより、いつもと違うグリーンの感触を捉える方が楽だからです。

素振り

素晴らしい素振りを2～3回した後、ボールに近づいてアドレスし、素振りとは似ても似つかないひどいスウィングをするアベレージゴルファーを何人見てきたことでしょう。しかも彼らはその失敗を幾度も幾度も繰り返し、改善の気配は感じられないのです。キャディとして、プロゴルファーとして、教師として、1番ティのスタート係としてこの75年間、私は誰よりも多くのスウィングを見てきたと思います。そして、素振りと実際のスウィングの違いを、おそらく何百万回も目にしてきました。

こうしたひどいショットの後、アベレージゴルファーは決まって「素振りと同じスウィングで打てればなあ」と、言い訳します。

素振りと同じように打てない理由は簡単です。素振りは宙を切り裂くだけで何にも触りませんから、インパクトでクラブフェースをスクェアにする必要がないからです。自由闊達にスウィングできる。

ところが目の前にボールがあると、無意識かもしれませんがフェースをスクェアにしなければと緊張し、スウィングを台無しにしてしまうのです。

別の角度から質問させてください。

「あなたは空気以外何も触らない素振りを二度も三度も繰り返してはいませんよね？」

何にも触らない素振りは肩の力を抜くには役立つかもしれませんが、ボールを打つためには何の役にも立ちません。

たった今から、素振りをするなら必ず、何かの目標物に向かってスウィングしましょう。タンポポや芝草の先端をめがけて、それを掠め取るのも良いでしょうし、居間なら絨毯のシミを狙う（失敗してディボット跡を作っても、ハービーに強要されたとは言わないように）のも良いかもしれません。素振りの際に何か目標を作ることは、クラブフェースをスクェアにする練習なのです。今度から目標物を定めない素振りはご法度です。

素振りについてもう一つ。

ラウンド中に毎回二度も三度も素振りをしていては時間がかかり過ぎます。現在の米国では1ラウンドに4〜5時間もかかり、スピードアップが至上命題なのです。

英国の多くのコースでは1番ティに警告板が掲げられ『1ラウンド195分（3時間15分）以内に回ってください。もし違反したらマーシャルが連行しますよ』と、書かれています。スコットランド人がフェアウェイでのんびり素振りしている姿など、私には想像できません。

アベレージゴルファーと称する日本の紳士

私は「アベレージゴルファー」という言葉をよく用います。平均的な腕前を持ったゴルファーという意味ですが、平均的とはどの程度なのか考えてしまうこともあります。何かの記事で男性ゴルファーの平均スコアは92程度と読んだことがありますが、私には信じられません。USGA規則に則って我がクラブのピート・ダイコースをレギュラーティからプレーしたら、アベレージというより大半のプレーヤーは100を切れないでしょう。

東京で我がクラブの噂を耳にしたという4人の日本人紳士が、特別ゲストとしてやってきました。私は4つあるティのどこを勧めるか判断するために、彼らの腕前を尋ねました。すると彼らは「アベレージゴルファーなのだが、コース全体を見たいので、一番距離の長いチャンピオンシップティを使う」と言い出しました。

私のコースには凄い谷越えのホールがあり、バックティからだとアベレージの飛距離では越せず、従ってコース全体を見るには無理があることはわかっていましたが、何といっても特別ゲストです。失礼な物言いはできません。

彼らは比較的やさしい1番ホールを通過するのに20分を要し、ロストボールを3個しました。そして6時間後、私は日本人紳士たちがコースから戻っていないことに気づき、探しに出掛けました。

彼らは14番ホールにいました。1人は林の中、2人目は谷の底、3人目は丘の上の深いラフでボールを探していました。そして4人目が笑顔で出迎えてくれたのです。

「とても良いコースですね」

「調子はいかがですか？」

「ベリィ・グッド」

と、彼は答えました。ディック・マイズが言うには、クラブプロというのは半分がラバで、半分が奴隷なのだそうです。私はこの日本人紳士たちをクラブ外へ追放する代わりに、暗くなる前にフィニッシュするよう丁重にお願いして、クラブハウスに戻りました。

夕刻、彼らがスコアを数えている声が聞こえてきましたが、全員が90台前半でした。USGAのルールに従えば、彼らは誰1人としてハーフでも100を切れなかったはずです。

しかし、自分の腕前を判断できないことやスコアを誤魔化すことを含めて、アベレージ（平均的）ゴルファーと呼ぶのには私は反対です。この東洋人たちはアベレージですらなかったのです。

どこを向いているか知る方法

スタンスをとり、クラブのシャフトを両足の太ももに沿わせてみてください。クラブを延長した方向が実際にあなたのアドレスが目指している方向なのです。

クラブを両足のつま先に沿って置いても、実は大した情報は得られません。両太ももを結んだ線こそが、目標を狙う鍵なのです。きちんと打てれば、両太ももの延長線に向かってボールは飛んで行くのです。

一度この感覚を覚えれば、アドレスがどこを向いているか、自然に分かるようになります。

シーズンド・シチズン

ゴルフの魅力はたくさんありますが、一生続けられることもその一つでしょう。シーズンド・シチズンは経験豊かな市民という意味でシニアのことなのですが、私はこの言い方の方が好みです。シーズンド・シチズンになると、若い頃よりゴルフが楽しめるようになります。ゴルフを深く理解でき、自由の価値や気の合った友人、自然に囲まれた美しい環境や深遠なゴルフの奥義を習得するのです。

チェスと同じように、ゴルフは挑戦しがいのある娯楽であり続けますが、決して征服はできません。

ゴルファーが年をとってシーズンド・シチズンになると、視力、筋力、柔軟性が衰え、体型も崩れがちです。しかし、シーズンド・シチズンは年齢相当の賢明さと最新の道具のお陰でしょうが、若い頃同様もしくはそれ以上のスコアを出せます。

ただ何よりもシーズンド・シチズンは体の状態を維持する努力を怠ってはなりません。コースを歩いて回れるなら、カートを降りて歩きましょう。いつもの仲間からカートに乗るよう急かされるなら仕方ありませんが、できるだけ自分の足で歩くことです。

使えそうな2～3本のクラブを持ち歩けば、仲間のペースも落ちませんし、実際、てきぱきと歩いて回る4人組の方が、4人乗りのカートでうろうろする組より速いのです。

4人乗りのカートは各プレーヤーのボールを追いかけてあちらこちらと走り回ります。さらにフェアウェイへの乗り入れができない場合は、ライを確かめずにクラブ選択をすることに加え、今度はプレーヤーの方がボールとカートを往復しなければならず、どちらにしても時間を浪費するのです。

でもカートは、歩いてコースを回れないような体の弱ったシーズンド・シチズンにとっては貴重な道具です。酸素ボンベを常に携行するメンバーは、カートのおかげで今でもゴルフを楽しむことができると喜んでいます。歩いてプレーすることを好む人たちは、徐々にまとまっていくようです。ですから軽量バッグを担ぐか手引きカート（電動もある）でプレーしていれば、じきに同じ趣向を持った仲間が見つかるでしょう。歩くことでシーズンド・シチズンは足腰が鍛えられ、パワフルなスウィングになるでしょう。

ここで強調しておきたいのは、シーズンド・シチズンはバックスウィングで左足のかかとを地面から離すべきだということです。左かかとを上げ、左ひじを無理に伸ばそうとしないで負担の少ないスウィングをしましょう。

最近の教師は左かかとを地面から離さないよう要求しますが、私はどんな年代でも、ましてシーズンド・シチズンに対しては賛成できません。年長ゴルファーのスウィングで最も大切な要素はボディターン。歳を重ねれば回しづらくなります。左かかとを地面に着けたままではさらに回しにくいものです。ただし、わざとヒールアップするのではなく、体の回転につられて自然に上がるだけにしましょう。

左腕を真っ直ぐにしようとすることも回転を抑制します。胸周りやお腹が出てきたシーズンド・シチズンは、バックスウィングのトップで左腕を真っ直ぐに保つ必要はありません。それよりも、プレーヤーは歳をとるにつれてスウィングが短くなりがちなので、長くするよう心がけるべきです。

頭の位置も固定しすぎるとスウィングの弊害になります。私は大学生にもキープ・ヘッド・ダウンとは毎月のようには言いません。まして、年配の方には申し上げません。頭を残すことは往々にして良いフォロースルーの妨げになります。柔軟性が落ちてくると、頭を残したままだと腰の高さより上にスウィングできなくなり、フィニッシュが取りづらくなるからです。

足腰を鍛えストレッチを十分にすること以外に、年長ゴルファーは年相応のクラブを使用すべきでしょう。何十年も育んできたスウィングはいじらずに、5番や6番、特に7番ウッドをキャディバッグに入れれば役に立ちます。多めのロフトが若さと体力を補ってくれます。

年長者は柔らかいシャフトを使うべきです。若い時分Sシャフトを使っていたならRシャフトに、もしかするとAシャフトの方が合っているかもしれません。若い頃のように強打しないのですから、硬いシャフトは無用の長物です。

スウィングウェートは男性の場合D0かそれ以下、女性の場合はC6かC8以下にすべきです。

シーズンド・シチズンは関節炎などを患っていることも多く、彼らに配慮したグリップが出回っています。合成ゴム素材のグリップは革巻より少し当たりが柔らかいようです。

シーズンド・シチズンが距離を稼ごうと長尺シャフトに替えることには賛成しません。クラブを長くすると、スウィングプレーンがアップライトからフラットへと大きく変わります。フラットなスウィングはさらなるボディターンを要求しますが、それは年長者にとってはとても難しいことだからです。スウィートスポットで真っ直ぐボールを捉えれば、十分な距離が出せるはずです。

シーズンド・シチズンは手先を積極的に使えるテンフィンガーグリップを試したいと思っているかもしれません。

経験豊かなプレーヤーが不利なことの一つは、彼らがゴルフを始めた頃はコース管理が未熟でまばらにしか芝が生え揃っておらず、ボールを上から押し潰すようなスウィングをせざるを得なかったことかもしれません。現代のふかふかしたフェアウェイではこの技法は過去のものです。

多くの年長ゴルファーはアイアンショットの時、ボールをスタンスの右に置くよう教わりましたが、これも現代では不要な技巧です。以前は芝の禿げたフェアウェイなどでは右足の前にボールを置いてプレーしたものでした。しかし現在ではスタンスの中央より右にボールを置く状況はありません。

シーズンド・シチズンは年長ゴルファーの問題点をよく理解しているプロのところに、定期的に通うべきです。何十年も付き合ってきたスウィングを作り変えようとする教師ではなく、今のスウィングの美点を引き出せる教師が望ましいのです。

たぶん最も重要なアドバイスは、シーズンド・シチズンになってもなお、練習時間の75パーセントをショートゲームに費やすべきだということです。あらゆる年代に対して、ショートゲームの重要性を繰り返し申し上げてきました。が、この分野こそいまだに90を切ったことのない年長ゴルファーに残された数少ない成長分野なのです。定年退職した方なら時間もあるでしょうし、ショートゲームには筋力も柔軟性も要求されません。

歳を取りすぎたらパットが上手くできなくなる、とイライラすることはありません。どこのコースにもチップやパットの名人がいらっしゃるはずです。

確かに年老いたゴルファーは、腹の出ていない若者みたいには飛ばせませんが、グリーン傍までくれば立場は逆転します。ショートゲームの練習を誠実にこなしていれば、あなたの方が有利なのです。

子供へのアドバイス同様、シーズンド・シチズンにも、1個のボールを使ってチップしてパットする練習方法を勧めます。新しいストローク習得が目的でない限り、バケツ1杯のボールを次々と打つ練習方法は勧めません。1個のボールをチップし、カップに沈めるまでパットするこの練習法は、コースで試合する時と同じですから、焦点を定めてタッチを磨く訓練になるのです。

時間はたっぷりあります。練習もゲーム感覚で楽しみましょう。シーズンド・シチズンになった今でも、無邪気な心は子供時代と変わっていないはずです。

左かかと

左かかとの問題は教師やスクールによって、教え方が全く異なります。

現代の教師の多くは、スウィング中ずっと左かかとを地面から離さないように教えます。

パーシー・ブーマーのような古いタイプやスコットランドのプロたちは、左かかとをバックスウィングで上げ、ダウンスウィングの始まりとともに地面に戻すよう指導します。

私は古典的スウィングの信奉者ではありませんが、結果的に左かかとを上げる古いやり方が一番スウィングしやすいと思います。大切なのは意識して左かかとを上げるのではなく、バックターンに引っ張られて自然に上がってくる左かかとを敢えて押さえつけることはしないということです。

ジャック・ニクラスがスウィングのトップをあれほどコントロールしていられるのは、左かかとを上げることによって、クラブを持っている左ひじを緩めずに、完全なターンを獲得できるからでしょう。

ベン・ホーガンは左かかとについて悩むことはありませんでした。どんなショットを選択するかによって、左かかとは浮いたり浮かなかったりしたからです。

シェリー・メイフィールドの場合はツアーで優勝していた1950年代半ばに、左かかとを地面に着けたままのスウィングを流行らせました。その後ダラスのブルック・ホローのヘッドプロになってから、「何か目的があって左かかとを上げなかったわけではない」と、私に語りました。それが彼にとっては自然な、独自のスタイルだっただけなのです。

トッププレーヤーのスウィングを手本にする時、その特徴的な部分を抜き出して模倣しようとする人が多いようです。ニクラスのいわゆるフライングエルボーやリー・トレビノのオープンスタンスなどです。

シェリー自身は、「他のプレーヤーと同じように左かかとが地面から離れて欲しい」と思っていたのに、どうしても離れてはくれなかったそうです。

私見ですが、左かかとをずっと地面に着けたままでスウィングするプレーヤーは、選手生命が短いようです。

バックスピン

あるアベレージゴルファーがトミー・アーマーに、アイアンショットでのバックスピンのかけ方を教えて欲しいとせがんだそうです。ボールをソリッドに打ち抜けば、クラブのロフトがバックスピンを生み出すわけですが、彼は、ミドルアイアンショットがグリーンに着弾したとたん、踊るように後もどりさせる特別な秘訣を、絶対トミー・アーマーは知っていると確信していました。そこでトミーが口を開きました。

「ちょっと質問してよろしいですか？　グリーンまで140ヤードのショットを打つ場合、あなたのボールはいつもピンを越えて落ちますか？　それとも手前ですか？」

「私の場合、大概はピンの手前です」

「では、どうしてバックスピンのかけ方を教わる必要があるのですか？」

トミー・アーマーは話を打ち切ったそうです。

特製の重いマスコットクラブ

若者からシーズンド・シチズンに至るまで、すべてのゴルファーは少なくとも22オンス（600グラム超）の練習専用のマスコットクラブを持っているべきです。しかし、この重いクラブは子供にとっては良くないことは言うまでもありません。

ゴルフの筋肉を鍛えるためには、いつものグリップとスタンスで、重いクラブを使ってスウィングするのが一番です。テニスボールを握って握力を鍛えるのも同じ効果があるのかもしれませんが、ゴルフとは関係のない筋肉が発達するかもしれません。ゴルフには重量挙げをするような筋肉は必要ありません。パシッとムチを打つような軽くてスピードのある筋肉が欲しいのです。

マスコットクラブはラウンドする直前ではなくて、前日の晩に振ってください。当日は体力を温存してコースに立ち向かいましょう。

あとで体が痛くなるまで一心不乱に振ってはいけません。

重いクラブは室内での練習にも適し、スローモーションのようにゆっくり振るのがコツです。スローモーション・スウィングはゴルフ用の筋肉だけに作用し、あなたのゴルフ脳に正しいクラブの位置情報を記憶させます。また勢い余ってシャンデリアを壊す心配もありません。

マスコットクラブを使った練習においても、素振りと同じように目標物を定めてください。スローモーション・スウィングでも、もう少し早くして実際の半分程度のスピードでもかまいません。ゴルフ用の筋肉を鍛えながら、脳にスウィング中の正しいクラブポジションを覚え込ませてください。

リストコック

私は素早く完全にリストコックするスウィングを好みますが、この言葉は生徒を混乱させてしまうのであまり使いません。リストコックというと手首を曲げることに気を取られて、スウィングの残りの部分を忘れてしまう場合が多いからです。特に女性はトップで手首を曲げようとすると、オーバースウィングになり、タイミングを崩してしまいます。

腰の高さまでバックスウィングをした時、つまりシャフトが地面と平行になる時ですが、クラブフェースのトウは空を指すべきです。

もしそうなっていたら、あなたはすでにリストコックを完了しており、それ以上手首のことを考える必要はありません。そのまま体を回転させてください。

リストコックの正体を可視化したいのなら、左ひじを折りたたんだ状態で握り拳を作って見てください。これが無意識にできるリストコックなのです。

左拳を通してゴルフスウィングを考え直してみると、その時のクラブポジションが明確になります。

リストコックし、アンコックし、フィニッシュで再びコックするのです。

等身大の鏡の前で再確認してみましょう。リストコックはもはや混乱の原因にはならないでしょう。

フルショットの薦め

アベレージゴルファーがミドルアイアンでグリーンを狙う場合、ピンを越えて打つことはほとんどありません。アベレージゴルファーには番手一つ大きいクラブで打つように勧める教師もいるようです。

言い換えると、アベレージゴルファーが１４０ヤードには７番アイアンが好適だと判断した場合、６番で軽く打つよう指示しているのです。私はこの考え方には反対です。７番で届くと思ったらホールに届けと念じて、思いっきり打つ方がずっと良いと思うのです。

一つ大きなクラブで軽く打とうとすると、無意識に筋肉にその意図が伝わってしまい、妙にひるんでトップするか引っ掛けるのです。それでも大きなクラブで打ちたいのなら、いつもより１インチ短く握り、いつもどおり思いっきり打ちましょう。

ジミー・トンプソンがツアーで最も飛ばし屋だった頃、なぜか私のところに指導を求めて足繁く通ってきたものです。彼は私が他の教師とは違い、強打を批判しないことを知っていたのです。

でも、常に自分の能力の範囲内でプレーしてください。グリーンにショートする原因は、８割方がオフセンターで打っているからなのです。

バンカーショット

バンカーの練習を積むと、もっと攻撃的なしかもミスの予感に怯えることのない、バンカープレーができるようになります。練習を通していくつかの基本事項を学べば、アベレージゴルファーにとってもグリーン傍のバンカーから脱出するのは難しいことではありません。

まず、グリップは通常のアイアンショットと同じようにグリップエンドを握ります。こうすれば砂を叩いた瞬間にクラブを止めず、高いフォロースルーがとれます。また左手の小指と薬指は、砂の抵抗でクラブが回ってしまわないように、きつめに握ってください。

次にシャフトがズボンのジッパーを指すように、そして少しハンドファーストに構えます。スクェアに立ちクラブフェースを目標の右に向けたオープンフェースにします。その状態から左足を後ろに引き、お尻や両肩もろとも目標の左に向き直します。結果的にクラブフェースの向きは目標にまっすぐな状態に戻ります。そして体重を左足側に少し移します。

それでは、このアドレスから両肩と体のラインに沿って、普通の基本的なスウィングをしてみましょう。ボールの3～4インチ（10センチ弱）後ろを、砂ごと削り取ってください。ボールは砂煙とともにバンカーから出て、グリーンに乗っているでしょう。

このショットを数時間練習すれば、攻撃的という意味がわかってくるでしょう。何とかしてバンカー内から脱出しなければとはもはや思わず、積極的にピンを狙うようになっているからです。ピンまでの距離が長ければボールと後ろの砂までの距離を短く、ピンが近い時は砂をたっぷり削り取ればよいのです。

リラックスという言葉

練習場でもコースでも頻繁に耳にする言葉はリラックスです。リラックス、リラックス。もしかしたら、あなたも誰かに言っているかもしれません。

あるゴルファーなどは友人の緊張をほぐそうとして「頑張ってリラックスして」と言ってしまったそうです。私に言わせれば、頑張り過ぎるのもリラックスし過ぎた状態も、どちらもゴルフショットに役に立つとは思えません。ゴルファーは不安に耐えながら、筋肉は適度な緊張状態を保ちたいものです。

ここで私は「リラックス」を「気を楽に」と言い換えたいと思います。鷹揚に構えると必然的にリラックスできます。秘訣は、ジャック・バーク・ジュニアも指摘しているように「激情を抑える」感覚を会得することです。

ポジティブ・シンキング

私は教える時に「ネバー」とは決して言いません。「ドント」とも言わないようにしています。この本の中では連発していますが、書籍ならば私の言葉をゆっくり吟味する時間があるからです。

しかしクラブを持ったまま練習場で教師に見つめられ、ランク分けされていると感じている生徒にはストレスがあり、「ネバー」とか「ドント」などの否定表現はふさわしいとは思いません。

私はすべてを肯定的に、建設的な言い回しで表現することを心がけています。このことは後の『教え方』の項で詳しく述べますが、読者に理解してほしい点はショットの際にも否定的な考え方は排除してください。

この項も『否定的思考の排除』と題しても良かったのですが、この言葉自体がゴルファーに失敗を連想させてしまうのでやめたほどです。

ジャック・バーク・シニアは「疑わしい点は自分に有利に解釈しましょう」と言っています。この楽観的な格言でさえ『疑い』という危険な言葉を含んでいます。

私はあなたに、これから行うショットが上手くゆくと信じて打って欲しいのです。言い換えれば、自分自身に対して絶対の信頼を寄せて欲しいのです。

100も切れないハイハンディキャッパーに対しては馬鹿げたアドバイスに聞こえるかもしれません。自信と楽観主義を取り違えている、と。

自信とは、あるショットを過去に何度も成功させたという客観的事実を踏まえて、今度もまた成功すると確信することです。85で回れるプレーヤーならば、どのクラブでも、何度も良いショットを打ったでしょうし、打つ能力もあるでしょう。楽観主義とは、まだ一度も成功させた経験のないショットでも、今度こそ上手く打てると期待することです。

肯定的な考え方は100を切れないハイハンディキャッパーにも大きな助けになりま

す。下手過ぎて自信など持てないというのなら、代わりに肯定的な考え方の基本を押さえておきましょう。

優柔不断はいけません。例えば5番アイアンをキャディバッグから出して、目標を定め、アドレスしたら、この番手が正しいと完全に信じるべきです。あとは最高のスウィングをすれば良いのです。その5番という選択がもし大き過ぎても、逆に小さ過ぎるとしても、番手ごとの飛距離差は10ヤードほどしかありません。

しかし、4、5、6番のどれか決められないまま妥協で5番を選び、アドレスしてからも迷っているなら、座り込んだ方がましです。悪いスウィングを誘発することに加え、ボールと正確にコンタクトできなければ10ヤード以上の誤差になるからです。

アベレージゴルファーの頭の中では相反する声がたくさん飛び交っています。スタート前に小耳に挟んだ最新スウィングのコツや、バックスウィングでクラブをインサイドに引き過ぎてはいけないとか、自分のスウィングイメージは的確だろうかとか、はたまた車にガソリンは入っているだろうか、などと考えてしまうのです。

ゴルファーは一時的に、それらの声から一切耳を塞ぐ術を学ばなくてはなりません。ゴルフのスウィングは過去に起こったことでも、将来起きるかもしれないことでもなく、今ここで為すべき唯一のことなのです。

肯定的に考えたら、次に為すべきことは、オースティンミュニーで30年もプロだった私の兄のトムがいつも言っていた「踏ん張って叩け」だけなのです。

心理作戦

あるスポーツライターが、トム・カイトをインタビューしにオースティンCCに来ていました。サンドラ・パーマーと私は、そのインタビューを間近で何気なく聞いていました。すると突然、スポーツライターが私の方に振り向いて「ハービー先生はゴルフに心理学を応用していらっしゃるそうですね」と言うのです。「まさか」と私は否定しました。「ただのキャディが歳を取ってもゴルフから離れられないだけですよ」

「でも先生は今朝、心理学を使いましたよ」と、トムが反論しました。

「いつ、どこで？」

「パッティングを診てくださいと頼んだでしょう」と、トムは話し始めました。

「先生は僕に、前回診た時から何か変えたかねと、お尋ねになりました。私は、はい少し握りを詰め（チョークダウン）ました、と答えたのです。すると先生は『トミー、そんな風に言ってはダメだよ』と仰いました。『チョーク（スポーツの試合などで精神的弱さから大事な場面でミスをするという意味もある）という単語は使わない方が良い。パターはチョークダウンするのではなく、少し短く握ると表現しなさい』と、諭されたのです。それって、立派な心理学でしょう？」

ジミー・ディマレは「チョーク・ストローク」という表現をよく使ったのですが、私はそのたびに気持ち悪い思いをしたものです。彼が表現したかったのは、どんなにプレッシャーのかかる場面でも確実に実行できるシンプルなスウィングのことでした。

このスウィングは何も特殊なことはしませんし、距離も正確性もノーマルスウィングには劣りますが、それでも再現性があり、フェアウェイやグリーンのどこかにはボールを運ぶことが可能なのです。

正確な用法から見れば「ノー・チョーク・ストローク」と、命名すべきでしょう。しかし、それでも私は気に入らないのです。「チョーク」や「ノー」という否定的な言葉が入っているからです。

ゴルフで使う脳は虚弱体質なので、暗示にかかりやすく、非常に傷つきやすい。つまり、ゴルファーは騙されやすいのです。

私は教え子たちに、パター上手と親しくしなさいと言いますが、その理由をお話ししましょう。

言葉によって相手を惑わせ、勝負に勝とうとする輩はどこにでもいるものです。彼らはティグラウンドで無邪気さを装い「あれ、左のOBラインが気になるなぁ。フックに気をつけよう」とか、もっと露骨に「バックスウィングを少し変えたのですね、ハービー」とか話しかけてきます。

今までで一番秀逸だったのは「バックスウィング中は息を吸いますか、吐きますか？」です。

こういう発言を「ザ・ニードル（針）」と呼んでいます。ザ・ニードルは経験豊かなプレーヤーにはあまり通用しません。逆に策を弄したことでかえって不安を見抜かれてしまうからです。

ゴルフをプレーしている時間は、ゴルファーにとって沈思黙考を学ぶ時間でもあります。コースに出ている4時間のうちに、あなたはゲームに集中することや、雑念を追い払う術を学ぶのです。

もしかしたらゴルフは、精神医学より健全に多くの人を救えるかもしれません。

ステイ・ビハインド・ザ・ボール

スウィングの途中で頭を動かさないチャンピオンを探してみてください。そんな人はいないのです。サム・スニードが一番近いかもしれませんが、彼だって動いています。しかし、これら偉大なプレーヤーたちは皆、インパクトの直前から最中にかけて、頭を後ろ（決して前ではない）に少し動かします。

野球のホームランバッターも同じです。ハンク・アーロンの場外ホームランを見て、人々は「頭が残っていた」などと言います。ゴルファーもボールの後ろに頭を残さなければなりません。

頭を前に動かすようだと、軽いハエ叩きでさえ扱えないでしょう。ハエ叩きでしっかり叩こうと思ったら、頭を固定するか、やや引くぐらいでちょうど良い。バイロン・ネルソンは30センチ弱も頭を後ろに引いたものです。

ボールの後ろに頭を残すためには、初めからその場所を確保しておかねばなりません。ボールの後ろに頭を置いてセットアップし、そのまま頭をボールの後ろに保つのです。ダウンスウィングやインパクトの時に頭が前に動くと、弱々しくて惨めな、たぶん引っ掛けスライスになるでしょう。

ある生徒がリー・トレビノとラウンドした時のことを話してくれました。パー3の2番ホールで、彼としては上出来のショットで、ピンまで9メートルを残しました。するとトレビノがボールをもう一つ地面に転がしました。「そのボールをティアップして、もう1発打ってごらん。今度は頭を前に動かさないでね」と、彼は言いました。「でもリー。僕はいつも頭を動かさないように注意はしているのですが、できないのです。どうすればよいのですか」

それに対してトレビノは、「スウィングしながら私の唇を読んでごらん。あーたーまーをーまーえーにーうーごーかーすーなー」。さらに、「今日はボールを打つたびに、リーが傍に居て唇を読んでみろと言っている、と思ってごらん」と、答えました。

その生徒は深く感動しました。彼はもう一度スウィングしましたが、今回は頭を前に動かさずに打てました。するとボールは鋭い音を発してドロー気味に飛んで行き、ピンの3メートル先に落ちてバックスピンで戻ってきたのです。

「私はモンスターを造ってしまった」と、リーは言いました。その生徒は前半のハーフを1アンダーで終えました。リーはクラブを車のトランクにしまいながら言いました。

「フランケンシュタイン君！　もう行くけど、私の言葉を忘れないでね」

私はその生徒に事の顚末を尋ねました。

「14番までには、頭が前に動く癖が戻ってきてしまい、後半のハーフはいつも通り41も叩きました」

たぶん、リーの言葉の中にあった「ドント（頭を動かすな）」が、彼の忠告の寿命を縮めてしまったのでしょう。肯定的な表現で言い直せば『ステイ・ビハインド・ザ・ボール（頭を残せ）』です。

トップから打ちにいく

誰もが冒しやすい最大のミスは、世界中で様々な呼ばれ方をしています。英国ではこの動きをキャスティングと呼んでいますが、とても上手い表現です。右腕と手首の使い方がフライフィッシングの釣竿を操作する時と似ているからでしょう。

私の友人のダレル・ローヤルは優秀なゴルファーで、全米クラスのテキサス大学のフットボールチームのヘッドコーチでもあるのですが、今私がお話ししているこの欠点の克服法に、実にカラフルな愛称をつけました。

ダレルはオトフギ（OTTFGI）と呼んでいます。

「オーバー・ザ・トップ・フォゲット・イット」の頭文字だそうです。

彼に見習い、この欠点自体を「ヒッティング・フロム・ザ・トップ（トップから打ちにいく)」と呼ぶことにします。バックスウィングのトップに達した次の瞬間から、両手をボールめがけて解き放ち始める悪癖のことです。右ひじと手首をダウンスウィング初期に伸ばそうとするわけですから、グリップやクラブヘッドが遠回りして結果的にアウトサイドインの軌道になりがちです。

こういうスウィングのまま一生プレーする人はたくさんいます。しかし、この悪癖を持ちながら結果を残した人もいるのです。大きなダイヤモンドの指輪がトレードマークのテキサス出身のアマチュア、バド・マッキニーです。ツアープロでもダウンスウィングがアウトサイドから入ってくる人もいます。これは現象的に「トップから打ちにいく」ことと同じようなものです。

しかしこんな打ち方でも結果を出せる運動神経抜群のプレーヤーが存在するからといって、アベレージゴルファーにとっての弊害が減るわけではありません。

この悪癖への簡単な対症療法はまだ見つかっていません。もちろん、基本をみっちり叩き込むことは大きな助けになります。しかし、一度だけレッスンを受けに来た生徒が聞きたいのは、そんなわかりきったことではないのです。

「トップから打ちにいく」原因をいくつか挙げてみましょう。

- グリップ(特に左)がウィークすぎる。
- 前腕の間違った使い方。手首の代わりに前腕をバックスウィングの初期に使ってしまい、インパクトで手首の返しを使えない。

●右を向いている。
●左足がインパクトで突っ張ってしまう。上級者は、振り抜く時にひざをわずかに曲げたままだと気づく。いわゆる「左サイドに壁を作れ」という理論を実践しようとして、アウトサイドから下りてくるクラブを、突っ張って硬直させた左足を頼りに、無理やり正しい方向に投げ出そうとする生徒が多かった。
（これを証明するために、ボールを打ち終わるまで両ひざを曲げたまま、スローモーションでスウィングをしてみよう。クラブはインサイドから入ってくるはずだ。さらに、ハーフウェイダウンあたりから徐々に左足を伸ばすスローモーション・スウィングをしてみよう。すると今度は、上体がボールを通り越して外側に放り出されるように感じるはずだ）
●アドレスでクラブフェースが開き過ぎている。

しかし教師がいつも直面するのは、たった1回のレッスンで吸収できるアドバイスを、いかに提供するかという問題なのです。私自身は5通りの方法を使い分けています。最初の方法はとても簡単で、生徒にしばらくの間、クラブフェースのトウでボールを打たせるだけですが、しばしば特効薬になります。

次の方法も簡単。5センチほど離して置いた2個のボールの、外側には触れず、内側のボールだけを打たせる練習です。

3番目の方法も簡単で、私が地面から30センチの高さに差し出したシャフトの下をかいくぐらせて、生徒にスウィングさせる方法です。

4番目は荒療治ですが基本的な方法で、生徒にフックを学ばせるのです。まずは大げさなフックグリップを作って、チーピンだろうがダックフックだろうがかまわず、練習場から飛び出すような大フックを打たせます。

次に、バックスウィングで左腕を右回りに捻るよう指導します。時々生徒自身に肩を含めた腕全体を回転させる感触を覚えさせます。これによってバックスウィングでクラブヘッドがオープンになります。

今度はダウンスウィングで左腕と手首（右手も自動的に含まれる）を左回りに回転させて、インパクトではクラブフェースを完全にクローズにするのです。

このプロセスにより、今まで見たこともない釣り針のように曲がる猛烈なフックが生まれます。しかし釣り針フックを打つにはインサイドからボールを打ち抜かなければなりません。いったんフックの打ち方を覚えた生徒は、同時に「トップから打ちにいく」悪癖も直っています。

次の課題はフックの直し方ですが、これは比較的容易にできます。

5番目の方法はスローモーション・ドリルです。これは非常に重要な練習方法なので、項を改めて説明したいと思います。

私はこれらの方法をPGAセミナー会場で、ゴルフ未経験者のお嬢さんを生徒に見立てて、聴衆のプロたちに説明したことがあります。4番目の方法でスライスが直せると説明していると、突然その若い女性が遮ったのです。

「ペニックさん、私はフッカー（売春婦）にはなりたくありません！」

スローモーション・ドリル

スローモーション・ドリルはご自宅でもできますが、忍耐を強いられる反復動作ばかりです。しかし費やした時間は必ずゴルフコースで報われます。

ミッキー・ライトはこのドリルを練習していました。スウィングのどの部分にも効く万能のドリルなので、おそらく最高の練習でしょう。室内でも、悪天候でも、夜でもできます。スローモーションの意味は、とてもゆっくり行う動作です。あなたがゆっくりだと思っても、さらにゆっくりやってみてください。

まずはバックスウィングのトップまで、ゆっくりとクラブを動かします。目はボールの代わりになる草の葉や、カーペットの模様から決して離さないようにします。このドリルの副作用として、バックスウィング初期でクラブヘッドを目で追ってしまう悪癖をつけないようにしなければならないからです。

トップにたどり着いたら、左かかとを地面に戻すのと同時に、右ひじを体の近くに引きつけてください。これも非常にゆっくり行います。

ボールに向かって3分の1あたりの距離まで、クラブを極端なスローモーションで下ろしてきます。そこでいったん動きを止め、その時の感触を確かめます。

そのポジションから同じくスローモーションで、今度は逆向きにトップに向かってスウィングしたら、また左かかとを地面につけ、右ひじを絞り、ダウンスウィングの3分の1で止める。

これを続けて4回繰り返します。我慢できなくてスピードアップしてはいけません。非常にゆっくり行うことが鍵なのです。

4回の反復運動の後、やっとフルスウィング（依然としてゆっくり行います）の番です。ひじが体から離れて前方にあり、頭を徐々に起こしてナイスショットの行方を追うような高いフィニッシュをとります。そしてそのポーズで静止して、感触を確かめるのです。

これら一連の動作を何度も何度も繰り返し行うのです。これによってあなたのゴルフ脳と筋肉は、ダウンスウィングの始まりで体重を左下半身に移す感覚や、腕に主導させず、パワーを放出する手首のコックを温存する感覚、またそれらを具現化させるインサイドからボールに近づく感覚を学ぶのです。

ゴルフ脳と筋肉は、スローモーション・スウィングを繰り返すことで、練習場と同じように鍛えられます。

実際には、スローモーション・スウィングでは打ち損じがありえないため、学習効果がより大きいと言えるでしょう。

ボールの位置

ボールの位置よりも大切なことはグリップだけです。グリップとボール位置のミスは、スウィングする前に起きますから、ショットにどれほど大きな野望を抱いていようと、それを台無しにする可能性があります。

すべてのショットにおいて、ボールを左かかと延長線上に置いて打つべきだと教える教師がたくさんいます。しかし私は賛成しません。

近年の管理が行き届いたフェアウェイの平坦なライからなら、多くの優秀なプレーヤーは打ちこなせるでしょう。しかし、9番アイアンで左かかと延長線上のボールを上手く打つためには、ダウンスウィングでかなり急いで腰をシフトさせなければなりません。左かかと延長線上にボールを置いて打つのは、ドライバーとティアップした3Wだけです。これらのクラブはスウィングがわずかに上昇軌道に転じた点または最下点でボールを捉える方が好ましいからです。

それ以外のクラブは、左かかと延長線上からわずかずつ内側に寄っていき、9番アイアンでスタンス中央です。

もしアイアンでどこにボールを置くか迷ったら、練習スウィングを数回してクラブフェースが地面を擦る地点を見極めれば良いのです。

もう一つの方法は、フェースをスクェアに保ったままアイアンを地面にソールするやり方です。クラブメーカーがどこにボールを置いてプレーさせたいか、そのデザインで分かるからです。

バケツを振る

スウィングを始めるには動作のきっかけが必要です。フォワードプレスのイメージで一番気に入っているのは、水の入ったバケツを両手で持っている姿を想像することです。このバケツをゴルフのバックスウィングのように後ろに動かそうとしたら、静止した状態から突然動き出すのは難しい。おそらく、弾みをつけようと手と肩と腰と足をほんの少し前に動かして、きっかけを作るはずです。この動作があるからこそ、水の入った重いバケツを後ろに引くために必要な、右足への体重移動や腰の回転がスムーズに行えるのです。

バケツが持ち上がって行くにつれ、両手も体の回転に従いますし、左かかとも地面から浮き上がるのです。バケツの把手を強く握っていたら早く回転するでしょうし、緩く握っていればゆっくりと自由に回転するでしょう。

次に、後ろに引いたバケツを前に振り戻す場面ですが、両手だけを使って放り投げることはできないでしょう。まず体重を左足に移動させ、左腰を回転させるはずです。またダウンスウィングを通して、体はバケツの後ろに留まっているでしょう。そして、バケツが前にスウィングされて水が飛び出す場面を想像すると、パワーがどのように放たれるかわかるでしょう。

私の尊敬するチャック・クックは、このバケツのイメージをさらに膨らませて、バケツの口を左に向けて左前方に水を撒くのがフックやドローボールのイメージ。右前方ならばフェードだと提案しています。

バケツを使ったイメージトレーニングは、特にフォワードプレスの習得に効果があります。ただ、やりすぎはいけません。薬はガブ飲みせず、チビチビ飲むものです。

長柄の草刈り鎌

これまでスウィングトレーニング機器や補助装置は何千種類も見てきましたが、その中で一番有用だと思う製品はすぐにでも雑貨店で買える物です。もしかしたらすでに車庫か納屋にお持ちかもしれません。それは柄の長い草刈り鎌です。

何年も前、スポルディング社のビクター・イーストが、フロリダのゴルフ場で教えていたワイルド・ビル・メルホーンと私に、この草刈り鎌を6本ずつ送ってきたことがあります。数週間後、メルホーンはそれらにメモを付けて送り返しました。メモには「この鎌があると私の仕事がなくなってしまう」と、書かれていました。

この草刈り鎌でたんぽぽの花を刈り落とす動作は、ゴルフクラブのヒッティングエリアでの動きなのです。さらに、この草刈り鎌は重いのでゴルフに必要な筋肉も鍛えてくれるのです。

ついでに、この草刈り鎌を振り回している時は、仕事量ではなく時給計算をしましょう。言い換えれば時間をかけて練習することです。

つま先の向き

つま先の向きによってスウィングの長さが大きく変わってくることを、上級者も含めほとんどの人が理解していません。

いつものスタンスで立ち、バックスウィングのトップで止め、シャフトは目標を指す。鏡でその位置を確認します。

今度は左足のつま先を、目標方向にさらに30度ほど回転させ、先ほどと同じようにバックスウィングのトップの位置を確認しましょう。いかがですか。バックスウィングが10センチも短くなっていますね。

左足を自然な位置に戻し、今度は右足のつま先を目標線と直角、または少し目標方向に向けてスタンスし、もう一度バックスウィングして、トップの位置を確認してみましょう。いかがですか。またバックスウィングが10センチほど短くなっていますね。

多くのプレーヤーが左足つま先を開き、右足つま先をスクェアに構えますが、この組み合わせはバックスウィングを劇的に短くします。

アベレージゴルファーがこの組み合わせに固執するのは、プロたちがそのように立っているからです。しかしそれは正しい選択でしょうか。あなたにはあなたに合った回転があるはずです。
両足ともに、つま先の向きは目標や狙う方向には影響を与えませんが、スウィングの長さに関しては重大な影響を与えるのです。

回転

ボールから離れながら回転し、再びボールに戻って通過する動作自体はとてもシンプルなのに、スウィング理論や教師の個性の違いによって複雑になってしまいました。ホートン・スミスが指摘していましたが、この回転は次の童謡の歌詞によく似ています。『足首の骨はひざの骨につながり、ひざの骨は腰の骨につながり、腰骨は背骨につながり、背骨は肩の骨につながっている……』

次のスウィング動作をあくまでもシンプルに行ってください。

目をボールから離さないようにひざを緩めて立ち、水の入ったバケツをイメージしてフォワードプレスから始めます。右足に体重移動しながら体を右に回転させます。それから左かかとを3センチほど静かに上げます。この動きは右側の人に「やあ」と声をかける感じです。腕はシャフトが後ろに回って目標を指す所までスウィングを続けます。

今度は左足に体重を戻しながら、右ひじを体の傍に引き戻します。そして今度は左側の人に「やあ」と声をかけるつもりで左回転を続けます。

「腰に緊張を感じながら肩と体幹を巻き上げる」というような複雑な指示を、聞いたり読んだりしてきたと思いますが、私は体の回転をそんな風には教えません。

腰の回転を意識し過ぎて、一番大切なクラブが弧を描くように振られることを忘れてしまっているプレーヤーをたくさん見てきました。

ゴルフスウィングの回転は体の自然な動きで、あなたの骨は地面から上までつながっていることを覚えておいてください。

我に返る一言

ホテルの一室で私は不安に駆られながらノートを読み返していました。数時間後に迫ったPGA大会で大勢のプロたちを前に講演することになっていたからです。

突然、小さな感傷が沸き起こってきました。もうすぐ偉大なゴルフ教育者と呼ばれる連中に、キャディ上がりの自分が教えを授けるのだと。

「ちょっと思いついたのだがね、ヘレン」

私は妻に同調を求めました。

「世界中の偉い先生方の中から、彼らによって僕は選ばれたんだ。いったい、ここに何人の偉大な教師が集まっているのだろう?」

すると、利発な妻は読んでいた本から目を上げて言いました。

「ゴルフの英知が何人来ているか知らないわ。でもハービー。その数はあなたが思っているより、たぶん1人少ないはずよ」

金言集

ジャック・バーク・シニアは選手や教師たち（私も含まれます）との合議の結果、1943年に金言集をまとめました。

1　手首の動きはゴルフでは重要ではない。両前腕を交差する動きこそがショットにパンチを与える。

2　クラブフェースの向きがスウィング軌道から外れたら、ミスショットにしかならない。

3　クラブを適切に引けば惨めなショットの確率は減る。
（これには異論があります。ジャックはインサイド・アウトのスウィングを教えていたのに対し、私はインサイド・スクェア・インサイドを好むからです。ジャックが適切にと呼んだ動作は人によって変わります。また、トップから振り下ろす際にも多くのミスが生まれます。しかし、適切なバックスウィングが有利であることには変わりありません。回転と連動したバックスウィングが適切です。）

4　心の中でボールの皮を剥き、内側のコアだけでプレーし、外殻は考慮するな。
（ゴチャゴチャ考えているより、とにかく打った方が良いと私は思います。）

5　ボールだけを打つことを学べ。地面を掘るな。

6 目標線に向かってボールが完璧に飛び出していく姿を思い描きなさい。

7 両手が一体になるまで同調していれば、驚くほどの安心感が得られる。

8 ボールの下にあるティペグをノックせよ。この動きはクラブフェースを真っ直ぐにする助けとなる。

(私はいつもこのイメージを指導しています。ティペグを刈り取るようにスウィングさせます。)

9 ボールは目標物ではなく、スウィング途中にある物だと考えなさい。

10 あなた自身はボールを上げようとするな。その目的で作られたクラブに任せよ。

11 ダフるのは後ろ足に体重が残っているからだ。前足に体重を移せばダフることなどできない。

12 前足に体重移動できないのは緊張によるものだ。両手を一体として使えれば、体重移動など簡単だ。

13 希望するショットのイメージを確認せよ。

14 飛球線に沿うまで両足を踏み返せ。両足を地面に凍りつかせてはならない。

15 シャンクはボールの外側をクラブが通過することが原因。これは思わぬ失言と同じ。ボールを2個、5センチほど離して置き、外側のボールに触れずに内側だけ打つことで直る。(この説にも異論がありますが、シャンクの項で詳しく述べます。)

16 余力を残してスウィングすること。最後の最後で必要になるかもしれない。

17 ボールの行き先に向けてクラブを振り出せ。

18 スウィングのフィニッシュはとても重要だ。フィニッシュが悪いのにボールが真っ直ぐ飛んだら、それはまぐれだ。

19 プレー手順を確立しよう。どのような手順であれ、場当たり的な運試しよりもマシだ。

20 トップボールはクラブフェースを閉じることが原因である。（ひざの硬さが原因である場合がより多いと思います。）

21 スライスは両手がクラブヘッドより先行することが原因だ。緊張した場面でよく起こる。クラブフェースがインパクトでボールにまともに当たらないのだ。

22 スライスし始めたら、その力加減以上で打ってはいけない。もっと強く叩くとスライスはさらにひどく曲がる。

23 ライが悪い時は打ち込むのではなく、ボールだけを掠め取るように打て。

24 半年間練習してやっと見つけたことも、プロなら5分で言い当てる。

25 ボールを打った後で地面にさわれ。そうすればダウンブローでボールを打てる。

26 右腰でクラブを引き、左腰で引っ張ってクラブを前に連れてこい。

27 体の左サイドが回転しやすいように、右肩は可能な限り後ろに留めておけ。

28 緊張しやすい人は、クラブヘッドをソールするな。

29 バックスウィングは、クラブヘッドよりわずか先に両手を動かし始めよ。

憧れのスウィング

すべてのゴルファーが追い求める憧れのスウィングの作り方をこれからご紹介しましょう。

まず、ボールの3メートル後方に立って目標線を確認します。次に、歩み寄りながらグリップを決めます。そしてフェースを目標に正対させてボール後方に置き、それからそれらに合わせてスタンスを調整します。

少しワッグルして、またボール後方にクラブを戻したら、水の入ったバケツを動かす時の要領で、フォワードプレスします。

バックスウィング中の最初にシャフトが地面と平行になった時点で、クラブフェースのトウは空を指し、この時点以降に左かかとは地面から離れていきます。

両ひじが体の前方から外れないように注意しながらクラブを上げ、クラブヘッドが地面を指し始めるギリギリの地点（バックスウィングのトップ）に至ります。

今度は、左かかとを地面に戻すと同時に、右ひじを体の傍へと引き戻します。体重が左側に移動し始め、前腕が弧を描くように交差します。頭はボールの後ろに留まるか、さらに後方に動くかもしれません。

フィニッシュでも両ひじは体の正面から外れず、目標方向を向きます。良いフィニッシュは良いスウィングの証です。頭を上げてグッドショットを目で追いましょう。

フォロースルーでは、右足が体のバランスを保つのに役立ちます。

もし今まで述べた憧れのスウィングでバランスを崩すようなら、グリップを弱く握り過ぎてクラブの重みをコントロールできていないか、逆に強く握りすぎてクラブの自然な動きを制限しているか、はたまた各ポジションで弱すぎたり強すぎたり一定しないかでしょう。

この練習を自宅でボールを使わず、スローモーションで行ってください。念を押しておきますが、クラブヘッドを目で追う癖をつけないように、スウィングのたびに仮想目標に向かって練習してください。自宅のカーペットの上でも、毎回ボールの後ろに立って目標線を確認してください。

毎晩この憧れのスウィングを十数回行い、反復練習によってゴルフ脳からの指令を筋肉に覚え込ませてください。最後にこの練習には重いマスコットクラブを使うとさらに効果的です。

魔法の動き

ゴルフスウィングに魔法の動きがあるとすれば、この本の中で再三述べている動作です。

「ダウンスウィングの始まりで、右ひじを体の傍に引きつけながら、体重を左足に移す」です。

これは一体の動作であって、二つの動作ではありません。

この動作を何度も何度も練習してください。クラブを持つ必要はありません。フィーリングとリズムをつかんだ後も練習を絶やさないでください。頭を後ろに留めたまま、目は仮想スポットに狙いを定めて行うのです。

多くの雑誌や本で「魔法の動き」が解説されてきました。しかしプレーヤーによって捉え方が異なるのも事実です。

ベン・ホーガンは「内転」ですし、バイロン・ネルソンにとっては「横へのシフトであって内転ではない」となります。

実際「魔法の動き」は1種類ではありません。が、私が説明した「右ひじと左足の一体動作」を覚えれば、まるで魔法のようなボールが打てるでしょう。

フルスウィングの練習法

7番か6番アイアンのどちらか、あなたが信頼できる方のクラブを選んで、今後フルスウィングの練習をする時は、8割方そのクラブを使ってください。

その理由は、フルスウィングに対する信頼を心情的にも持ってもらいたいからです。自分のスウィングを信用するための最も良い方法は、自分が信頼するクラブで練習することなのです。

ハンディキャップの多い人でも7番アイアンだけでも上手く打てるようになれば、それによってゲームを組み立てることができます。たとえばパー4のホールで、ティショットや次のショットを失敗しても、とりあえず7番アイアンを使える距離まで運べば、3打目でグリーンに乗せワンパットで沈める。始めの2打を失敗しているにも関わらず、パーで上がることができるのです。

7番アイアンのスウィングはテンポの観点から見ればドライバーのスウィングと同じです。クラブの長さやライ角が異なるので、ドライバースウィングの方が長く、大きく見えるのです。ドライバーと7番アイアンの主な違いは、上昇軌道でボールを捉えるか最下点かの違いで、これはボール位置の違いで起きるのです。

教師によっては、ロングアイアンが打てるようになれば他のクラブが簡単になるという理由で3番アイアンを練習させます。

この理屈は正しいのですが、私には順序が逆に思えます。3番より、7番アイアンで良いショットを打てるようになる方がずっと簡単です。そして会得した7番アイアンの良いスウィングを使って、3番アイアンを打つのが早道だと思うのです。その理由はアイアンの番手が小さいからといって、強く振るわけではないことを思い出してください。

むろん、すべての番手で練習する必要はあります。ただドライバーばかりに時間を割くのは頂けません。ドライバーは一番難しいクラブだから、ボールをティペグに乗せて打つのです。

練習は上達するためか、まれには技術レベルを維持するために行います。とすれば、上手く打てるクラブを使う練習が、結果的に一番良い練習なのです。私はハイハンディキャッパーがドライバーの練習をしている醜い姿を見るのが嫌いです。彼らは自身がイライラしてスウィングがさらに醜くなってゆくのを見るに忍びないからです。

ハイハンディキャッパーや忙しくて週1回しかゴルフをできない人はドライバーを戸棚にしまって、3Wを練習しコースでも使うべきです。アベレージゴルファーが3Wでティショットすれば、ドライバーを使うよりはるかにナイスショットの確率が上がるでしょう。ラウンドに1回あるかないかのドライバーのバカ当たりは諦めなければなりませんが、そんなものには大して価値がないことぐらい先刻ご存知でしょう。

ウォーミングアップの時間がない

コースに到着するのが遅れて数分しかウォーミングアップする時間がない場合、チップショットの練習をしてください。チップショットはフルショットの縮小版なので、筋肉とゴルフ脳を活性化させます。

ところが多くのアベレージゴルファーはレンジに駆け込み、できるだけ多くのボールを打とうとします。これは身体をほぐすには良いかもしれませんが、スウィングテンポを狂わせ、さらに悲観的な思考に陥るかもしれません。

また何人かのアベレージゴルファーは練習グリーンの方に駆けていきます。スコアに直結するパットを練習する方が賢明だとの判断です。そしてティに呼ばれるまで、できるだけ多くパットしようとします。この場合も急いで打つためにほとんどのパットをミスしてしまいます。結果、スタートする頃にはすっかり自分のパットに対する自信を失ってしまうのです。

急いでウォーミングアップしながら自分の勘やタッチを呼び戻すには、この時間をチップショットに当てるべきです。

この時間はこれからゴルフをするということを心身に伝えます。もしオフィスのことを気にしながらティショットしたら、そのラウンドは滅茶苦茶になってしまうはずです。

チッピング

最初に習うべきショットはチッピング。このショットの基本をご説明しましょう。チッピングでは徹頭徹尾、グリップの位置をクラブヘッドより先行させます。グリップ位置もシャフト近くまで下げ、ひざにゆとりを持たせて構えます。また体重も少し左寄りに移します。

ひじは緩めておきますが、ひじでボールを運ぶ感じではなく、両手でヒットすることを忘れないでください。パッティングと同じように、バックスウィングとフォロースルーは同じ長さにします。

直接ボールをグリーンに乗せられ、しかもスムーズにカップに向かって真っ直ぐ転がるクラブ。つまりできるだけロフトの少ないクラブを選びます。

左足下がりや芝の薄いライ、風の中や速いグリーンでは常にピッチショットではなくて、チップショットを選択してください。

グリーン周りのプレッシャーのかかる場面では、よりロフトの少ないクラブの方が上手くいくものです。もしかすると3番アイアンが必要な転がりを生むかもしれません。

ハンディキャップの多い人は使えそうだと思ったら、グリーン外からでもパターを使うべきです。その方が大抵カップに寄せられます。

パッティング

パッティングはチッピングと基本的には同じです。フォロースルーに至るまで、両手はクラブヘッドより常に先行します。

もっともビリー・キャスパーやチ・チ・ロドリゲスのように、リストを使って弾くように打つためクラブヘッドが手を追い越してしまうパター名手もいます。

もちろん、長年そのような打ち方を続けてきた人に、ストロークを変えろとは申しません。パッティングスタイルは個人的な問題だからです。極端な例ですが、ボビー・ロックはフックさせてパットしていましたが、そのようなパットを生徒には勧めませんし、逆にボビー・ロックに止めろとも言いません。

私が教えようとしているのは簡素な手順なのです。

まず、ボールの後ろからラインを読んだ後、ボールに近づきスタンスをとりますが、ボールの真上か少し先にグリップをセットします。カップとパターブレード双方を一瞥して、ラインとスクェアかどうか確認します。

1回か2回、人によっては3回練習スウィングして、距離を計りながらパットを沈めることに集中します。私は練習スウィングでも、水の入ったバケツをイメージした小さなフォワードプレスから始まるのが好みです。そして頭と目の位置を動かさず、パターブレードだけをボール後方に置き、最後の練習ストロークを模倣するのです。

この手順の価値は、パットの成否ではなく、ストロークの模倣に集中させる点です。たとえメジャートーナメントだろうと何だろうと、このパットをミスしたらどうしようとか絶対考えてはいけません。これまで打ってきた何万回のパットと同じように打つべきです。

最後の練習ストロークの模倣に集中し、パットの成り行きは考えないことです。パットの練習は常にグリーンの平らな面か、少し上り傾斜で行ってください。

私は昔からよく言われている「ネバーアップ、ネバーイン」という言葉が嫌いです。確かに届かないボールは入りませんが、カップを通り過ぎたボールも入らなかったわけですから。

私はちょうどカップで停止する力加減が好きです。この力加減だと時々はカップにポトリと落ちるからですが、強すぎるとカップの上を通っても淵に当たって弾かれてしまいます。結局、短過ぎて入らないのと同じくらい、長過ぎても入らないのです。

強すぎるパットではカップの大きさは中心の1インチだけかもしれませんが、ちょうど良い力加減で打つと4インチ全部使えるのです。さらに、強く打って1メートルもオーバーするより30センチショートした方が、よほど簡単に次打が打てます。特にファーストパットが上り傾斜の場合はなおさらです。

パットがショートする原因の多くは、優しくスウィングし過ぎたためではなく、スウィートスポットを外したか、パターフェースがスクェアになっていなかったためなのです。

私が好きな瞬間は、ネズミのようにスルッとカップに吸い込まれるパットです。

スタイルは様々ですが、パット名手と呼ばれる人々の共通点は、バックスウィングとフォロースルーの長さがほとんど同じだということです。すでに良いストロークを持っている場合を除いて、パターのストロークは地面に沿って低く保ちましょう。また、ショートパットはライン重視、ロングパットは距離重視です。

私は腕とリストを使ったパッティングストロークが好きですが、とても長いパットでは肩の回転と長いバックスウィングとフォロースルーも必要でしょう。

ボールは左かかと延長線上に置き、両足の向きはラインと直角にして構えてください。もし大きくラインから外れる場合は、体重がつま先にかかり過ぎているか、目がボールの真上にないためでしょう。

ボールを目の真下に置く確実な方法が二つあります。それは眉間からボールを落とし、その落下地点を確認する方法、もう一つはパターを眉間から吊るしてその延長線を探る方法です。

左グリップはメーカーのデザイン通りに突端を握るのですが、ほとんどのパット名手は右手を少し下に持ってきて握ります。左手を弱めることでパターフェースをスクェアに保ちやすくしているのです。

自分のパッティング手順と秩序を完成させたら、あとはメンタルな部分だけです。自分で作り上げたシステムを堅持してください。

マスターズを観戦していたら、練習グリーンでジャッキー・キューピットを見かけました。しばらく黙っていましたが我慢できなくなって傍に近づき「ジャッキー、ちょっと提案があるのだが」と、声をかけました。彼は待っていたように「ずっとロープ際にいたのは何故だと思います？」と、答えました。

彼はパターを引っ掛けていました。それを気にして両グリップを目一杯高い位置で握っていたのです。私は「このパターを作った人が考えていた通りに自然に握ってごらん。きっと君の手に馴染むと思うよ」とだけ言いました。

その日ジャッキーは67で回り、ベン・ホーガンが66で上がってくるまで当日のローエストスコアラーでした。ジャッキーは嬉しそうにスコアカードを見せ「おかげさまです」と言いました。しかし私は何もしていません。ただ、クラブ製作者の意図を再確認しただけなのです。

パットにオーバースピンをかけると聞いたことがありますが、それは不可能に近い。ビリヤードを想像してください。オーバースピンつまり「押し玉」を打つには、ボール直径の7分の5より上部の点をキューで突く必要があります。そのようなパットを試したいとは思いませんよね（パターならマイナス20度以上のロフトが必要なのです）。

良いパットは真っ直ぐ止まりますが、悪いパットはズルズル滑るようです。

グリーン上では決断力が求められます。その決断が間違っているとしても、どんなパットをするのか決め、その決断に自信を持って実行するのです。

左手でパターを持ち歩く癖をつけましょう。いつも両手で持ちたい場合はかまいませんが、右手だけで持つのはやめましょう。左手と左腕はパターシャフトの延長だと考え、このフィーリングを保持して欲しいのです。

右手でパターヘッドをボールの後ろにセットするツアープロを見ることがあります。その後左手をクラブに添えるのですが、この時、必然的に目標が狂ってしまうのです。パターは左手か両手でボールの後ろにセットしてください。それと楽観的に考えるように。

パッティングにこだわる理由は、私の親友2人がその当時、パットの名手だったからです。ホートン・スミスは私の勧めた練習法を使っていました。その方法は右手だけで数発パットしてフィーリングをつかんだ後、優しく左手を添えるというものですが、やっぱり私は両手が協調したパットが好みです。

パットのタッチを磨くドリルをご紹介しましょう。まず1発だけ9メートルの距離を打ちます。次に8・7メートル、8・4メートル、8・1メートルと30センチずつ距離を縮めていき、最後は本当に30センチまでですよ。

最後にパッティンググリーンでいろいろなゲームを考案し、楽しみましょう。

練習グリーンで過ごす時間が長ければ、それだけスコアも良くなるのです。

悪夢の1・2メートル

ある女性が教会で私をなじりました。

「ハービー、ゴルフって妙なゲームね。だって250ヤードのショットも1・2メートルのパットも同じワンストロークなんて変よ」

どんなゴルフ上級者でも、彼女の意見には反論できないでしょう。ベン・ホーガンもフォートワースにあるホームコースのシェディオークスで、フェアウェイからピンに絡むショットは好きでしたが、パットは全く嫌いでした。オービル・ムーディーなどは1・2メートルのパットがいやで、引退を考えたそうです。

「せっかく440ヤードを2打で持ってきても、残りの1・2メートルのバーディパットを外してしまえば、さっきの素晴らしい2打と同じ数を足さなければならない。そんな不条理には我慢できない」と、言っています。この嘆きはオービルが長尺パターを使ってシニアツアーで大金を稼ぐ前の話です。

（オールドファッションの私は長尺パターが好きではありません。お洒落に見えないからです。ゴルフ規則で「両手は互いに接していなければならない」と明文化すべきだとさえ思います。）

85前後で回るクラブメンバーは「ハービー、僕は1・2メートルのパットより、池越えの175ヤードの方がずっと楽だよ」と言っていました。

セミナーで教壇に立つ際、私はよくこの言葉から始めます。「あなた方ティーチングプロの前に立つのは、速い下りで左に切れる1メートルのパットと同じくらい緊張します」。右打ちの場合、右に切れるパットの方が難しいことは誰もが知っている、と思っているはずです。確かに多数のプロが集まるセミナーを何年も教えてきましたが、左に曲がるパットの方が緊張するというプロゴルファーは少ないでしょう。

実際は右に切れるパットも左に曲がるパットも両方難しいのです。しかし私が左の方が難しいという理由は、このパットではカップの右を狙うので、インサイドアウトのパットストロークになりやすく、その結果ラインよりさらにフックさせてしまうからなのです）

この悪夢のようなショートパットについて少し考察し、不安を解消しましょう。

アベレージゴルファーがショートパットをミスする原因の多くは、恐れか集中不足です。カップにボールを入れるためのストロークを考える代わりに、グリーン上にいる同件プレーヤーのことなどを考えているのです。

また、アベレージゴルファーは3メートルのラインはじっくり読むのに、1メートルのパットは安易に打ってしまいます。そのショートパットが切れるとわかっているのに、カップを外して狙うことなく打つのです。正しいやり方はショートパットでもボール後方からきちんとラインを想定し、5センチ以上切れると判断したらカップの外側を狙います。無理にカップ内側を狙って強く打つのは無謀というものです。

いつもの手順を思い出してください。2~3回練習ストロークをして雑念を追い払い、最後の練習ストロークの模倣に専念するのです。顔を上げてボールを覗いてはダメです。ラインに沿ってストロークすることに集中すれば、気が散ることも防げます。

悲観的な考えと不注意が、ショートパットのミスを誘発します。

下りの左に切れるパットでは、パターのトウ側で打つことが特効薬です。曲がりが減少するからです。この話をすると必ず生徒は「ならば右に切れるラインはヒール側で打つのですか?」と、聞いてきます。答えはノーです。ヒール側でパットしてはいけません。

1・2メートルの真っ直ぐなラインは、カップのど真ん中を狙って、スウィートスポットで打てば必ず入ります。ライン以外を気にすることはありません。距離が短いので十分な強さで打てるでしょう。短くても、狙いはおろそかにしないでください。いつもの手順を踏んで、あなたの為すことを信じましょう。

世界的なプレーヤーでもまれにショートパットをミスします。だからといって、あなたがショートパットをミスする理由にはならないのです。

シャンク

シャンクは余りにも不快なので、この言葉を使うのもいやです。代わりにラテラル（横向き）ショットと呼びましょう。

ゴルフの上手な生徒の1人が、ある日突然ラテラルショットを打ち始めました。彼は私を呼び、練習場で見せてくれました。彼が優秀なことはわかっていましたから、この状況から自力で抜け出せるだろうと思い、「そのショットを12回連続はできない方に賭けるよ」と冗談を言いました。ところが、彼は立て続けに12回同じショットを打ったのです。

「どうしましょう先生」と言うので「今日は家に帰って、明日また来なさい」としか言えませんでした。

多くの人がこのショットはインパクトでクラブフェースが閉じているために起こると考えていますが、それは不可能なことです。大抵は、グリップが体の回転に伴って引き込まれるはずなのに、いつまでも正面に居座る。または引っ掛かりそうな気がしてグリップを目標方向に放り出してしまうことが原因です。

もしかしたら、ボールに対して遠くに立ち過ぎているせいかもしれません。初心者はボールに近づきすぎますが、上級者は逆に遠くに立つ傾向があるからです。

頭の残し過ぎも原因の一つです。頭の位置が下がるとスウィング弧まで下方に伸び、それを調整しようとして左ひじを曲げてしまうのです。

視力が落ちている可能性もあります。パイロットは皆、視力は日々変化すると言います。


ラテラルショットの治療は、完全に直るまですべてのアイアンショットの打点を、フェースのトウ側に外して打つことです。目標の左を狙ってスライスをかけようとしてはいけません。むしろ目標の右からフックをかけようと思った方がうまくいきます。フェースのトウがスウィングにつられて回り込む感覚が得られると思います。仕上げにボールの外側3センチの所にティペグを刺し、ボールだけを打ってみましょう。

フェースが閉じた状態ではラテラルショットを打つことはできません。そこで時々はフェースを閉じたままでアドレスし、フォロースルーまで最高のスウィングをしてください。フェースが閉じたままですから、目標の左に飛び出すかもしれません。しかし決して真横に飛び出すことはありません。

私がティーチングをめざした理由

それはサム・スニードです。

私は1930年代中頃のヒューストン・オープンまで、自分を結構良いプレーヤーだと自負していましたし、ツアーでプレーしたいと切望していました。

パットの練習をしているときのことです。友人が声をかけてきました。

「ハービー、スニードという少年のショットを見てごらんよ。今ティオフするところだから」

私はティまで行き、ウェストバージニアから来た少年のドライバーショットを見ました。正確には見ただけでなく聞いたのです。その音はライフルのようで、ボールは弾丸のようでした。

その瞬間、私の将来がツアープレーヤーではないことを、私自身が悟ったのでした。

スタンス

ボールに対しては、相手と握手するつもりで立つことです。体を妙にくねらせる必要はありません。握手の時に体を横に曲げたり、前かがみになったりはしないでしょう。実は初心者のスタンスはそうなっている場合が多いのです。

自然に歩く時、あなたがガニ股ならつま先を外向きに構えるべきですし、内股なら真っ直ぐでも良いでしょう。

上級者の多くはホーガン・フットポジションと呼ばれる、右足がスクェアで左足を少し開いたスタンスを好みます。スクェアな右足が過剰なバックスウィングを制限し、開いた左足が体重移動とフォロースルーの助けになるからです。一般ゴルファーは体を回しやすくするために、右足も少し開いた方が良いでしょう。

クローズドスタンスにしたければ右足を引き、同時に腰や肩のラインもスタンスに合わせて調整してください。実際、多くのアベレージゴルファーは右足を引いただけで肩や腰のラインはスクェアにしたままですが、それではクローズに構えたことにはなりません。むろんオープンスタンスも同様です。

ひざを少し曲げてボールに向かいます。これから椅子に座ろうとする時の最初の動作程度の曲げ方なのですが、初心者の生徒に「ひざを曲げて」と言うと器械体操のひざの曲げ伸ばしに近い動作をしがちです。また「シッティングダウン」という言葉を使うと、本当に椅子に座っているような極端な姿勢をとる生徒もいます。自然で無理のない楽な姿勢をとってください。

ウェスリー・エリス・ジュニアはツアーに参加する前の大学時代に私の生徒でしたが、私が見た中で最も自然なスタンスの持ち主でした。彼はいつもの歩き方でボールに近づき、止まって、そしてボールを打つのです。

当時の彼は、いつも愛犬を連れてブラッケンリッジパークをラウンドしていましたが、その犬はとても静かで大人しく、最高の相棒でした。

悪癖

バックスウィングの始動でクラブヘッドを目で追いかけてしまうと、すべてを台無しにしてしまいます。しかし驚くほど多くの人が、この悪癖にはまってしまうのです。

初めての生徒

生徒を練習場に連れ出す前に、私はクラブハウスでお茶を飲みながらお喋りをします。大概の生徒は緊張しているので、まず安心させ、信頼を得るためですが、彼らのプレーや練習の頻度、目標といったありきたりのことを聞きます。そして「どんなミスも私のミスであって、あなたのミスではありません」と、伝えます。

生徒が道具の性能にこだわりがある場合は「ショットが巧くいかないのは、第一に私のせい、第二があなたのせい、道具のせいなのは多分その後です」と、諭します。新しい生徒にはウッドとアイアンのどちらが得意かとか、どこかが疼いたり痛んだりしていないかとか、日常生活で悩みはないかとか尋ねてみます。彼らを理解し安心させたいからです。

このティタイムは20分ほどですが、このお喋りで私たちは正しいスタートが切れるのです。

ジュニアはカートに乗るべからず

これは私の意見ですが、若いプレーヤーなのに乗用カートを使ってコースを回っていると、彼らの可能性を最大限まで伸ばすことはできません。もしクラブを振れる年齢ならば、歩かせて足腰を鍛え、ゲームのリズムを学ばせるべきです。

もちろん、子供が両親と一緒のカートに乗るのはかまいませんが、4人の子供が2台のカートに分乗してコースを回るのは見るに耐えません。

「コース上で立ち止まって花の匂いを嗅いでごらん」

と、ウォルター・ヘーゲンは言っていました。この魅惑的な感受性が育つこともゴルフの教育的一面です。カートに乗ってゴルフを覚えたら、得ることの難しい感受性なのです。

ヘレンが語る

私たちが結婚した60年前、ハービーはすでにゴルフ界で大層な信望がありました。18歳でオースティンCCのヘッドプロになりましたし、26歳でテキサス大学のコーチにもなったからです。

ですから私はミセス・ハービー・ペニックとして通っていたのです。親しい友人だけがヘレンと呼んでいました。

他の人は「彼女はペニック夫人だ。ゴルフも夫直伝だろう」と思っていたでしょう。

もちろん私はゴルフが好きですが、ハンディキャップは18。恥ずかしいので、とうとうクラブ競技に出場するときはヘレン・ホームズという旧姓を使いだしました。

私が最後に夫とプレーしたのはオースティンCCがまだリバーサイド通りにあった頃

です。スコッチ・フォアサム（4人が2組に分かれ、各組1個のボールを代わる代わる打つ競技方法）で、ロックハートから来たマーサ&ペック・ウェストモーランド夫妻との対戦でした。

ティオフ直前、ハービーが言うには「ヘレン。ペックはグリップのせいで当たりが悪いので、少しの間マーサと同乗してくれないか。ペックの手助けをしたいんだ」

6ホール後、ペックはとても良くなりました。

7番ティで今度は「マーサはパッティングストロークに問題を抱えているみたいだ。少しの間ペックと同乗してくれる?」。マーサは7番こそ2パットでしたが、8番と9番はワンパットで切り抜けました。

10番ティで私は夫に言いました。「ハービー。マーサとペックは立ち直ったみたいね。今度は私の番よ。どこを直せば良いのか教えてちょうだい」

するとハービーは「わからないよ。見てなかったから」と言うのです。

それ以来、私は夫と一緒のゴルフを諦めました。そういえば以前、彼は私に15分間レッスンをしただけでトンズラしたこともあったのです。

しかし、このような関係が結婚生活を長続きさせる秘訣なのかもしれません。

学ぶこと

私は先生から教え方を学びます。

同じように、私はゴルファーからゴルフを学びます。また、コーチから勝ち方を学びます。

優秀なゴルフの先生はたくさんいますが、それぞれ教え方が違います。私は自分と異なる教え方をする先生の話を聞くのが好きです。彼らから何か学べるかもしれないからです。

ピアノ演奏家のホロビッツが生徒に語ったそうです。

「挑戦を恐れてはならない。助言を求めず演奏できるようになりなさい。私はあなた方を指導するのではなく、支えたいと願っているのです」

私がこの話を息子のティンズリーに話したら「父さんと全く同じですね」と言うのです。

私の従兄のD・A・ペニックが、テキサス大学のテニスコーチ職をウィルマー・アリソンに譲る時に贈った言葉を思い出します。

「あなたが4年間で良いプレーヤーを育てることはわかっている。しかし人間的な成長を促すことが最も大切な使命だよ」

ベン・ホーガン

私はオースティンで行われたチャリティマッチでベン・ホーガンとプレーしたことがあります。

その時、彼はキャディに「西はどっちだ?」と聞いていました。ベンがキャディにそんな質問をするとは意外でした。彼は誰の意見も聞かずに、自分の距離感に応じたクラブを彼自身で選ぶのが常だったからです。

そのことが1日中気になっていた私は、ラウンド後に尋ねたのです。すると「他の要素は見たままだが、グリーンだけは西に切れるから」と彼は答えてくれました。

その時は彼がそう感じるなら、もちろん西に切れるのだろう、としか思いませんでした。その後わかったことなのですが、いくつかの理由が重なって、設計家が妙な仕掛けをしない限り、基本的にパットは西に切れるのです。

(訳注/当時、米国南部のグリーンに使われていたバミューダ芝は西に向かって成長する性質があり、午後になるとパットが西に切れ始めた)

若い頃のベンはプルフックに悩まされていましたが、彼は右手のグリップを浅く握り、V字があごを指すようにトレーニングしました。

その結果、「内転」こそが秘訣だと彼自身が語れるまでになりました。ヒッティングエリアにおいて、彼の左前腕および左腕全体は力んでおらず解けた状態です。これがボールをインサイドから捉え、スナップを効かせることにつながっているのです。

ベンは何千時間も完璧なスウィングを目指して練習しました。初めに彼は、長すぎると感じていたバックスウィングを切り詰めるため、スタンスを少しずつ改めました。結果的に今では有名なホーガン・スタンスと呼ばれる、右足を目標ラインと直角にし、左足は飛球方向に少し開いた形に結実したのです。

これらの変更点はすべて、バックスウィングを短くするためなのです。私は自分で制御できる限りの長いスウィングが好きですが、ベンは制御可能なという点に着目してより短いバックスウィングを目指したわけですから、現象的には違っても目的は同じなのです。

ジミー・ディマレとベンは仲良しでしたが、ジミーがその絆の理由を暴露したことがあります。それはレジェンド・オブ・シニアトーナメントでパートナーになって欲しいと、ジミーがベンに電話した時のことです。

ベンが「もうゴルフの回数も少なくなって、良いゴルフができない」と渋るので「いいじゃないか、昔に戻って楽しもうよ」と言ったら、ホーガンは「今や君を助けてあげることができないんだ」と、悲しそうに言ったのだそうです。

ジミーは奮然と「今までに僕を助けたことが一度でもあったのかい？」と、切り返したそうです。

女性問題

概して華奢な女性は、男が下手な忠告をしなければ、ミスショットはしないものです。夫は妻にゴルフも運転も教えるべきではありません。そして妻は夫にトランプ遊びを強要しないでください。

練習と風向き

背中に風を感じながらフルスウィングの練習をするのはやめましょう。もしあなたが右利きならば目標の左から右に吹き抜ける風です。

この風の中で練習すると、トップから打ちにいって、ボールをカットするスウィングになりやすいのです。この現象に最初に気づいたのはベン・ホーガンでした。ベンはコースの中で顔に風を感じる所、つまり目標の右から風が吹く場所を選んで練習していたのです。

風の中での練習は標準的なスウィングだけにしましょう。強く打ってはいけません。そして、パンチショットばかりを練習するのも考えものです。パンチショットにはフォロースルーがないからです。

フックとスライス

フックはアベレージゴルファーにとって大した問題ではありません。真っ直ぐ飛び出したのに、最後に行くほどフックするショットを打つなら心配いりません。しかし、プルフックはダメージが大きいものです。これは左に飛び出し、さらに左に逃げてゆくショットで、この場合はプロの助けが必要です。

フックし始めたら最初にチェックするのはグリップです。片方または両手のV字があごを指すよう握りましょう。とは言っても左手を浅く握りすぎると、今度は逆にアウトサイドから急降下してボールに向かうようになって、スライスに戻ってしまいます。

スウィング軌道を急降下させず「ティペグを刈り取る」、またティペグがない場合は「芝先を払う」ことに集中してください。この意識がフェースをスクェアにするのです。

フックするからといってアドレス段階からフェースを開いて構えることは、グリップをウィークに握り直しているのと同じです。

スライサーはフッカーよりも苦労しています。ハンディキャップの多い人は目標を左に定めて、当然のようにスライスを打ちます。しかし少し考えて欲しいのですが、いったんスライスを容認してしまったらスライスしか出ません（むろんフックも同様ですが）。スライサーは初めにクラブを軽く握ることを覚え、次にグリップ位置を確かめましょう。

試しに両手とも、V字が右肩を指すまでストロングに握ってみましょう。その状態で「ティペグを刈り取る」または「芝先を払う」練習をしましょう。それとクラブを軽く握ることも忘れないでください。クラブはきちんと調律された楽器と同じです。クラリネットを硬く握り込んで吹こうとは思わないでしょう。スウィング中はずっとクラブを軽く握り続けてください。

スライスが必ず直るイメージトレーニングをお伝えしましょう。

野球の右バッターボックスに立っている場面を想像してください。スタンスは二塁べースの少し右に向けますが、クラブフェースは真っ直ぐ二塁ベースを狙います。その状態からショートを飛び越す球を打つのです。7番アイアンの次は3番ウッドでも試しましょう。ダウンスウィングが外から被って下りてこないように気をつけながら、初めは左前腕、次に可能なら左腕全体を返して、ショート頭上をライナーで抜くのです。

これが私の知る限り最強のスライス撲滅法です。注意深く読み返せば、あなたもきっとフックが打てるはずです。

150ヤード

ジャック・バーク・ジュニアと私が相談会を開いていた時、ロングアイアンでもピンを狙うのか、という質問を受けました。

「私はロングアイアンではグリーン中央に打つよ」

と、ジャックが答えました。

「時々はボールがピンに向かって転がって、僕を格好良く見せてくれるからね」

グリーンが柔らかく、150ヤードの距離なら、上級者なら誰でもピンを狙えるでしょう。

しかしコースが乾いている場合は別で、大概のプレーヤーはティで距離を欲張った挙句、ピンを狙うことが不可能な場所に捕まってしまいがちです。

アベレージゴルファーといえども、150ヤードから3打以上叩かなくてはならない理由はありません。7か6、または5番アイアンを練習して150ヤードを打てるようになったら、あなたもきっとグリーンの中央なら乗せられるという自信が芽生えてくるでしょう。そしてたぶん、ボールがカップめがけて転がり、あなたを格好良く見せてくれます。

チップとピッチ

チップショットの選択基準

1 ライが悪い時
2 グリーンが硬い時
3 左足下がりのライの時
4 ショットが風に影響される時
5 緊張した場面

ピッチショットが可能と判断する基準

1 ものすごくライが良い時
2 左足上がりのライの時
3 グリーンが非常に柔らかい時
4 障害物に阻まれて他の選択肢がない時

プレーヤーの手腕も考慮しなければなりません。例えばハンディキャップの高いプレーヤーには危険すぎるサンドウェッジを使った繊細なチップショットも、上級者ならこなせるからです。ですから、ここに挙げた基準は一般的なガイドラインです。

ピッチングにありがちなミスは、ボールをクラブヘッドで「しゃくり上げる」ような動きです。これはクラブヘッドがグリップ位置より先行して、インパクト圏でクラブヘッドが急上昇するために起こります。

この悪癖を直すには、テーブルの下を潜らせるような低いピッチを練習させます。この練習でクラブヘッドを無理やり持ち上げなくても、ロフトがボールを上げてくれることを学ばせるのです。

サンドウェッジでのピッチショットはどんな距離でも、グリップエンドまでの規定の長さ一杯に握ってください。短く持つとインパクトで頭が下がり「ザックリ」を誘発します。また、これを避けようと無意識に左ひじが曲がり、ダフリやトップまで招いてしまいます。

チップや短いピッチショットを上手く打つには、フォロースルーまでクラブヘッドが手を追い越してはなりません。

芝の禿げたライや、芝が冬眠してしまった冬のフェアウェイでも使える、重要なウェッジショットを紹介しましょう。まずボールは右足の前にセットし、フェースはスクェアにします。次に、お手持ちのクラブによりますがハンドファーストにするか、ボール位置をさらに後方に置くなどして、ソールのバウンス効果を消します。最後に体重を少し左足側にかけた状態で、スタンスの微調整をします。

打ち方は、ダウンスウィングの途中でボールと地面を同時にヒットする感じです。このショットは低く飛び出して、よりバックスピンのかかる有益なショットですが、決してトリックショットではありません。

私はこのショットを、テキサス州シニアチャンピオンのビル・ペンにも教えました。しかしある日、彼は苦情を訴えてきたのです。

「ハービー、どうせ教えるなら百発百中のショットにしてよ。このショットだと4回に1回は上手く決まらない。一度なんて2パットしてしまったよ」

試合前日の心得

平素と変わらず、いつも通りにしてください。

もし晩酌を数杯嗜《たしな》むなら同じ量を。11時に寝ているのなら、その日に限って2時間前から布団に潜り込まないでください。いつもと同じ食事をいつもの時間にとることです。大きな試合で良いプレーができるかどうかは、あなたの心がけ次第です。だからこそ気持ちを迷わせる新しい行動を避け、いつもの手順を守るのです。

大一番だろうと結果を考えてはいけません。勝敗は未来に起こることです。いま現在に集中してください。大試合の前のウォーミングアップも普段通りです。スパイクを履いたら次に6個ほどボールを打って、それからティに向かいましょう。何カゴも練習ボールを打つのは疲れるだけです。もっとも、普段からそんなに激しいウォーミングアップをしている人は別ですが。

スウィングやグリップを変える時間などありません。「連れてきた相手と踊る」他はないのです。まだ1番ティに歩いている途中なのに、ラウンドの成り行きや勝負の行方まで考えるのはやめましょう。今は目の前に迫ったティショットに集中すべき時です。

オースティン育ちでLPGA殿堂入りのサンドラ・ヘイニーは、同伴した対戦相手のショットは見なかったそうです。誰にでも勧められる方法ではありませんが、自分のショットに集中する助けにはなるかもしれません。

一打一打、持てる能力のすべてを尽くしてプレーしましょう。そして。

「真摯に目的と向き合って」

風の中でのプレー

ジミー・コナリーは古い友人で優れたプレーヤーでしたが、風の中でのプレーは苦手でした。

テキサス州アマチュア選手権の強い風の中での36ホールマッチの前夜、彼は電話でアドバイスを求めてきたのです。私は、こう答えました。

「風は人を急がせます。特に3月はほかの月に比べて風が強く、ゴルフコースに限らず事故が増えるようです。パターも含めて、風の中でのプレーではバランスに注意を払ってください。精神的にもスウィングでも慌ててはいけません。普段通りに振る舞いなさい。

ドライバーのティアップはアゲンストでは低めに、フォローでは高めが有利です。スクラッチハンディやプロならば、例えディマレ・キールのようなショットを打てるでしょう。しかし一般ゴルファーにはお勧めしません。精密なタイミングと大変な練習時間を要求するからです。

その代替案ですが、普段なら5番で打つところをアゲンストなら4番、場合によっては3番で打つのです。クラブのロフトが弾道を低く保ってくれるでしょう。逆にフォローなら6番か7番、もしくは8番を選ぶのです。

風の強さは対戦相手も同じだということを思い出してください。決して慌てず、バランスを保ってください。風の中だからといって急いで打ったり、強く振ったりしないことです」

ジミー・コナリーは翌日、5&4という大差でタイトルを勝ち取りました。

ハスラー

オースティンはフォートワース、ダラス、サンアントニオ、ヒューストンから車で近く、ハスラー（勝負師）たちが賭けゴルフをするために集まってきます。

ある日ベン・ホーガンが、後にタイタニック・トンプソンとして有名になるアルビン・C・トーマスというハスラーが、隣町のフォートワースで荒稼ぎをしているとの情報を持ってきました。「きっとオースティンにも出没するに違いない。奴は右でも左でも打てるんだ。君は勝てないよ」と、言うのです。

案の定ある日曜日の午後、ひと段落してショップの椅子に腰掛けていると、見知らぬ男が入ってきて自己紹介を始めたのです。

「オクラホマのアードモアから来たハーマン・カイザーと申します」

と言ってPGAカードを提示し、コースを見学したいと申し出ました。私が了承すると、彼は長身のハンサムな男性（たぶんハスラー）を指して「友人で私のクラブのメンバーでもあるトーマス氏を紹介します」と言いました。

カイザーとトーマスが立ち去る間際、トーマスが私を誘いました。「もしよかったらご一緒しませんか？」。私は断りましたが、キッパリではなかったのです。

彼らは前半のハーフをプレーしに行きました。その後、賭けゴルフの好きな古参メンバーが来たので、ハスラーたちのことを話しました。

「ハービー、彼らを10番ティで待ち構えて捕まえ、後半のハーフで勝負しようよ。なに数百ドルは堅いさ。もし負けても金は俺が出すからさ」

誘われるままに外に出て練習していると、トーマスとその友人が前半のハーフを終えて上がってきました。トーマスがベンチに座ったのを見ると、スパイクではなく紐付きの革靴を履いていました。私がプレーしたいと申し出ると、トーマスは「1ドル単位でも10ドルでも100ドルでも1000ドル単位でも、お好きな額を賭けてプレーしますよ」と答えて、靴に空いた穴まで見せてくれました。私たちは毎ホール50ドル（私にとっては大金です）を賭けて、後半のハーフを回ることにしました。

プレーが始まり3番目のホールまでくると、5、6人の男たちが現れました。彼らはクラブハウスでポーカーを楽しんでいたのですが、賭けゴルフの話を聞きつけて見物にやってきたのです。タイタニックは100ドル札の束をチラつかせて、見物客はこの金を欲しがっているだろうかと、聞いてきました。

6番目のホール辺りでは、彼は「ここが気に入った。腰を落ち着けようかな」とも言いました。

もうすぐクリスマスの時期です。彼は茶色の小袋を引っ張り出し「奥さんに素敵なクリスマスプレゼントをあげたいとは思いませんか」と言って袋の中身を見せました。中にはダイヤモンドが一杯入っていました。私は結構ですと答えましたが、今回もキッパリではありませんでした。

さて最終ホールにやってきました。トーマスと彼の友人は長いパットをいくつか沈め、我々をワンアップで破ったのです。トーマスは我々からせしめた50ドルをプロショップの買い物に使いました。そして「本当に今日はラッキーでした。実力では負けていましたからね」と、ハスラーらしい言葉を残して去っていきました。

数カ月後、私は新聞にトーマスの友人が載っている記事を見つけました。ハーマン・カイザーの顔写真が掲載された理由は、彼がマスターズに優勝したからでした。

ほかにもたくさんのハスラーが街にやってきました。

自称インディアンの大男が、パチンコ対ゴルフクラブの勝負を挑んできたこともあります。彼のパチンコは短い距離では圧倒的に正確でしたが、私に勝つにはティからの飛距離が足りませんでした。

一番奇怪なハスラーだったのは、パデューカ公爵と覆面マーブルという芸人コンビでした。

自称公爵は『覆面マーブルVS街一番の力持ち』の公演切符を売り歩いていました。そしてチャリティの名目で私と対戦したいと言ってきたのです。我々はマーブルがなぜ覆面をしているかわかっていました。私との対戦間際に、彼とえせ公爵一味は公演切符の売上金を持ち逃げする心算だったのです。私たちはこの確証を得ると、試合を中止し、彼らにオースティンから出ていくよう強く迫りました。

最後にもう1人。ハスラーがカモを探してクラブをうろついていた時のことです。ウィルマー・アリソンが突然現れて、いつものように「誰か私とパット勝負する勇敢な者はいないか？」と、声を張り上げたのです。ハスラーの目がパッと輝きました。「私でよろしければ」とハスラーは続けます。「レートはいくらで？」

すると我がウィルマーは言い放ったのです。

「そりゃ君、いつも通り25セントだよ」

哀れなハスラーは鞄をつかむと、皆の嘲笑を背に出て行きました。

ゴルフ人生

ひとりの女性が「ハービーはどうやって暮らしているのか不思議だわ。だってクラブでブラブラしているだけでしょう?」と尋ねたと聞きました。もっともなことです。

私は様々な方法で生徒1人1人に、ゴルフと人生は似ていると教えようとしてきました。ゴルフも人生も現在より良くなる保証などありませんし、その状況が変わると期待すべきでもありません。失望感も勝利感も等しく受け入れなければなりません。

ツアープロなら、試合で大金の入る2位になったとしても、入れれば優勝できたかもしれないパットを思い返して、ひと晩中のたうち回るものです。

中にはこうした感情を全く持たず、先だけを見つめる人もいます。逆にいつまでも眠れぬ夜が続き、心を病んでしまう人もいるのです。

わずか12歳でゴルフに目覚め、天賦の才能を開花させたベン・クレンショーは別格でしょうが、普通の人は一生努力し続けても上手くなるとは限らないのです。

私は多くのトーナメントに出場しましたが、優勝するという目的だけでなく、仲間のプロたちから何か学べるからだったように感じます。

ゴルフは雄弁に性格を語ります。誰かと1ラウンドすれば、何年もディナーパーティーで同席しているより、彼らの人となりが深くわかるものです。どれだけ近づいてカップからボールを取り出すかを見るだけで、そのプレーヤーの見識や配慮がうかがえるのです。

私はティーチングプロとしてだけでなく、コースの管理者としても40年間働いてきました。

虫とも闘いました。虫はグリーンに這い出る時に穴を開け空気の通り道を作ることに加え、その糞はこの上ない肥料です。しかし虫が多過ぎると肥料過多になるので、少量のアルカリ剤を撒きスプリンクラーを回します。すると虫は苦しくて身を捩りながら這い出してきます。それをしなやかな細い棒を使って掻き集め（熊手や箒を使うとグリーンが擦れるから）、一網打尽にして池に捨てるのです。殺虫剤はありませんでしたし、虫もある程度までは有効に使えたからです。

スペードフォークと呼ばれる干草運搬用フォークをグリーン面に突き立て、今で言うエアレーションもしていました。2人がかりで1番グリーンから18番まで、春先の1週間近くはその作業に追われていました。グリーン傍の樹木に鳥小屋を設置し、グリーンに鳥がたくさん舞い降りているようなら、昆虫被害の警告にしていたものです。

1923年にプロになったとき、1898年にテキサス州で最初に開場したオースティンCCは、当時一般的だったサンドグリーンでした。それどころか1914年までは

9ホールだったのです。

「ティボックス」という言葉は、かつてティグラウンドに設置されていた砂を入れた箱に由来しています。プレーヤーたちはこの砂を使って小さなマウンドを作り、その上にボールを置いて打っていたのです。

私は芝のグリーンを取り入れるよう、1924年に理事会を説得しました。兄のトムがいたオーースティンミュニーがバミューダ芝のグリーンを取り入れると聞き、我々にも必要だと主張したのです。

その後コースがリバーサイドに移転したとき、コース設計家ペリー・マックスウェルはベント芝を取り入れました。時代が下がってオースティンCCは湖の近くのピート・ダイコースに移転しました。私はこれら3つのコースすべてを知り尽くしているのです。

かつてダラスCCが肥料をフェアウェイに撒き始めた時代、アル・バッジャーはフォートワースの牧場を訪ね歩き、牛の糞を集めてフェアウェイ全体に撒きました。が、これは大変な悪臭を放ちました。ダラスCCはハイランドパークという上品なエリアにあったため、可哀相なアルはかなりの非難を浴びたそうです。

兎の糞を使っていれば、あそこまで臭くなかったと思います。しかし、フェアウェイ全域に撒く量の糞を集めるために兎穴を見つけて兎を捕まえるのは不可能だったでしょう。ハイランドパークは数カ月間、牛糞の匂いが立ち込めていました。

オースティンの裁判所を取り壊した際、屋根裏から厚さ1メートルにもなるコウモリの糞が見つかりました。私は古いトラックを借りると、その貴重な肥料を買い、オースティンCCまで運びました。その道すがら、娘のキャスリンが高校の友達と下校している所に出くわしました。が、その時ばかりは我が娘にも無視されました。

私はオースティンCCが9ホールのサンドグリーンの頃から、現在の全米で最も美しく挑戦的なコースの一つへと、移り変わるのを見てきました。ここはコロラド川、湖や峡谷や小川、木々や野草、鹿や兎やリスや鳥で満ちあふれています。

初めはピート・ダイのデザインがメンバーたちには難し過ぎると危惧しましたが、コースが成熟するにつれ、すべてのレベルのメンバーが各自の力量を習得し、私同様にコースに愛着を持つようになりました。各ホールに4つあるティのおかげで、スコアばかりを気にするプレーヤーも楽しめるでしょう。

私には良質なバミューダグリーンよりさらにベントグリーンの方が優れていると感じます。

「若い頃に銀行員になっていたら、今頃は大金持ちの頭取職を引退して悠々自適の生活だったろうよ。年老いた元キャディよりマシだとは思わないか？」

と聞かれたら、（実際聞かれたこともあるのですが）こう答えます。

「私の若い頃は銀行を所有している家系でなければ頭取にはなれなかったよ。長兄のフレッドはアメリカ銀行の最古参の社員で出納係をやっていたが、自分の仕事に満足し幸せだったし、今もオニオンクリーク町の2階建ての家で定年後の生活を送っている。でも私の才能と学歴では、ゴルフ以外にふさわしい職業はなかったよ」

ゴルフの良いところは、エチケットさえ守っていれば必ずゲームになるところです。上手な人にはもっと上手な相手が見つかりますし、そうでない方にもちょうど良い対戦相手が見つかるものです。

最後に、これからの人生をゴルフと共に歩んでいこうとお考えの若人のために、私のように良い伴侶を見つけなさい、と言っておきたいと思います。ありがとう、ヘレン。

浜辺でくつろぐ。
右端が長女キャスリン、中央がヘレン夫人、
前が長男ティンズリー(1946年)

レンジボール・カートに乗ってコース内を
巡回する（1974年）

第二章　ゴルフをすれば、あなたは友達

わが娘婿への最初のレッスン

義理の息子のビリー・パウエルは、テキサス大学でバスケットボール部のキャプテンでした。娘のキャスリンが彼と結婚した時、ビリーの仲間たちは義理の父親のことを思ってか、ビリーにもっとゴルフの腕を上げるよう忠告しました。

この非難めいたお節介が冗談だということは皆が承知していました。なぜなら当時、ビリーにとってのスポーツとはバスケットのことでゴルフではなく、それまで彼はゴルフクラブに触れたことすらなかったからです。

ビリーとキャスリンは、大学を卒業して空軍に勤務していました。彼らがニューメキシコのクロビスに赴任している時、ついにビリーはゴルフに初挑戦したのです。同伴競技者はハンディキャップ2の友人で、ビリーは彼とのプレーからゴルフがどんなにスリリングなスポーツであるか学んだのです。そしてすっかり嵌《はま》ってしまいました。

ゴルフ初体験の晩、彼は息が上がるほど興奮して電話してきました。「義父さん！今からそちらに伺います。ゴルフを習いたいのです。何時ならレッスンしてもらえますか？」。私は答えました。「ビリー、クラブセットを送ってあげるよ。そのクラブで半年間ゴルフをしてごらん。それからレッスンの話をしようじゃないか？」

6カ月後、ビリーと私はオースティンCCの練習場にいました。

「まず聞きたいことがあります」とビリーは言いました。「この6カ月間、僕は心底苦労しました。なぜ初めてのレッスンまでこんなに待たせるのですか？」。私は「これは二度目のレッスンだよ。一度目は半年間、君が1人で苦闘したことさ」と言いました。

「でも、どうして」

「他のスポーツで成功した君みたいなアスリートは、ゴルフゲームを学ぶ前に謙虚になる必要があるんだ」

古い諺があります。

『生徒は教師が現れる前に、学ぶ準備が整っていなければならない』

ビリーを教える

しばらく練習場で義理の息子がボールを打つのをじっと見ていました。彼がスウィングにおけるヒントの類を聞きたがっていることは容易に想像できましたし、それに答えることも可能でした。が、黙っていました。

最後に私は「ビリー、もし君がその7番アイアンのようにしかナイフ&フォークを扱えなかったら、餓死するよ」とだけ伝えました。それから私たちはボールを低いティにのせて練習することにしました。「今度はティにのせているから楽に打てると思うよ。ボールだけを掻っさらうように打ってごらん」

ビリーはそれでもダフり、トップし、シャンクします。

「君は優秀なアスリートだ。ともかくボールにクラブを当てることを学びたまえ。それができるまでは先に進めないんだ」

と言い残して、私は練習場を立ち去りました。

彼は7番アイアンを丸2日間振り続け、何とかボールをクラブフェースで捕らえるコツをつかんだようでした。

レッスンが進むにつれ、ビリーは他の初心者と同じくドライバーを持ちたがりました。彼を含む初心者は250ヤード先のフェアウェイにボールをぶっ放すことに憧れるものです。しかし、やってみると大スライスばかりなのです。

「スライスばかりだとゴルフゲームを十分に楽しむことはできん。今のうちにスライスを直さなくては、事態は悪化するばかりだよ」

と諭しました。私は彼からすべてのウッドクラブとロングアイアンを取り上げ、ティショットは4番アイアンを使うよう指示しました。4番アイアンのティショットで恒常的にフックが打てるようになってから、ウッドクラブを使えば良いと考えたのです。

数カ月後、ついにビリーはフックが打てるようになったと宣言しました。彼は自分がドライバーを使えるようになったと確信していました。

「ドライバーでもフックが打てると思いますよ」

確かに、彼はすべてのショットをフックさせて林の中に打ち込むことができました。が、私は彼にフックボールが捕まりやすい左ラフも、スライサーの右ラフと同じぐらい拙いショットの結果であることを思い出させました。

「ところで」と、私は続けます。「右でも左でも、とにかくラフに入ったら1番アイアンを使ってごらん」

「何故です？　先生」

「つまりね、ラフから1番アイアンを使うと必ず失敗するんだ。失敗するとわかっているクラブを使いたいとは思わないだろう。それで言ってみたのさ。ついでに言うと今はドライバーと、1番2番のロングアイアンを封印しなさい。ティからは3番ウッドを使えばよろしい。ロフトのあるクラブの方がプレーしやすいからね」

ビリーはこの忠告が気に入らず、従うこともありませんでした。彼はドライバーを使って飛距離を求め続けた結果、その後何年もスコアは変わらなかったのです。

一方、その間も私はビリーのパッティングストロークを直そうとし続けていました。ほとんどの人はパッティングストロークで原罪というか持って生まれた癖を持っています。ビリーの場合は、短いバックスウィングと長いフォロースルーの組み合わせでした。オースティンにビリーが来るたびに、「パッティングストロークを診ようか」と言いますが、相変わらず短いバックと長いフォローのままなのです。その結果、毎回、練習グリーンに行ってバックとフォローの振り幅が一致するまで練習したものです。

あの屈辱的な半年の独学後、「二度目」のレッスンをしてから、かれこれ40年も経ちます。

娘のキャスリンと長年住んでいる西テキサスのレベルランドCCで、ビリーは今ではそこそこのプレーヤーになっています。ビリーはサウス・プレインズ大学の初代バスケットボール部コーチになっただけでなく、ゴルフ部のコーチにもなったのです。

暖かくて気持ちよく晴れ上がった朝、オースティンCCの木陰に座っていると、ビリーが訪ねてきました。

「60センチのパットを想像しながら素振りをしてごらんよ」

想像できると思いますが、相変わらず短いバックと長いフォローなのです。

「ビリー。そんなに叩いたらグリーンから飛び出してしまうよ。ちょっとストロークを診たほうが良さそうだね」

私の教師としての仕事は、いつまで経っても終わってくれません。

知識の価値

バーバラ・ジョーダンがお爺さんから教えられた話をしてくれました。

「人は、何をどうすれば良いかがわかっている人を評価し、雇い、賃金を払うのだ」

彼女のお爺さんは、勉強することを勧め、知識を磨けば肌の色に関係なく、チャンスが巡ってくると彼女を鼓舞したのです。

私は高校しか出ていませんが、キャディをしながらゴルフを学び、それを教えることに生涯を捧げてきました。

バーバラのお爺さんの見解は正しいと思います。今や私の知識（大した物ではないと思いますが）を求めて世界中から人々が訪ねてくるからです。

弁護士

彼は60歳ぐらいの弁護士です。街にあるもう一つのゴルフクラブでのハンディキャップは14です。

この30年間で3、4回レッスンをしたことがありますが、概して弁護士たちは教わることが好きではないようです。

技術者や会計士も同じかもしれません。彼らは自己分析したがり、かえってすべてを悪化させてしまうのです。

「ハービー、ちょっと問題がありまして」と彼は切り出しました。

「ここ7週間、休日返上で法廷に縛られっぱなしでした。昼も夜も、調書を再検討して筋道を立て、公判に備えて準備です。やっと今朝、陪審員団が私の依頼人の主張を認めてくれましてね」

「それはそれは、大変でしたね」彼は頷き、話を続けました。

「問題というのはね、フロリダの古い友人の誘いで、彼のクラブの競技会に出場することになっているのに、3カ月もクラブを握っていないことなんです。友人に恥をかかせたくないし。それで、ちょっと診てもらえますか？」

「競技会はいつなんですか？」

「明日なんです」

「明日？」

「早朝のフライトでフロリダに飛び、練習ラウンドのティタイムは午後1時47分です」

私は、まず練習グリーンに行くように勧めました。

「チップとパットの練習をすれば、試合勘は早く戻ります。アプローチとパットを上手く決めて数ホールでパーを拾えれば、フロリダのご友人も喜んでくれると思いますよ」

「私はパターは得意なほうですが……」

彼が私たちのクラブにメンバーズゲストとして訪れるたびに、そのメンバーが彼を揶《や》揄《ゆ》しているのを聞いていました。あまりにパット下手だからです。

そうこうしているうちに我々は練習グリーンに到着しました。

平坦で真っ直ぐに転がる3メートルほどのラインを選び、3個のボールを使って練習するように指示しました。

最良のパットの練習方法は、コースと同じように1個のボールだけで練習することです。しかし、この弁護士は数カ月もゴルフから遠ざかってゴルフ勘が錆びついています。彼に少しでも早く、ボールがどのくらい転がるかという感覚を取り戻して欲しくて、3個にしたのです。

「ちょっと待ってください」

ボールの後ろに立ってちゃんとラインを確認した後、彼がスタンスする姿を見て、私は彼を制しました。

「どこを狙っているのですか？」

「えっ」

「右足を引いて、もっと目標ラインと平行に構えたらどうです？」

「このオープンスタンスが好きなんです。しっくりくるんです」

果たして、彼の最初のボールは直接カップに吸い込まれたのです。

「ほらね。肩を開いて構えると、ラインが少し見やすくなるんだ」

「もうちょっと見せてください」

と、私は言いました。2打目はカップから5センチも離れたところを通り、4メートル近くもオーバー。3打目は60センチもショートしたばかりか、右に大きく外れてしまいました。

弁護士はこの日、距離感というものが全くありませんでした。

本人はレイモンド・フロイドを真似ているつもりでしょうが、彼のパッティングスタンスは滑稽なほど極端にオープンなので、パターがどこを向いているかさえわからなくなっているのでしょう。

ブリーフケースを持ってきてもらい、パッティングラインに沿って、パターヘッドがぎりぎりに通過できる場所に置きました。

「ブリーフケースと平行に立ってください。そして、パターヘッドをブリーフケースすれすれに通して。でも、擦って革に傷をつけないでくださいね」

「なんだか怖いな」

これは、いつもオープンスタンスでプレーしていて、スクェアに構える意味を理解していない人たちが必ず見せる反応です。

「その姿勢で試してみてください」

と私は言いました。3球のうち2球が入りました。自分に正対しているブリーフケースのおかげでパターフェースがスクェアに保たれているだけなのです。また、革を傷つけてはいけないという意識が、良いストロークを生み出しているのでしょう。

我々はグリーンエッジに移動し、7番アイアンのチッピングを練習しました。今の彼には一つの番手だけで練習するのが最良なのです。

私はボールから離れ過ぎず、両足を揃えて近づいて構えるよう指導しました。そして、右足のつま先の前にボールを置き、ベンチの下に転がし入れることをイメージして打つように言いました。

この練習を彼はそつなくこなすことができたので、練習場に向かいました。

いつも誰に対してもそうですが、7番アイアンと3番ウッドを持っていくように彼に言いました。が、彼は「ハービー、ドライバーを打っておく必要があるんだ。フロリダには3番ウッドでは越えられない池がいくつもあるからね」

私は数年前に「ティの刈り込み」と「間《ま》を置く」というイメージを使って彼にレッス

ンしたこと（一度などは私の杖まで使って、彼の両肩と腰骨をスクェアに矯正したものです）、そして彼が思わず嬌声を上げるほど素晴らしい3番ウッドを打ち始め、私も両腕に鳥肌が立ったことを思い出しました。

「ドライバーはすぐに使えるようになりますよ」と、彼に言いましたが、「今日ではありません」とは言いませんでした。「まずは7番からですね」

弁護士はゆったりというか、のろい練習スウィングを何回かしました。格好悪くはありません。彼は他の何より格好良く見えることにご執心だったようです。バックスウィングをどう上げ、フォロースルーをどこに納めるかが目的化し、その中間の部分については忘れかけているように見えます。スウィングが格好良く見えるという彼の主旨の結果、スウィング中のバランスは保たれていました。

「明日から始まるトーナメントの練習スウィングなら、もう十分だと思いますよ。そろそろボールを打ってみてください」

ゆったりと慎重にクラブを振った結果、ボールは100ヤード飛びました。

「始めは体をほぐさなきゃね」と、彼は言います。

「徐々に強く打ってみましょう」と答えましたが、彼のスウィングはどんどん弱くなるばかりです。

「岩の方向に旗が見えますよね。真っ直ぐあそこを狙って引っ叩いてみてください」

彼はかつて見せたことのないほど、滑らかで快く、リズミカルで力の抜けたスウィングをし、ボールは岩の手前の120ヤード地点に着地しました。弁護士のクラブは、ディボットを飛ばすほど強くは地面と接触していません。

「調子良いとは思いませんか？」

と、弁護士が言ったので、思わず口が滑ってしまいました。

「スウィングがひ弱すぎます。もしその7番アイアンで私の靴を引っ叩いても、打撲痕さえ残らないと思いますよ」

言わなければよかったと思いましたが、私の言い方には皮肉がこもっていました。教師は何だって言いたいことが言えますし、たまには声の調子で強調することもあります。が、怒っているわけではないのです。私は冗談を言うように笑うべきだったのです。

弁護士は気を悪くするというよりは驚いていました。

「まさかハービー、私は強健な方だよ。もう少しウォームアップしようか。でも、君の足を引っ叩くつもりはないからね」

「あんなことを口にすべきじゃありませんでした。残りの球を打ってください。私はもう静かにしていますから」

弁護士が7番アイアンで、ひ弱なスライスボールを打ち続けている間に、私は姿をくらまし、練習場の裏手の茂みに隠れました。そこからは植物の葉の隙間を通して弁護士を観察できるのです。

「ハービーはどこに行ったのだろう？」と弁護士は近くのメンバーに尋ねました。が、

「さあ、帰るところは見ませんでしたが」との返事。

「彼はよくレッスンの途中で消えちゃうのですか？」

「そうですね。以前はよく姿をくらますと言われていましたが……」

弁護士は足元にあるボールの山を眺め、私がいなくても残りの球は打った方がよいだろう、と心を決めたようでした。

私は15分ほど茂みを透かして彼を視ていました。フロリダの競技会に出場する彼に、今からでも間に合う役に立つ指導をできるだろうか。私は何を言えばよいのか？

彼は、両肩と腰をスクェアにし、ストロンググリップにし、左手首を折り曲げる癖を直さなければなりません。もしこの生徒が上級者だったら、それらのいくつかあるいは全部を一度に教えることも可能だったでしょう。しかし、スタンスやスウィングに関するアドバイスは、機中で彼を悩ませ、結果的に過剰反応を起こさせるのがオチです。

それで私は家に帰りました。椅子に腰掛けて弁護士のことを考えてみました。彼の力になる方法は必ずあったはずです。私は彼のパッティングストロークを改善したと信じていました。両手をクラブヘッドよりも前にして、ボールを仮想ベンチの下に潜り込ませる低いアプローチショットも練習しました。最後に、彼がフェードと呼ぶ弱々しいスライスを打っている限り、それなりに安定したプレーを続けることができるかもしれないと気がついたのです。

あのショットだからこそ彼には計算できるのです。そして、安定した計算可能なショットが1種類でもあれば、全体のラウンドを組み立てることも可能なのです。

夕食の時間になる頃、とうとう私は弁護士に電話してくれるようヘレンに頼みました。

「もしもし、ヘレン・ペニックですが……」

と彼女は切り出します。

「ハービーが電話してくれと申しております。ご存知でしょうけれど、彼の電話の声は聞き取り難いのです。それで、えーと、彼はここに何時間も座ってあなたのことを考えていました。で、『フロリダであなたは上手くできるでしょう。楽しんでください』とお伝えするようにと」

2週間後、彼は私に会うためクラブを訪ねてくれました。が、彼はすっかり幸福な弁護士と化していました。彼と友人のペアはクラス優勝し、彼はハンディキャップ通りで回ったそうです。彼は私にスウィングを調整してくれた礼を述べました。

本当は私が彼に礼を言うべきだったでしょう。何しろ彼は、教師が生徒に何を教えたかではなく、生徒がどう受けとめたかが大事なのだということを思い出させてくれたのです。

神の知恵

神は、人類の右掌に生命線と呼ばれるものを、特別な理由で造られた……

それは佳きゴルフグリップにおいて、左親指と合わさり完璧に調和するのだ。

心の目

ある晴れた春の朝、バーバラ・プエットが悩みを抱えてやってきました。

「ハービー！　ダフってばかりいるの」

と、彼女は訴えます。

「どう調整しても球の手前を叩いちゃう。もう絶望的！　お願いだから私のスウィングに何が起きたか教えてください」

バーバラは私の優秀な生徒の1人です。かつては、若き日のトム・カイトと一緒に練習ラウンドを重ねていたものです。今回の問題で私を訪ねる前、彼女自身もプロゴルファーになっていました。

「7番アイアンで打つところを見ようか、バーバラ」

彼女は数回スウィングしましたが、確かに毎回、球の手前を叩いています。

バーバラのアドレスは正しいようです。彼女はこんな問題を抱えるにはあまりに優れたプレーヤーなのです。

「ボールを使わずに、打ってみようか。地面に何か目印を見つけて、葉っぱでも草の端でもよいから、そこを打ってみてごらん」

「やってみるわ」

彼女は葉っぱや小枝や芝を選んで、懸命にスウィングしました。が、7番アイアンは毎回目印の手前の地面に突っ込んでしまいます。彼女は動揺をつのらせました。

「私のスウィングのどこがおかしくなったの？　ハービー！」

　と、彼女は懇願します。

「教えられないな」

　と私は答えました。

「どうして？」

「バーバラ、君は何年もゴルフの修練を積んできたからわかると思うけど、地面の目印さえ打ち抜けない人には、何も教えることはできないんだよ。家にお帰りなさい。そして裏庭に出て、7番アイアンで地面の目印を正確に打ち抜く練習をしなさい。それが確実にできるようになったら、また会いにおいで。もし必要とあればね」

　次にバーバラと会った時は、ちょうど彼女がラウンドを終えたばかりで、良いスコアを出して少し興奮していました。

「自己治癒したみたいだね」

「先生が仰った通り、裏庭に出て目印を打つ練習をし始めたの」と彼女はにんまりしました。

「そしたら突然わかったのよ。スウィングが悪いんじゃない。目印に当たらないのは、自分の意識がその場所に向かっていないからだって。スウィングのことを考えるのは止めにして、もう一度目印だけに集中したら、たちまち問題は解決したわ」

最もふさわしい味

あなたのゴルフスウィングをアイスクリームにたとえると何ですかと質問されたら、バニラと答えて欲しいと思います。好ましいスウィングに近づく誠実な方法は、長続きしてきた素朴なものだからなのです。

ヘレンが語るちょっと変わった物語

オースティンCC近くにある我が家の台所には、しょっちゅう電話がかかってきます。ハービーの看護師が電話を取る時や、私が買い物やトランプ（ブリッジとジンラミーが好きです）以外の時は、私が出ています。

ハービーは、台所に続く居間のお気に入りの安楽椅子に座っていますけど（電話から6メートルぐらい離れています）、もう何年も歩行困難ですし、耳も遠くなっています。ですから、電話に出るのは無理なんです。

というわけで、私がハービーと電話主との仲立ちになってしまいました。でも中には、私がお答えしているのが信じられないようなこともあるのです。

たまに私はプロゴルファーに向かって大声でレッスンしています。もちろん電話主の彼らがハービーに尋ねたパッティングに関する質問の答えなんですけど……。

それはもう、いろいろな人がハービーに電話してきます。

プロゴルファーからクラブのメンバー、ハービーファンや友人、中には興味本位だけの人までもいます。

先日、私が電話を取ると、電話口の男性がこう仰るのです。

「ハービー・ペニック先生に代わってもらえますか？」

私はハービーが電話に出られない理由を説明しました。すると、

「それでは、ぶっ通し1週間のレッスンを受けたいので、そちらに伺うつもりだとお伝えください」と、彼は言いました。

「ハービーがあなたにお目にかかれるかどうか、定かではありません。とりわけ、まる1週間なんて彼には過酷すぎます」。すると「何が過酷だというのです？」と、彼。

私は申し上げました。「ハービーはここ数年、何かにつかまってやっと歩行できるような状態なのです」「そうなんですか。それは結構」と、その男性は続けました。

「奥さん！　授業が再開できるはずだとハービー先生をたきつけてくださいよ。すぐにサクラメントから車を飛ばして、3時間後にはそちらに着けると思いますから」

「お時間の無駄になるように思います」

「ったく！　私には無駄にする時間なんて残っていないのですよ。なんたって、私は90歳なのですから」

私はハービーがこのお爺さんに会うであろうことは確信していました。が、彼はとうとう現われなかったのです。

私はサクラメントからの道中、彼の寿命が尽きてしまったのではないことを祈っています。

皮肉な話

ゴルフにはあなたの長所と弱点がいつも共存しています。弱点を克服できればゲームは好転するでしょう。

ですが皮肉にも、人は長所を練習するのが好きなのです。

最初の選択

どの番手を使うか決めようとする際、最初に心に浮かんだクラブが正しい番手なのです。

「5番アイアンをバッグから抜け」

と、本能が言ったと仮定すると、あなたの直感は正しいのです。5番で打ってください。

しかし皆さんは、芝を投げ上げて風を読んだり、残り距離を再確認したりするうちに、直感を却下して、4番か6番に持ち替えてしまう。

直感を否定した時点で、もはや確信が持てなくなっているのでしょう。4番アイアンでスウィングを緩めるか、6番アイアンで力むか。結果はミスショットになりやすいものです。

どうか内なる声が最初に教えてくれた番手で打ってください。もし皆さんの判断が多少ずれていたとしても、大した問題ではありません。番手間の飛距離差は10ヤードほどでしかないのです。重要な違いは自信を持って打てるか否かなのです。そして、その自信は他のことへも広がりやすいのです。

理解できない世界

私を「古風な」「堅苦しい」など、どうにでも好きなように呼んでかまいませんが、この世に二つだけ、どうしても慣れないことがあります。

結婚をしていない男女が一緒に暮らすことと、ゴルフにおけるマリガンです。


(訳注/ティショットを2回打って、結果の良い球を選択してプレーを続けるやり方。スタートホールで使われることが多い)

最初の着眼点

アベレージゴルファーの9割は、グリップとスタンスの問題を抱えています。

そして、この二つを起源とする症状は多岐にわたるのです。

ところが教師たちは、根本的な原因であるグリップとスタンスを最初に診ずに、対症療法に専念しがちです。

高次元の解釈

ゴルフは崇高（スピリチュアル）なゲームであるとよく言われます。

この言葉の意味を十全に理解できているとは思いませんが、スピリチュアルの第一義は「肉体とはべつの精神または魂のこと」です。

ゴルフは自分の内面に触れたように思えるゲームであることは確かでしょう。この観点から見れば、ゴルフはスピリチュアルであると言えるかもしれません。しかし、肉体とゴルフスウィングを分離することはできないでしょう。

これまでの人生を通して、信念と自信の違いを生徒たちに尋ねてきました。

生徒の1人は「自信は学ぶ前から感じる」と言いました。また別の生徒は「自信とは、過去に何度も成功しているショットだから今回も上手く打てるだろうと知覚すること。一方で信念とは、以前に一度も上手く打てなかったような難しいショットに直面しても、自分のスウィングを信じれば必ず打てると自分自身を信頼すること」だと答えました。

多くの人が、信念は宗教的な信仰に近いが、自信とは少し違うようだと言います。

私の辞書でも、信念とは「無条件に神を信じる信仰、または系統だった敬虔な信条のこと」で、自信とは「真実や現実的な事実に基づき、己が能力を信頼し確信すること」です。

自信はゴルフをプレーする上で誰もが持ちたい意識だと思いますが、信念の価値も忘れてはなりません。信念は感情で、自信は知性なのだと思います。

激昂の秩序

ある友人がフロリダ州ポンテベドラのソーグラスCCから手紙をくれました。

「ゴルフコースで、どうしたら激昂しなくなるのでしょうか？　感情を抑えられないとゲームが台無しになるのは理解していますが、短いパットをチビッたり、ドライバーが引っ掛かって池にはまったりすると、怒りと絶望で狂乱状態になってしまうのです。怒り狂うのは愚かなことだとわかっているのですが、どうすればよいでしょうか」

ぜひ決めたいと思っていたのに、惨めなショットやパットを打ってしまい、頭に来るのは結構なことです。不機嫌になるのは闘争心の表れだからです。

クレンショーはジェントル・ベンなどと呼ばれていますが、コースでは激情に駆られて顔を真っ赤にしていますよ。彼はいつでも勝利して頂点に上り詰めたいと願っているからです。

どんどん激昂しなさい。でも紳士的にね！

心の中では、自分が打ち終えたばかりの惨めなショットに対して、思いつく限りの悪態をつくのです。しかし、怒るのは自分自身に対してだけにしておきなさい。道具やコースに八つ当たりしてはいけません。これらは昨日最高のショットをした時と同じものだからです。

それと、運不運のせいでもありません。頭にくる対象は自分でコントロールできる唯一の物、つまりあなた自身だけに限定しなさい。

ひとしきり激昂したら、それらを忘れることです。心の中からすっかり怒りを追い出せたら、次のショットに積極的に取り組む番です。次のショットはあなたにとって全く新しい経験です。人生最高のショットになるでしょう。

能力の相違

集中して考える能力は大切ですが、何をどうやってと考えすぎると、かえって悲惨なことになります。

難しく考えないで、筋肉を信じて、旗に向かって打ってください。

グリーンエッジから

パー4のホールで、2打目がグリーンエッジにあると仮定しましょう。

そこからホールアウトするのに3打を要したとしたら、1打失うという意味では、ティショットをミスするのと同じことではありませんか。

ティショットを失敗すると狼狽《ろうばい》するのに、どうしてグリーンエッジから3打もかかって「これがゲームというものさ」とうそぶくのでしょうか。

フリンジ部分からは必ず2打で上がるべきだと思うことです。練習してください。ストロークを無駄にしたら何の役にも立たないのです。

刻み

ゴルフで最悪のショットは、ハザードの手前に刻もうと決めていながら、トラブルまで届くクラブで打ってしまうこと。よくある話です。ゴルファーは、できるだけハザード近くまでボールを運ぼうと考えて、そういうクラブ選択をします。しかも同時に楽に振ろうとも考えます。しかし、力みのないスウィングはえてして球をきちんと捕らえやすく、いつもより10ヤードも余計に飛んでしまうものです。

刻む時はハザード近くまでではなく、絶対にハザードに届かないように考えたほうが良いのです。

トム・カイトが全米オープンに勝つ

ペブルビーチで行われた1992年の全米オープン最終日、海からの風と雨の中でトム・カイトは、彼のベストラウンドというだけではなく、ゴルフ史上で最も勇敢な戦いをしました。

オースティンの我が家でテレビ観戦しながら、あの極限状態の中で彼が勝ち、優勝トロフィーを受け取った時には、私は感動し、トムが誇らしくて、足の指まで丸めて赤子のように泣きじゃくっていました。

しばらくしてトミーが我が家を訪ねてくれた折、あの悪天候の中で世界中の強豪たちと競っていた数時間の心境を聞いてみました。

私はいつも生徒に、風や雨や寒さの中でプレーする時は、「間《ま》を取りなさい」と指導してきました。「ゆっくり」という意味ではなくて、「急ぐな」という意味です。

だからトムの「先生が『自分自身の間を取れ』と仰っていたことを考えていました」という答えに胸が熱くなりました。

「どういうこと?」と重ねて聞くと、「ああいう凄まじい悪天候下では」と、彼は話し始めました。

「プレーヤーは圧倒され、どういうわけか、自分のスウィングを見失ったり、理性的な思考や自分のメンタリティを信じられなくなったりします。そこで、自分は必要な訓練はすべて積んで来たと考えたのです。『もしそれが信じられなかったら、今までの修練は何だったのか』ということになるでしょう」

彼はこの一節をスポーツ心理学者、ボブ・ロテラ博士の著作から引用しました。

私も『信じろ』というくだりが好きです。

「トーナメントで勝つチャンスがある時、実にたくさんの場面でこの考え方を使います」と、トミーは続けました。

「自分に言い聞かせるのです。自分を信じろ。自分を信じて立ち向かえって。ゴルフコースであれ、フットボールのピッチであれ、他のどんな場所でも良いのですが、そこに立った以上、厳しい練習を積み重ねたこと自体は何の意味も持ちません。しかし、厳しい練習をせずに上手く出来る自信など到底芽生えてきません。

例えばクォーターバックのトロイ・エイクマンは、練習でたくさん投げているからこそ、試合中でも自分を信じて、狙った所に投げられるのではありませんか？

間を取るという話に戻せば、自分自身の準備が整ってからショットをしたいのです。個々のショットごとに100パーセント専心する必要がありますが、悪天候下では状況判断や心の準備にいつもより少し時間がかかるので、そのぶん間合いを取る必要があるのです」

私たちは前年のマスターズで、ベン・クレンショーが最終ホールのアプローチショットに入る場面を思い出していました。

彼の二度目のマスターズ優勝にはバーディが、プレーオフに加わるにもこのホールをパーで切り抜ける必要がありました。

雨が降っていてベンの手袋は濡れていました。彼の2打目はグリーンを外していて、結局アプローチも寄らず、このホールをボギーとして3位タイに甘んじたのです。

「ベンはほんの少し急ぎすぎたようです」とトミーは続けました。

「キャディバッグから新品の乾いたグローブを取り出すのには、ものの1分もかからなかったでしょうに。おそらく彼は、湿ったグローブなど気にせず、アプローチを打つ準備ができたと思ったのでしょうが、失敗すればその場で落伍するわけですよ。リー・トレビノがコメントしていました。『もし新しいグローブを買いにキャディをプロショップまで走らせたとしても、俺はぜんぜんかまわんよ。なんたってマスターズのタイトルが掛かっているんだ。しっかり準備ができるまで打っちゃ駄目だよ』と。

だからといってベンだけを責めているのではありません。私も同じような馬鹿な真似を腐るほどしてきたのですから。全米オープン最終日の日曜日、朝起きて外に出たら顔に雨と風を感じ、その瞬間ひらめきました。『間を取る』ことと『信じる』ことができれば、優勝する絶好の好機が巡ってくると」

その日、トム・カイトは戒めを守り、念願を成就したのです。

クリスティー・カイトが語る

全米オープンに勝った当日の話ですが、夫は翌日セントルイスでのんびりプレーする予定だったと記憶しています。

ところが試合会場のカリフォルニア州モンタレーは、オースティンに帰省するには便利な場所ではありませんから、私だけモンタレーに泊まるより、夫と一緒にその晩のうちにセントルイスまで飛んで、月曜日の朝に地元に戻ろうと決めたのです。

セントルイス行きの便（ツアープロたちの専用機）は2便あったのですけれど、ほとんどの選手が早い便に乗ってしまい、遅い便にはクレイグ・スタドラーと私たちだけだったのです。

飛行機の出発時間が遅れたのでクレイグは夕食に出かけてしまい、機内には私たちだけで、彼が戻ってくるのを待っていました。もっとも全米オープンの優勝トロフィーも一緒でしたけど。

そうしたらトムが「君は明日家に帰れるよね。そしたら次の朝、真っ先に、このトロフィーをペニックさんのもとに持っていって、彼のひざの上に置いてあげて欲しいんだけど、頼めるかな？」と、言いました。

火曜日の朝、私はオースティンCCにトロフィーを持っていきました。ペニックさんははるばるロードアイランドからやって来た女性にレッスンしているところでした。私は彼のゴルフカートに近づいて「ペニック先生、これを」と言って、全米オープンの優勝トロフィーを彼のひざに乗せました。

「このトロフィーは先生のおかげだと、トムが申しております」

ハービー先生も私も泣き出してしまいました。それはすぐに周りにも伝染して、結局皆で嬉し泣きしてしまいました。

本当ならトム自身がここに来て、先生にトロフィーを渡せればよかったのでしょうけど、私が夫に代わって望みをかなえたのです。

でも、とても嬉しく思いました、本当に。

決めてから打つ

毎ショット、自分は何をどうするつもりなのか、はっきり決意するべきです。ほんの少しでも躊躇《ちゅうちょ》があってはなりません。

友人が人生について「間違いはあっただろう。だが私は疑いを持ったまま行動したことはない」と語っていましたが、その通りだと思います。心に疑念を抱えたまま、筋肉が望み通りの動きをしてくれるものか知っておくべきでしょう。

アベレージゴルファーには理解できないかもしれませんが、60センチのパットに当てはまる真実は他のどんなロングショットでも当てはまるのです。

先日の土曜日、ボブ・ホープ記念大会をテレビで見ていたら、トム・カイトが彼なら簡単に入れられるはずの短いパットを外す場面に遭遇しました。解説者は彼のストローク不調を理由に挙げていました。なるほど、それは素晴らしいストロークではないように見えましたが、私は技術的な問題ではないように感じていました。翌日の日曜日、トミーはパットが絶好調でコースレコードを書き換え、35アンダーで優勝してしまったのです。後日、土曜日のミスパットについて聞いてみました。

「練習ラウンドの時、似たようなラインを経験していました。あそこのグリーンはものすごく傾斜がきつくて、とんでもなく曲がるのです。土曜日のあのパット。アドレスする時、狙いは右カップのほんの少し外側だと考えていました。しかし、もう一度ラインを眼で追って、考えてしまったのです。ちょっと待てよ、曲がりを読みすぎてないか。大きく曲がるのはわかっているのだけど、どうしよう？　そんなに曲がるだろうか。アドレスを解いてラインの再決断をする代わりに、私はストロークし、外してしまったのです。ミスした理由は心を決めずに打ったからで、その意味ではショットの準備ができていなかったのでしょう。

日曜日、パットの調子が良いことはわかっていました。ですからしっかり決断してから、すべてのストロークを信頼して打つだけでした。

もし、「しっかり決断してから打つこと」が全米オープン優勝者に求められる掟だとするなら、アベレージゴルファーが心の準備も整わないでプレーしても上手くいくはずはないのです。

カリフォルニアから来た女性

すでにかなりの技量を持っていながら、さらに上達してハンディキャップを一桁にしたいというカリフォルニアから来た女性に、私はレッスンしていました。

何かが嚙み合っていませんでした。ボールをきちんと打ち抜いているのに、彼女はしかめっ面で落ち着かない様子のままです。

30分も打ったところ、彼女は「ハービー先生、どうしてそんな簡単なことしか仰ってくれないのですか。単調すぎるんじゃありません？」と、言い始めました。

シンプル過ぎると文句を言われたのは今回が最初ではありませんし、最後でもありません。ある人たちは教師が技術的な話を嚙み砕いて話し続けないと満足しません。教師が脳味噌を『ゴルフ理論』で満たしてくれることを望むのです。この種の人たちは私のもとを去って、もっと利口な別の教師につくでしょう。

むろん、私が文句を言う筋合いではありませんし、恨んだりもしません。私は持論に基づき『理論』は教えません。良い結果を残した実績のあるシンプルな方法だけを選んで生徒に伝えるのです。

カリフォルニアから来た女性は「お教えいただいた、『球をティから刈り取る』ということの真意がわかりません」と、言いました。

「でも、ちゃんとできていますよ。結果にご不満ですか？」

「いいえそういう意味じゃなくて、結果はともかくとして、どうして上手く打てているのかを知りたいのです」

「それは、球をティから刈り取るように打てば、クラブフェースがスクェアになるからですよ」

「そうじゃなくて」と、彼女は苛立ってきました。

「どうしてスクェアになるんですか？」

「それが自然なんです」

「私の質問にちゃんと答えてください！」

その数日前、ツアープロのトミー・アーロンがレッスンを受けにきました。私は午後全部を使って、彼がボールを打つところを観察しました。

最後に彼が「それで、答えは?」と聞くので、「ボールは上手く打てている。君が優勝できない原因は球を打つ技術ではないよ」と、答えました。「それじゃ先生! 他の何が理由なのですか?」と彼が尋ねるので、「私には分かりません」と答えるしかなかったのです。これはトミーが望んでいた答えではないでしょうが、誠実に、正直に答えたつもりです。

カリフォルニアから来た女性は、クラブをバッグに投げ入れ、剥がすようにグローブを脱いで、そして凄んだのです。

「わかりきったことばかり並べておちょくらないでよ! あなたなんか私の馬鹿亭主を教えるぐらいがお似合いだわ。あのウスノロならきっとあなたと分かり合えるでしょうよ。で、いくら払えばいいのかしら?」

「結構です」と私は答えました。

「遠慮することはないのよ!」

「あなたの助けにならなかったのに、どうしてお金を請求できますか?」

「厄介なことを言わないでよ! 時間給だけでも受け取ってもらうわ」私がお金を受け取らなかったので、彼女は怒って帰ってしまいました。そんなことでも気分を害す類の人たちはいるのです。

判事

彼は他の街からやって来た判事です。突き出した腹回りが彼に、あるジレンマをもたらしていました。ボールが見えるように遠くに立つとボールに届かず、打てるように近くに立つと今度はボールが見えなくなってしまうのです。

残念ながら1週間で5回のレッスンをした後でも、私は判事のスウィングをほとんど改善できませんでした。でも私は、判事が帰り支度を終えてしまうまでに、少なくとも一つは前向きな提案を彼に贈りたかったのです。

「判事」と私は声をかけ「ゲームがもっと楽しくなる提案があるのですが？」と言いました。

「何だね」と判事。

「いつもクリーンな（前科のない）ボールでプレーしてください」

にらまれないためには

未熟なゴルファーは、ふつう、上手な人と一緒にラウンドするのを恥ずかしがるようです。確かに、上級者と回るほどの腕前ではないかも知れません。が、何とかついていけば、誰も気には止めないでしょう。

上級者たちも同伴者が未熟だからといって、仔細に観察したり批評めいたことを口にしたりはしないはずです。彼らだって、自分のプレーをしなければならないからです。しかし、仮にプレーが遅かったりすれば、同伴者を含め、他の人に気づかれてしまいます。それもたぶん、決して温かい目ではないでしょう。

未熟なゴルファーが頭にきてボールに当たったり、叫んだり、クラブを投げだしたり、運の悪さに悪態をついたり、パットのたびにホールの両側を踏み荒らしたりすれば、上級者たちは当然、不快に感じます。以降、人生全般にわたって除け者にされるかもしれません。単にゴルフの場だけではなく、社会的にもビジネスの世界でも、相手にされなくなるのです。

そういうわけで、ゲームの間は上機嫌でいること。それが周りから歓迎される方法なのです。

真実の道

早春の午後、テキサス大学ゴルフ部の4名が1番ティからティオフするところを私は見ていました。

彼らは『ウインター・ルール』でプレーするか、『サマー・ルール』か、で議論していました。

「どうお考えになります、コーチ？」

私は答えて言いました。

「さて、諸君らはゴルフをやろうというんだろう。違うゲームをやろうというのであれば、ゴルフの代わりにそれをやったらよい」

彼らは、私の言っている意味を理解しました。

ゴルフでは、「ボールはあるがまま」でプレーされるべきなのです。

特別なクラブ

もし誰かがドライバーをくれると言ったら、なぜくれるのかと尋ねてみるのが賢明だと思います。良いショットを打てているドライバーを、わざわざ人にあげようとするゴルファーを、私はこれまで見たことがないからです。

ほとんどの人にとって、ドライバーはバッグの中で最も難しいクラブです。かつて私は、アーノルド・パーマーが一度に6本もドライバーを抱えてワークショップに現れ、自分の感覚に合うよう削ったり、磨いたり、擦ったりしている姿を目にしたことがあります。ところが翌日、彼はまた別の6本以上のドライバーを抱えて戻ってきたものです。

ゴルファーは惚れ込めるドライバーを見つけたら、少なくとも熱が冷めてそのクラブと訣別し、他の多数のドライバーと一緒に戸棚か車のトランクに仕舞い込んでしまうまで、その1本をずっと持ちつづけるものです。

人は概して、パターに比べドライバーには愛着を感じにくいのかもしれません。

1962年頃だったでしょうか、あるクラブメーカーが、距離を伸ばす効果があるという触れ込みで、溝をヘッドに刻んだドライバーを発表したことがあります。テキサス大学の私の生徒の1人ビリー・マンが、このドライバーを買ってみようと思うが、と相談にきました。

私は「君のドライバーが、破損してしまったとは知らなかったな。修理できるかどうか、見てあげよう」と答えました。聞くと、現在のドライバーには不具合はなく、彼もそのクラブに不満があるわけではなかったのです。すべてのゴルファー同様、彼も宣伝の魔力に引っかかりやすいだけだったのです。

ゴルファーというものが、ドライバーに対してどのように考えているのかは、バイロン・ネルソンの例が如実に示しています。1930年代半ば、彼がまだ駆け出しのプロとして苦労を重ねていたころ、夫人のルイーズに「新しいドライバーを買う金を何とか捻出できないか」と言ったら、彼女はこう答えたそうです。

「バイロン、結婚して以来、私は新しいドレス1枚はおろか新しい靴1足も買ってないのよ。なのに、あなたは新しいドライバーを4本も買っているじゃないの。ということは、どういうドライバーが欲しいのかわかってないか、それともドライバーでどう打てばいいのかを知らないのか、どちらかね」

翌朝、バイロンは手持ちのドライバーの1本を持ってショップに赴き、グリップしてしっくり感じられるまで手を入れました。以後、彼はそのドライバーで長い間プレーしつづけたのです。

ゴルファーの祈り

天にまします神よ
その昔、
ひと握りの人々が
牧場の端に立った。
羊飼いの杖と石を手に
初のドライブを打った。
時はそれをゴルフに進化させた。

才能があるのは1人だけだった。
残りの者たちは、むきになっているだけだった。
その1人の才能ある者は残りの者たちを
とるに足らない、絶望的な
献身の生活に追いやった。

おお、神よ、
祝福されたクラブを手にする品位を、

判断とスタンスを曇らせぬ気質を、
我らに与え給え。

神よ、我らは懇願す。
スライスを直し、
フックを真っ直ぐにし、ディボットを
うまく削り、ライを改善し、
我らが敵よりましなゴルフをさせ給え。

我らがコースでプレーするとき、
ボールを凝視し
正しいグリップの感覚を保ち、
澄んだ心で過ごすための心眼を、
我らに与え給え。

神の御名において、

アーメン。

リチャード・E・マッケイブ司祭
カリタス・チャリティ晩餐会
オースティン、テキサス州、1992年11月24日

運をつかむチャンス

デービス・ラブⅢ世は、すこしの間ツアーでプレーしただけで、誰もがその素晴らしいスウィングと、非凡な才能に注目しました。そのスウィングは彼の父親で、かつてテキサス大学で私の教え子だったデービス・ジュニアに教わったものです。

しかし、デービスⅢ世はトーナメントに勝てませんでした。それで彼の父親は、何か彼に役立つ点が見つかるかも知れないと考え、彼を私の元によこしたのです。

デービスⅢ世がボールを何球か打つのを私は観察しました。彼のボールは大砲から打ちだされたかのように、あまりに速くあまりに遠くまで飛んでいくので、私には目で追うこともできません。

それでもむろん、彼のスウィングだけはしっかり見られました。私はいくつか小さな忠告をしました。たくさんではありません。

その後、私たちは練習グリーンに向かい、デービスⅢ世はカップから4・5メートル付近に立ちパッティングを始めました。

が、何ということでしょう。私が目にしているのは、私の気に入らないことだったのです。彼の打ったボールは、カップに当たって音を立てて入らない限り、ホールを60センチも1メートルも行き過ぎてしまうのです。

いつも言っていることですが、ゴルフにおいてもっとも悪しき諺は、「ネバーアップ、ネバーイン（届かなければ、入らない）」です。

ヘレン・デットワイラーは、この諺はこう言うべきだと指摘しました。「オールウェイズ・アップ、ネバー・イン（いつも行き過ぎて、決して入らない）」

ボビー・ジョーンズは「ホールに届かないボールが入らないのは自明であるが、それと同様に、ホールを通り過ぎてしまったボールも入らなかったわけだ」と、真理をつきました。そして、スリーパットはカップ手前からよりも、返し側からより多く起こると論証しています。

デービスⅢ世のパットをしばらく観察した後で、私は言いました。

「ねえ君、ボールをホールあたりで止まるように打ってくれないか。そのスピードでいいし、そのタッチでいいから。

ボールをきちんとホールまで転がす。そうすれば、ボールはホールに落ちるようになるはずだよ。これはこの距離のパットを入れようとするときだけじゃない。いつでもホールでボールが止まるように転がすべきなのだ。覚えておきなさい」

彼は私の言葉の意味を噛み締めているように見えました。

さらに「君がボールをホールで止まるように打っていれば、チャンスが生まれてくるよ」とも言い足しました。

2週間ほど後、デービスⅢ世はハーバータウンの17番ホールで、9メートル強のパットに入ろうとしていました。それを彼は見事カップに沈め、トーナメントに優勝したのでした。

その夜、興奮した彼の父親が電話をかけてきました。

「息子が言うには『おやじ、ぼくはペニックさんの教え通りにやったんだ。ボールをホールまで転がせばチャンスが生まれるって仰るから。そしたら勝っちゃった』」

教師の手引き

1929年、ヘッドプロになって6年目のこと、私はゴルフショップの引き出しから鉛筆と黒い帳面を出して、自分が教師として、また人間として、考えたり行動したりする上での指針とでも呼べるようなものを、自分自身のために書いたのです。

これらの指針を自分が考えだしたと主張するつもりはありません。どれもが聖書以上に古くから言い伝えられていることでしょう。とは言っても、それらを日曜学校で教えられたので黒い帳面に書き写したわけではありません。ただ、私は日常の生活で活用したくて書き留めたのです。

この手引きはキャディ、ショップの支配人、教師としての経験から生まれてきた常識ばかりです。しかし、そんな単純なことを、なぜ1929年に帳面に書く必要があったのか、理由を説明しましょう。

ある日、頭の固い生徒のレッスン中、生徒を激しく罵っている自分に気づきました。「あんたの頭と筋肉が、着ているその服みたいに調和してればと思うよ！」

生徒の傷ついた表情を目にして私は謝罪しました。彼が進歩していること、後日レッスンを再開することを説明し、次までにはもっと良い教師になるつもりであることを話しました。

私はゴルフショップまで歩いて帰って、この帳面を取りだし、二度と先ほどのような過ちを繰り返さないようにと、簡単な指針を書きました。

ゴルフ入門書と同じように、これらの指針もたやすく学べますが、行動に移さない限り全く役に立ちません。さらに言えばゴルフ入門書と同じで、これらの指針は簡単に忘れやすいのです。私自身も何日かに一度は、読み返す必要があるのです。

私の書きつけたことが、以下の文章です。

ときどきは自分自身を批判の目で眺め、何か間違ったことをしていないか検証してみること。

人を批判してはいけない。恨みをかきたてるだけだ。誰に対しても悪意のある発言はせず、善意溢れることだけを言う。人を安直に判断してはならない。神はいつまでも待っているのだ。

＊

すべての人は大切に扱われたいものだ。教師からの批判は、進歩への意欲を削いでしまう。賞賛は積極的に、欠点を見つけるのはゆっくりで良い。

＊

国家も人民も自尊心を持っている。エスキモーの英雄は、バンダービルト（訳注／米国の鉄道王）に対しても優越を感じている。大概の人々も私に何らかの優越を感じているはずだ。まず自分から、彼らの価値を認めていると知らせるべし。ただし媚びてはいけない。

＊

エマーソン曰く「誰もが、どこかしら私より優れている」

だから、私は誰からでも学ぶところが見つかる。

＊

生徒に何かをさせる最善の方法は、やりたいと思わせることだ。自分の提案によって、他人が幸せになるように努めること。

＊

「論争はするな！」たとえ勝っても、たいてい生徒の好意を失う。

＊

生徒には、彼らが間違っていると言うべきではない。私たちのほとんどは、自分自身を偏愛している。自分の間違いは、自分自身が気づいて認める場合を除けば、誰が「事実」を突きつけようと絶対に認めないであろう。

＊

自分の知識はもう十分だと思ったことなど一度もない。

＊

自信過剰な主張を押しつけて、生徒の感情に真っ向から反論するべきではない。「絶対に、間違いなく」などと言うべきではない。以下の言い方を使うべきだ。「私は思うが」「推測するに」「今のところ分かっているのは」「ある場合には正しいが」「このケースでは少し異なって見える」

＊

自分が間違ったときは、素直に「自分に間違いがある」と言うべきで、言い訳すべきではない。次の機会は上手くやれるだろうし、少なくとも間違いを起こした原因は改善されるだろう。

＊

友好的であれ。自我を出すな。『自己』の利益は考えるな。他人の話に耳を傾け、キャディ、メンバー、皆への興味を絶やすな。彼らが何をし、何を心配しているか、見つけること。

* 名前を覚えるよう努めよう。

* 分かりやすく話そう。

* プロでも誰でも試行錯誤している。自分はどうか？

* 人に教えたり、自分がプレーしたりするときと同じように、生きる上でもシンプルであれ。

* ゴルフでも複雑で難しいショットは、成功する確率が低いものだ。

* 人生は、多くのささいな厄介事と、ごくまれな重大事から成り立っている。

* 上司からの評価はしばしば誤っているが、部下からの評価は常に正しい。

* 強い心はたいてい、やわらかい声を伴っているものである。

* 他のことを始める前に、一つのことを成就させよ。

＊
たとえ誰であっても不平に耳を傾けよ。人々が不満を抱いた時こそ、人のことがわかるものなのだ。

＊
正しく最善のことを成すよりも、我々は仲間に影響される。だから私は、メンバー、キャディ、そして友人たちへ、よい影響を与え模範にならなければならない。

＊
たとえそれがどれほど痛みを伴おうと、人に何かを与えるときには、微笑みを絶やしてはいけない。これは仕事でも他のことでもだ。

＊
敗れるときは勇敢に、勝つときは控え目に。

＊
ある人間を知るのによい方法は、「ガッツ」は何をするのに必要かを尋ねてみることである。盗賊は危険に満ちた仕事をするために、と答える。医者は難手術をする際に、と考える。牧師はおそらく、イエスの教えにしたがって生きるよう人々に説く時かもしれない。でも信者たちはそんな彼を批判するだろう。

＊
教えることは、教師の最良の宣伝である。キャディは良き宣伝媒体だ。教師を見て良

いと思えば真似するからである。

*

ほとんどすべてのぎこちなさや変わった方法は、単純な基本のわずかな誤解から発したものである。

*

パーゴルフへの近道というのを私はよく耳にする。が、そこに至る唯一の道は、厳しい練習、理にかなった方法、そして思考力なのだ。私は生徒にクラブを正しく振ることを教えようと努め、生徒はそのスウィングでボールを打つことを覚え、ホールに入れればいいのである。

*

メンバーたちとゴルフやトランプ遊びの賭けをあまり頻繁にしてはいけない。彼らを「ミスター」「ミセス」と呼び、アシスタントたちにも徹底すること。クラブの社交的な面には立ち入らないこと。

*

医者のところに行くとき、私は自分の本当の関心事に注意を払ってくれるよう願う。教師として私はそうするよう努めているが、まず初めに教師たる者、生徒の心の中でどういう反応が生じているのか理解しようとしなくてはならないのだ。教えることは単純であるべきで、技術的であってはいけない。生徒の立場に立ってみるのだ。

ウィルマーの災難

偉大なテニス選手で偉大なコーチでもあるウィルマー・アリソンは、ゴルフに夢中でした。

ある遅い午後、私たちは一緒にラウンドしていて、パー5のホールに差しかかりました。ウィルマーは会心のドライブをフェアウェイに放ちました。2打目も素晴らしい当たりでグリーン近くまで飛び、もう短いピッチが残るだけでした。

ところが、そのピッチショットでウィルマーはシャンクしたのです。

次のショットのためにバンカーを迂回し、そして彼はふたたびシャンクしました。

5打目のショットをする構えに入った場所は、グリーンのほとんど真裏でした。が、また彼はシャンクしたのです。

このショットにより、ウィルマーはグリーンの左側に立つことになりました。彼は慎重に何度か素振りしアドレスに入ったのですが、これまたシャンクでした。

続けて4回もシャンクした結果、ウィルマーはグリーン周りを1周し、またフェアウェイの真ん中に戻ってきたのです。

ウィルマーがパターを抜きだし、ボールを強打してグリーンに乗せた瞬間、私たち（もちろん彼を除いてですが）はみんな大笑いでした。

「さて、いろいろあったがウィルマー君、もう夜の始まり（シャンク）だぞ」

次のティにたどり着くと、誰かが茶化しました。

ウィルマーのドライバーショットがどこへ飛んだかは、容易に想像できるでしょう。

チャンピオン

ミッキー・ライトは、ゴルフ史上もっとも優れたスウィングの持ち主の1人であるばかりではなく（「随一」と言う人も多い）、素晴らしい人柄で、彼女が友人であり、かつ生徒であることを、私はこの上ない栄誉だと思ってきました。

その彼女が58歳になって、多くの勝利とゴルフの殿堂入りも果たしているため多額の金を手中にできる機会を放棄し、静かな引退生活を選んだ時には、人々は何故かと尋ねました。その質問に対して以下がミッキーの答えです。

「自分の名前を百万ドル、あるいはいくらにでも変えることに私は興味ありません。ゴルフは私にとって常に、ゴルフクラブを振ることによって得られる純粋な喜びしか意味していないのです」

球筋を操る

ダレル・ロイヤルがテキサス大学のフットボール部のコーチをしていたころ、一度も試みたことのない方法を、彼は試合で部員たちに決して要求しませんでした。ゴルファーも、十分練習を積んでいないショットをラウンド中に試みるべきではないと、私は信じています。

風の日、大概のアベレージゴルファーは、ふだん練習をしていないにもかかわらず、逆風に対しては低いボールを打とうとし、追い風では高いボールを打とうと試みます。

また、ほとんどのアベレージゴルファーが、ラウンド中の困難な状況で、バンカー越しにウェッジで柔らかくて高いボールを打とうとします。彼らがその種のショットを練習している姿を、あなたは見たことがありますか？

練習場で何時間もボールをかっ飛ばしているよりも、さまざまなショットを習得するほうが、あなたにとってずっと良いのです。

だからこそ私は、アベレージゴルファーは1本のクラブ（たぶん7番アイアン）を選んで、恋人のように慈しんでくださいとアドバイスします。まず、そのクラブの飛距離を知ることから始め、次に高いボールや低いボールを打つことを覚え、フックやスライスが打てるように練習するのです。

アベレージゴルファーであっても、1本のクラブだけで相当なゲームを組み立てられるのです。

夫の訓戒

女性ゴルファーが抱える最大の問題の一つが、彼女の夫の存在です。

ほとんどの夫は夫人に向かって、「伸び上がるな」と言っています。

そのため、この不幸な夫人は、「体を沈める（伸び上がらない）」ことに全精力を傾注することになるのです。ところが、その格好からではボールが打てません。当然、ボールの手前を叩いたり、インパクトで左腕を曲げたりすることになるのです。

この伸び上がりを生ずるもっとも一般的な原因は、奇妙に感じるかもしれませんが、体を低く保とうと努力するためです。最初に体を沈めないかぎり、伸び上がることができないからです。

女性は「体を沈める」代わりに、「あごを上げ、すっと立つ」と考えるべきでしょう。ゴルフに関して世の亭主どもが、夫人たちに困ったアドバイスをしているのを聞くにつけ、私は苦笑を禁じ得ません。

もう何年も私のお気に入りの生徒の1人であるジョアン・ウィットワースに向かって、彼女の夫君は「頭を残せ」と訓戒を垂れつづけてきました。あまりに旦那に締めつけられていたので、彼女に自由にスウィングさせようとするのは大変でした。ついでに言えば、ジョアンはとても運動能力にすぐれた女性です。惜しむらくは旦那のハリーが、ゴルフに関する英知を持ち合わせていなかったことです。

子供

私は子供たちにゴルフを教えようとはしません。彼らに必要なのは、学ぶべきことを助言する誰かなのです。子供たちにプレーさせてみて、それから彼ら自身が助力を望むか、あるいは教師の目から見て必要だと思ったときに、手助けしてあげるのです。

強打

私は生徒にレッスンを始めた当初から、ショートアイアンでさえも、ボールを強く打つよう指示します。

最初からボールを優しく打ち始めると、筋肉も、緩慢な動きに慣らされてしまうので、以後もそのまま癖になってしまいます。その結果、いつも距離の不足に悩むことになるのです。

ときには、覚える時間よりも忘れる時間の方が長いことだってあるのです。

ダダ漏れを止める

すぐれたプレーヤーはゴルフに変調をきたした時、ラウンドの途中でも応急処置をします。常に不安定な人のことを言っているのではありません。いつも着実なプレーをつづけている人が、これと言った理由もなくボギーを連発し、ダブルボギーすら犯してしまう場合です。

彼らはこれを「出血」と呼んでいて、私に尋ねるのです。

「どうしたら、この突然の出血を止められるんでしょうか?」

すぐれたプレーヤーについては、私がいつも申し上げていることですが、グリーンから次のティまでの間、あるいはティから2打目のショットまでの間に、スウィングが変わってしまうことなどあり得ないのです。

その突然の出血は、単なる巡り合わせに起因しているのでしょうが、何とか対処するしかないのです。巡り合わせの良い時は積極的に攻めてバーディを奪取すべきでしょうが、逆に巡り合わせが悪いからと言って、思慮分別をなくしたり心構えを変えたりしてはなりません。

巡り合わせに無神経でいると、出血をもたらす何かが、ショットと次のショットとの5分か10分の間に、心の中で進行してしまうのです。

ドライバーを打って2打地点まで歩いている間に、頭の中で結果を計算してはいないでしょうか。先のホールのことを考えたりはしていないでしょうか。例えば、「このウェッジショットをピン傍にくっつけてバーディにする。それからあの長くて難しいホールはパーで切りぬけ、17番は確実にバーディを取り、そして最終ホールをパーで上がれば、高額の小切手が手に入るぞ！」などと。

素晴らしいゴルフを展開するのはずっと先のことなのに、黄金の夢がすでに忍びこんでいるのです。輝かしい未来は確かに待っているのかも知れませんが、それはそれを夢見ていない場合に限られるのです。報酬には1歩ずつ着実に近づくしか方法はありません。今プレーしている1打1打に、心を集中しなくてはいけません。なぜならゴルフは今まさにプレー中の事柄だからなのです。

次のショットに向かって歩いている間、いつも頭を冷静に保っていられるなら、チャンピオンになる方法を知っていると言えるでしょう。

これこそ私が、確実な目標を持てという意味です。つまり、目標以外のすべてのことを頭の中から一掃してください。そうできれば、筋肉は自由に働き、与えられた仕事を達成するのです。すぐれたプレーヤーの筋肉は、自由に運動できさえすれば、命じられたことを果たせるものだからです。

さて、助けなしに、目前の仕事に集中しようともがく事態を想像してください。酷なようですが、成す術《すべ》はありません。突然の出血は止められないのです。では、どうすべきか？

神に祈るしかない——というのが、私の最善の答なのです。

伊達男ディマレ

3カ所も場所を変えたうちの最初のオースティンCCに、ある日、若き伊達男ジミー・ディマレが姿を現し、プロショップに入るなり、私に一緒にラウンドして欲しいと申し出ました。

「スウィングに、ちょっとしたぼくの『思いつき』があってね。それを見て欲しいいんだ」

後年、彼はマスターズに三度も優勝してから少し肥り、多くのファンをトーナメントに引きつけるカラフルな衣装で有名になりました。

でも今お話ししているその日のジミーは、たくましい腕を持ち、大きくて力強い手ではありましたが、体は針金のように痩せていたのです。私も長年クラブを削ったり研いだりして力強い手でしたが、とてもジミーとは比較にはなりませんでした。

ジミーはまた凄くハンサムでウィットに富み、ボブ・ホープやビング・クロスビーの仲間入りもできるほどだったのです。

私はと言えば、若いにもかかわらず太陽光線と風に晒されたためか、おそらくは遺伝子のせいでか、顔はすでにシワが寄りはじめていました。ジミーによく「ハービー、あんたの頭から水をバケツ1杯かけても、水は1滴も地面まで落ちてはこないだろうぜ」と、からかわれていたのです。

ともあれ、ジミーと私はラウンドを始めました。

「いったい、君のスウィングのどこを変えたいんだい」と、ティで私は尋ねました。

彼は「フォロースルーで、両ひじを体の前に保っておきたいんだ」と答えてくれました。

でもその日、私は彼のスウィングを熱心に観察しましたが、彼の言う両ひじを体の前に保つフォロースルーを多くは見ませんでした。が、ジミーは、30・29の59でラウンドしてしまったのです。

その日以来、フォロースルーで両ひじを体の前に保つよう意識することが、私のレッスンで最も重要なことの一つになったのです。

時間の無駄

理に適ったグリップとスタンスを持っていない限り、ゴルフスウィングについての本を読むのは無意味です。

運命の行方

身の引き締まるような5月の朝、サウスウェスト連盟（SWC）ゴルフ選手権が始まりました。

テキサス大学のコーチとして、私はベストプレーヤーであるモリス・ウィリアムズ・ジュニア、マリオン・プルーガー、ウェスリー・エリス、ビリー・ペンの4名をフォートワースに送りだしました。世界でも最も美しいゴルフコースの一つであるコロニアルCCで、無敵のTCU（テキサス・クリスチャン大学）と対戦するためです。

開場時から、コロニアルはテキサスで最高かそれに近いコースとして評価されています。が、私が今お話ししようとしているこの試合の時代には、コロニアルは今日よりも遙かにタフなコースでした。嵐と洪水でコロニアルの巨大な樫の木が数多く倒れてしまい、コース保全の見地から、私の友人でもあるこのコースの設計家ジョン・ブレデマスがレイアウトに採り入れた、樹木の何本かを引き抜かなければならなかったのです。

現在のコロニアルをけなすつもりは毛頭ありません。依然として偉大なコースです。しかし、40年前のコロニアルが『ホーガンの小道』として知られていた時代には、今よりもっと厳しく難しかったのです。

わがチームの切り札はモリス・ウィリアムズ・ジュニアで、生涯でわずか1敗しかしませんでした。1949年のNCAAの決勝戦で、アマチュア界で10年にもわたって最強だったハービー・ウォードに、36ホールを戦った末に1ダウンで敗れただけなのです。

モリスはやがて飛行機事故で短い生涯に終わりを告げますが、ビリー・マックスウェル、ドン・ジャニュアリー、アール・スチュワート、ドン・チェリー、ジョー・コンラッド、バスター・リード、さらにキューピット兄弟たちにも勝っていました。

再度、我々のチームがSWCタイトルを手にするためには、このコロニアルで勝たねばなりません。そのため私は、モリスをTCUのキャプテンにぶつけたのです。長身、やせ型の生意気な2年生で、ダン・ジェンキンズという男でした。

このジェンキンズという若者は、TCUの学生であるばかりではなく、「ザ・フォートワース・プレス」の常勤スポーツライターでもありました。

フルバックからだとコロニアルは7000ヤード以上ありますが、その倍以上の距離があるように思えました。学生たちの試合を許してくれたクラブメンバーに敬意を払って、TCUとテキサス大学の一隊はバックナインからスタートしたのでした。

モリスは、コロニアルでプレーするのは初めてでした。モリスが後で話してくれたところによると、ジェンキンズは（後に親友になったそうですが）、親切にもモリスが見落としそうな危険な場所や落とし穴を、事細かに教えてくれたそうです。

ティグラウンドで、ジェンキンズはこう言ったりするのだそうです。

「ここは左にボールを打っておいた方がいい……あそこにはクリークがあるよ……グリーンは氷みたいにツルツルなんだ」

ジェンキンズがモリスを混乱させようとしていたことは、疑う余地がありません。が、この挑発もモリスには効きませんでした。2回ほどズボンの裾をたくしあげ、アップライトに素振りしながら、モリスはフェアウェイをほとんど外さず、グリーンでもミスしなかったそうです。それどころか9番アイアンやウェッジを手にすると、必ずピン傍に寄るのではないかと思えたそうです。自信にあふれ、その自信は、自分を破るにはアンダーパーを出すしかないという、確信から生まれているように思えました。微笑みを絶やさず友好的で、自分が余りにも調子が良いので、かえって対戦相手に申し訳なく思っているかのようだったそうです。

15ホール目を終えたとき、2人は共にイーブンパーで、試合の方もマッチイーブンでした。

ベン・ホーガンとマービン・レナードが、ゴルフカートで2人の試合を見にやってきました。マービンは貿易王で、その想像力と資金とでこのコロニアルを造ったのです。

モリスはびっくりしてダンに尋ねました。「ホーガンは、よく君らを見学するのかい？」

「ああ、いつもだよ」とジェンキンズは答えました。コロニアルの7番ホール（2人の試合の16番目のホール）で、ジェンキンズは1番アイアンのティショットを押しだし、木の蔭の右ラフに打ちこんでしまいました。モリスは3番ウッドで打って、ボールはフェアウェイ中央です。

ジェンキンズの所からでは6番アイアンで高いボールでフックが打てれば、グリーンに乗せられるかも知れないという状況でした。ところが、ジェンキンズはホーガンの目の前で、おそらく生涯最高のショットをし、ボールはバーディ確実なカップから15センチの所に付きました。このバーディを決めれば、ジェンキンズは2ホールを残してモリスに1アップです。

一方フェアウェイでは、モリスが7番アイアンを抜きだし、彼一流のスクェアなスタンスを取って打ちました。が、なんとボールは直接カップに飛び込んでイーグルになったのです。落胆したジェンキンズが次のホールで3パットし、結局2―1で試合を失ったのでした。

その結果、テキサス大学は再度選手権を獲得し、モリスは初めてのコロニアルにもかかわらず、2アンダーの68で回ったのでした。

1年後、この同じサウスウェスト連盟ゴルフ選手権の個人部門でメダルプレーが行われましたが、未熟者のジェンキンズは72ホールで16回も3パットを犯し、ライス大学のバディ・ウィーバー、テキサス大学のウェスリー・エリスに次いで3位に終わったのです。

後年、著名なスポーツライターで小説家にもなっていたジェンキンズと私は友達になりました。私はよく彼に言ったものです。

「なあ、ダン、君がどんなに幸運だったか考えてごらん。もしモリスが7番アイアンで直接入れたりせず、君があのトーナメントで3パットをわずか12回で済ませていたら、いまごろ君はゴートヒルズでアシスタントプロをやっているかも知れないよ」

何を見る?

ボールを見るとき、あなたはボールの何を見ているのでしょう?

ボールのうしろ側を見ている場合、私ならフックを打つ心算です。

同じように、ボールの頂点を見ているとしたら、結果はトップボールになるはずですよね。

もしボール内側のうしろ側4分の1を見ているとしたら、考えることが多過ぎて迷うに違いありません。

私があなたを見る場合、目を見るでしょうか? 鼻? それとも、口? いや、部位にも気を配るでしょうが、私が見るのはあなた全体なのです。

つまりそれが、私がゴルフボールを見るときにお勧めする見方なのです。ボールの一部だけに注意を向けず、ボール全体を注視すべきなのだと思います。

電話レッスン

わが家にサンドラ・パーマーが電話してきて、フォロースルーについて私の助言が欲しいとヘレンに話していました。

長距離電話ではサンドラのフォロースルーは見えないし、サンドラにとってもヘレンに悩みの細部を説明するのは難しく、ヘレンにとっても電話の内容を私に説明するのは難しいことだったのです。

とうとう私は「フォロースルーは、その前の動きの結果なんだよ。サンドラの問題はボールを打つことにあると、彼女に伝えてくれないか」と言いました。

今度はヘレンが「彼女、右に行っちゃうショットが多いって言ってるわ」と、仲立ちします。

私は「グリップに手を置く前に、ちょっとクラブのトウを浮かしてみたらと、言ってくれ」と答えました。これは、強くグリップさせるのと同じことです。クラブを握っている彼女の手が見えない以上、それだけしか助言できません。

それはアスピリンであって、治療ではありません。私は、昔の医者にでもなったように感じました。病気を患った人が電話すると、医者は「ともかくアスピリンを飲んで、明日また電話してみてください」としか答えられなかったでしょう。

しかし、クラブのトウを浮かすことが彼女のショットを強めること、そしてフォロースルーにまで影響するに違いないことは、私にはわかっていたのでした。

あるゴルファーの将来

クラブメンバーのジョージ・マッコールが、かつてテキサス大学で選手だったマーチン・オルデイがミッドランドCCの選手権で優勝したときのことを教えてくれました。ジョージの話では、マーチンについた機敏な少年キャディが、おそらく将来有望なゴルファーだと思えるそうで、うちのクラブでこの少年のために夏の間の仕事が何かあったら、報酬の代わりに彼にレッスンしてくれないかと、ジョージは言うのです。

そういう事情で、私はテリー・ジャストローに出会いました。当時16歳くらい、ブロンドの髪をした可愛い少年で、何にでも強い興味を持つ子でした。

彼が到着した時点で何を期待していたのかは知りません。が、彼が最初に受けたのは説教でした。

「君たちミッドランドの少年たちの多くは、オイル・ビジネスに従事する父親を持っていて、何でもすぐに手にできると思っている。しかし、君くらいのレベルのゴルフでは、金で解決できることなど一つもない。私は君のレッスンを、グリップやスタンスという基礎から始めるつもりだ。将来君が素晴らしいプレーヤーになれるとしても、それは一歩一歩の積み重ねで、しかもとても時間がかかるだろう」

私はテリーに、バッグボーイの仕事を与えました。クラブメンバーのクラブを積んだり降ろしたり、きれいにしたりする役目です。

暇な時間には、彼をリバーサイド通りにある我がクラブの練習場の、反対側に行かせました。彼は自分がすでに一端《いっぱし》のプレーヤーだと思っていたようですが、彼のグリップは西テキサスの外まで出かけていくにはストロング過ぎるのです。私は彼に、9番アイアンしか使ってはならないと告げ、そのクラブを使って鎌で草を刈る要領で練習するように命じました。

ときどき私は、彼が何をやっているのかを見に、遠い練習場の端まで足を運びます。彼の手に触ってタコをつついたりもしました。テリーには、バイクのアクセルを絞るような癖があり、グリップの上に手を置くよりは両手を絞るのです。これがタコのできる主たる原因でした。

私に忘れられたとテリーが思うころ、私はまた姿を現し、しばらく彼を見守ります。やがて彼は9番アイアンから7番アイアンに格上げされました。数週間経ってから私はウッドクラブを与え、そしてドライバーまで進んだのです。

夏の終わりに、テリーは州ジュニア選手権の予選を突破し、勝ち上がって決勝戦まで進みましたが、惜しくも敗れてしまいました。

翌夏、テリーはまた仕事を求めてオースティンCCへやってきました。私は彼に灌漑《かんがい》用水路を掘る作業を与えました。

相変わらず練習は練習場の端でしたが、あまり混んでいない時には、コースでプレーさせました。たいていは、トム・カイトとバーバラ・プエットと回っていたようです。

この2回目の夏、テリーは決勝戦でジョン・マハフィーを破って、州ジュニア選手権に優勝できましたし、全米ジュニアではメダリストになり、本選では準々決勝まで進んでラニー・ワドキンスに敗れたのです。

私はテリーを、彼の兄がすでに在学していることもあって、テキサス大学に入れようと思っていました。が、テリーの目標はプロになることで、その頃のヒューストン大学は学生ゴルフ界としては有力な教育課程を持っていたのです。かくして、テリーはヒューストン大学に進みました。

そのあとテリーについて知り得たことは、彼がヒューストンのデイブ・ウィリアムズからレッスンを受けていることで、その写真は『スポーツ・イラストレイテッド』誌に掲載されていたのです。ウィリアムズは非常に有効な教育課程を推し進めてはいましたが、私が聞いたところでは、「彼はゴルフをやらないし、それを教えることもしない」ということだったのです。

テリーがオースティンCCにレッスンを受けにやってきました。

「私にはできんよ、テリー」と、私は言いました。「君はウィリアムズ・コーチに習っているらしいし、私としては彼の教えを侵害するかも知れないことを、君に教えるわけにはいかないからね。1人の教師がいれば十分だろう」

2年生になってテリーはABCテレビのために臨時の仕事をするようになりました。彼は「どうも僕は、毎週毎週1・5メートルのパットを入れる仕事が、真の幸福を運んでくるとは思えなくなったんですよ」と私に告白しました。確かにテリーはゴルフにおいて将来有望だと判明しました。しかしそれは、プレーヤーとしてではなく、テレビのプロデューサーかディレクターとしてだったようです。

ペブルビーチでの全米オープンにトム・カイトが優勝したとき、実況中継をプロデュースしていたのは他ならぬテリーだったのです。

「トミーが最後のパットを入れたときには、嬉しさのあまり、ヘッドフォンを外して1人でオフィスに行って30分も泣いていました」

そう、あのときは、私もまた体をまるめて泣いていたのです。

ゴルファーの傷害

ゴルフは穏やかなスポーツに見えますが、それとは裏腹にゴルファーは筋肉の挫傷や背中の損傷、回転筋の切断から骨折まで、あらゆる傷害に悩まされています。

体を痛めたゴルファーは「どうしたらゴルフを続けられるか？」と、まず初めに聞くでしょう。

友人の1人が、スコットランドゴルフ行脚の初日、2番ティで左くるぶしを捻挫してしまいました。

苦痛をこらえながら9番まで足を引きずって歩き、医者に副え木をあてて包帯を巻いてもらいました。それから2週間、痛めた足のままスコットランドでプレーし続けましたが、それが原因で家に帰るころには、右ひざの靭帯を切ってしまっていたのです。

彼の話によると、ロイヤル・マッセルバラでプレーしているとき、足を引きずりながら歩いていたら、1人の女性が現れてキャディを呼び、何か忠告をしていたそうです。「彼女は何て?」と友人は、女性が去ってからキャディに尋ねました。するとキャディは「あなたをコースから連れ出した方がいいと言うのです」と答えました。

友人は「しかしどうして?後ろから急かされてもいないのに」するとキャディいわく。「はい。だけど彼女が言うには、遅かれ早かれ我慢できなくなるって」

それを聞いた友人はキャディに向かって宣言したそうです。「いまからは、私のドライブは275ヤードほど先のフェアウェイのド真ん中にあるからな」そして彼はプレーを続けました。

ひざを痛めたときは、スパイクの代わりにゴム底の靴を履くと、痛みが軽くて済むようです。カートを使わずに早足で歩いてプレーするのです。スコットランドやイングランドでは、ゴム底の靴は非常に人気があります。

肩の回転腱板と呼ばれる部分の炎症もよくある症状です。これはプレー後に氷で冷やすべきです。また硬直している筋肉をほぐすために、腕を何度もゆっくり回して慣らすと良いでしょう。

特にシーズンド・ゴルファーの場合には、ラウンドの前に5分ほど体をストレッチすべきです。ストレッチとボールを打つ練習の両方をする時間がなかったら、ストレッチの方を選ぶことを勧めます。ダレル・ロイヤルが言うように、「潤滑油を溶かす」わけです。プレーする態勢を整えるためには、ボール籠いっぱいのボールを打つよりもずっと効果があるのです。

手の小さな骨も特に損傷しやすいところです。最大時速185キロメートルものスピードでクラブを振る上級のプレーヤーの場合はなおさらなのです。

リー・トレビノは最近、親指を手術しました。ベン・クレンショーも左親指を痛め、どうしたらいいか相談にきました。そこで私は「偉大なるヘンリー・ピカードがかつてしていたように、親指をグリップから外してみたらどうだろう」と提案しました。ピカードがその方法を編み出したのも、親指を怪我したからなのです。

ベンはそのグリップで何度かスウィングしてみましたが、痛みは感じませんでした。しかし、彼がすぐ元のグリップに戻してよかったと思います。そのグリップは見栄えの点からも、あまり美しくはなかったからです。

多くのゴルファーがカップからボールを拾い上げようとして、体の曲げ方を間違えて背中を痛めます。ある整形外科医が教えてくれたのですが、ゴルファーが靴紐を結ぶ場合、立ったまま紐に手が届くように背を曲げる代わりに、座った状態で一方の足をもう片方の腿の上に乗せる方法を覚えると、ずっと背中の故障は少なくなるそうです。

ゴルファーは歳をとるにつれ、アスリート・ペインとも呼ばれる関節炎や、関節間の潤滑が上手くいかなくなる滑液嚢炎、その他老いの兆候が現れます。

ティオフする前に手のひら一杯もの痛み止めを飲む人を、私はたくさん知っています。ジャック・ニクラス、アーノルド・パーマー、トム・カイト（リストはいくらでも長くなる）らも背中を痛めていますが、毎日何時間も練習し、ストレッチを行うことによってプレーを続けています。

重大な結果に至る恐れはないと思えるようなわずかな痛みでも、プレーを続けている限り、重大な危険があるのです。わずかな傷みでも集中すべきことから神経を逸らす可能性があります。つまり、「テイク・デッド・エイム」からです。

距離が出る感覚

バイロン・ネルソンとの長い付き合いの中で、私は何度も「結果は成りゆきに任せよう。ボールを遠くへ飛ばそうとしてはいけない。その代わりに、飛ばそうと思わなくてもボールが遠くへ飛んでいく感覚を養うこと。それだけで確かに、ボールは飛ぶのだから」と、彼が言うのを聞きました。

私が受けた最初のレッスン

キャディをしながら成長する過程で、他人のスウィングで私の好みに合うものを模倣して、試行錯誤しながらゴルフプレーを覚えました。最初のレッスンを受けたときには、私はすでにオースティンCCのヘッドプロになっていました。先生はウォルター・ヘーゲンでした。

エキジビションで私たちは一緒にプレーしたのです。私がハーフトップのショットを2回ほど打つと、ヘーゲンが言ったのです。「ハービー、何か助言が必要かね？」

「もちろん、お願いします」

「君は、あまりに頭を残そうとし過ぎているようだ。もっと頭を自由にしてみたまえ。体を回転させる最中、頭を中心にして『樽の中で回転する』という例の馬鹿げた理屈に陥っちゃいかん。体の回転にともなって、体をちょっと横にずらしてみたらいい。そうすると君の体重は右足にかかって頭はボールの後ろにくる。ボールを力一杯ひっぱたけるじゃないか。パンチをくりだす要領さ」

この時のヘーゲンの助言を採り入れ、私はいまもその方式を教えているのです。私は過去何回もPGAのスクールで、ポール・ラニヤン（彼のスウィングについての見解には同意できないが）のような偉大なプレーヤーと一緒に、教えてきました。ラニヤンは「樽の中で回転する」方式のプレーヤーで、もちろん教師としてもそう教えます。が、距離が出ないことで有名でした。

彼はヘーゲンが私に教えてくれたような、もっと自由なスウィングをすれば、得るものは大きかったと思いますが、彼は自分の方式で二度もPGAチャンピオンになると同時に、ゴルフの殿堂入りも果たしているのです。

私にはPGAスクールのすべてがゴルフレッスンのように思えます。とりわけ自分とは違う教え方をする教師の講義を聞くのが好きです。いろいろ考えさせてくれるからです。

それと、毎年テキサス大学に新入生が入る時にも新しいことを学べます。この若者たちの誰もが、誰か（プロ、友人、親戚、キャディなど）からゴルフを教えられたのです。つまり、新入生ゴルファーと知り合いになる過程で、彼らが習ったことを私は学んでいけるというわけです。

これまで知り得た有益な言葉は、大概が著名な論客からではなくて、ニューメキシコのジャル出身のハーディ・ロウダーミルクのような、小さな町のクラブプロから教えられたものです。ハーディは、私のもとにキャシー・ウィットワースという年若い生徒を送ってきた人物です。

私の先生は誰かと尋ねられるたびに、私は「出会った方、全員」と答えます。

そうは言っても、ウォルター・ヘーゲンから受けた最初のレッスンだけは、忘れることはできません。

タイミング

セミナーでいつも尋ねられる質問の一つは「タイミングとは何か、そしてそれはリズムやテンポとどう違うのか?」です。

タイミングとは、インパクト圏でクラブヘッドのスピードを最大限に高め、フェースの角度を目標ラインとスクェアに保つように、筋肉を動かすことです。

リズムとテンポは、私は使わない言葉ですが、タイミングと同じものではありません。スウィングの途中で体を上下させる上級者もよく見かけますが、彼らはタイミングが良いために、正しい瞬間にボールをとらえ、素晴らしい結果を得ているのです。

私が自分のチームに欲しくないプレーヤーは、見栄えばかりを気にし、きれいなスウィングをしながらそれに見合う結果が出せないタイプです。この種のプレーヤーは多くの場合、見た目にいいショットを打って満足しているだけなのです。可能なかぎり少ないストロークでボールをカップに入れることに強い関心のあるプレーヤーこそを、私は求めているのです。

スウィング中に、頭の中で1、2、3、4と数えて、リズムやテンポをとっているプレーヤーがいるそうです。彼らが何故そんなことをしているのか私には理解不能です。頭の中で数を数えながら、どうやって「テイク・デッド・エイム」ができるのでしょうか?

転職の時期

アトランタの空港を歩いていたら、シカゴの有名クラブの著名なプロである友人にバッタリ出会いました。

「こんなところでどうしたの？」と、彼が挨拶してきたのです。「ジョージアのPGAのセミナーに教えに行くところだよ。君こそ、何をしているんだい？」

「乗り換えさ。フロリダへ仕事を探しに行くところなんだ」

私は驚いて言いました。「君は最高の仕事をしていると思っていたがね」

すると彼は言いました。「そうだよ、ハービー。ハンディキャップ委員会の仕事を手伝うまではね。クラブメンバーにレッスンをつけて彼らのハンディキャップを3つ下げたんだ。そしたら、そのメンバーに駐車場でつかまって、『ハンディを元にもどしてくれよ。前のハンディで今の腕じゃないと、他の連中から金を巻き上げられないじゃないか』だってさ」

それで友人はスーツケースをまとめ、フロリダに向かっているところだったのです。理由を聞けば、去るべき時期だということに、私も賛成せざるを得ませんでした。

ダウンヒル・ライ

アベレージゴルファーにとって最も厄介なフェアウェイからのショットは、ダウンヒル・ライからのものでしょう。

私の目から見て、よく起こるミスは、真っ直ぐ立ちすぎることです。

ダウンヒル・ライに対してのアドレス方法は、体を斜面と同じ角度に構えることです。これは右利きのプレーヤーにとって、体が左に傾いていることを意味します。

加えてバランスを保つために、左側へ十分に体重をかけるようにしてください。ボールはスタンスの右足寄りに置き、そして手を主体にしてクラブを振ります。またクラブヘッドがボールを打ち抜くまで、体を起こさないように注意することも必要です。

ダウンヒル・ライからのショットを失敗する主因は不安です。覚えておいて欲しいのは、このショットの鍵は力ではなく、きちんとボールを捉えられるか、なのです。

思い込み

あるトーナメントで、親友のディック・メッツ、ワイルド・ビル・メルホーン、それに私の3名が組み合わされました。ウォーミングアップをしていると、ディックが私を脇に引っ張っていって言うのです。

「注意しておきたいんだがね、ハービー。ビルはパッティングにものすごく神経を尖らせていて、どのグリーンでもホールアウトするまで先に打たせてくれと言い張るぞ」

ビル・メルホーンはプロのトーナメントで20勝もあげ、ライダーカップ・チームでプレーしたこともあり、教師としても最高級でした。ところが、彼はいつも自分のパットが最悪だという思い込みがあったのです。

人々は「プロのトーナメントで20勝もできる人が、どうして自分が世界で一番パット下手だなんて思い込めるのか不思議だ」と言います。私には「それがゴルフというものですよ」としか言いようがありません。

ダナ・X・バイブルは、ゴルフボールを打つ人間の中で、私が目にした最低の下手くそでした。彼はフットボールと野球ではスターで、テキサス大学のコーチおよび体育教育長として全米選手権も優勝に導いていました。しかし、私が長年にわたってレッスンしたにもかかわらず、ゴルフのスウィングでは体重を左へ移すこともできないのです。これはまったくの矛盾に思えます。この天才的な運動家は、タッチダウンに向かって突進することもできれば、ホームランをかっとばすこともできるのに、ゴルフボールはティアップしなければ打てないのです。

もちろん彼は、その事実を隠そうとはしません。初めて彼とプレーする時には、「ボールがどこにあろうと、ティアップして打たせてもらいます。よければ、あなたも同じようにしてください」と、告げられるはずです。

このところ我がクラブのフェアウェイにはミミズの糞がたくさん散らばっていて、ダナ・Xはそれをティの代わりにすることもありました。彼はミミズの糞にボールを乗せなければ打てないと言ってきません。彼を変えることは私の能力を超えていたようです。

人は誰でも、ゴルフコース以外ではたぶん現れることのない風変わりな性格を、誰かから受け継いでいるように思います。ビル・メルホーンの場合には、その風変わりな性格が、彼ほどの一流ゴルファーでもパッティングに恐怖を感じる、という矛盾だったのです。

お茶目なホーガン

チャリティマッチでのこと。モリス・ウィリアムズ・ジュニアとエド・ホプキンズのテキサス大学のチームが、ベン・ホーガンと私のペアと対戦することになりました。

1番ティのまわりには大勢のギャラリーが群がり、フェアウェイにも人の列が連なって、ホーガンが到着するのを待っていました。彼はやっと現れると、よろめき、顔には歪んだ薄笑いを浮かべ、帽子はちょっと斜めに傾いています。

群衆から溜め息が漏れるのが、私にははっきり聞きとれました。「ホーガンは、どうしちゃったんだろう？」「酔っ払っているみたいだぞ！」という囁きも聞こえます。

ホーガンは、ティにボールを乗せようとひざまずき、足をもつれさせ、目を細めてフェアウェイを眺め、目をこすり、よろめいて後ずさりしたのです。ギャラリーの呻き声が大きくなってきます。

ベンは力一杯ドライバーを振り回しましたが、なんと空振りでした。

ぶつぶつ言いながら彼がワッグルすると、今度はヘッドがボールに当たって、ボールはティの後方へ転がってしまいました。キャディが置きなおし、ホーガンは再度打ちました。が、ボールはトップして50ヤードほど転がっただけだったのです。

モリス、エド、私の3名はまともなドライブを打ち、ホーガンのボールに向かって歩きだしました。

ベンはボールに悪態をつきながら大スライスを打ち、その拍子に帽子を落としました。キャディが拾って渡すと、彼はそれを横っちょに被ったのです。

やっとグリーンまでたどり着きました。ベンがファーストパットを打つと、カップを6メートルもオーバー。まだ彼のボールが一番遠いので、セカンドパットを打つと、またカップを6メートル通り過ぎてしまいました。ギャラリーは仰天しました。ベンはよろめきながら次のパッティングラインを見定めて、何とかボールはカップの中に落ちたのです。

ボールを拾い上げようとしてベンはまた引っくり返りました。ギャラリーの顔に幻滅の表情が浮かぶのが見えました。

ところが、ベンは立ち上がるとグリーンを取り囲む人々を見まわして大きな笑顔を作ったのです。帽子を被り直し、私に向かって「オーケー、パートナー。このホールはあんたに任せた。次からはオレの番だよ」と、言ったのです。その瞬間、私も対戦相手も、そしてギャラリーも事情を理解して、皆笑いだしました。

ベン・ホーガンは酔ってなどいませんでした。人々のために道化役を演じてみせていたのです。ボブ・ホープさえも、これほど上手くはできなかったでしょう。冷徹で感情を表さず、メジャー選手権を次々に制覇した、偉大なベン・ホーガンを見ながら育ったゴルファンには信じられないでしょうが、若き日の彼は素晴らしいユーモアのセンスを持ったエンターテイナー、かつセールスマンだったのです。

それから後の彼は、チャリティマッチを全米オープンのようにプレーしました。が、モリス・ウィリアムズ・ジュニアとエド・ホプキンズの大学生チームが、1アップで私たちを破ったのでした。

この試合の結果を記憶している人はほとんどいません。しかし、あの日の1番ホールでのベン・ホーガンのことは誰もが覚えているのです。それは、多くのゴルフファンがめったに目にする機会がないベンの一面だったのです。

彼はどこ?

いつも私がとても静かにしているので、ジミー・ディマレは彼と同じような明るくカラフルな衣装を着るべきだとよく言っていました。そうすれば、人々も私の存在に気づくだろうというわけです。

でも私はベン・ホーガンやウォルター・ヘーゲンが身につけていたスタイルが好きなのです。目立たないグレーと黒、または茶と白の組み合わせです。

名誉のゲーム

ゴルフは名誉を重んじるゲームです。もし他のものだと思ってプレーするなら、このゲームから十全な満足を得ることはできないでしょう。名誉を重んじる姿勢を生涯にわたって習慣化しておけば、不名誉なプレーが絶対に起きることはありません。

誰も見ていない場所であっても、違反を犯したと自身にペナルティを科すプレーヤーは少なくありませんが、それによって勝利を失ったプレーヤーもいます。

1993年のケンパーオープンの第3ラウンド、首位はトム・カイトで、ニュージーランドのグラント・ウェイトとラウンドしていました。

4番グリーン近くで、ウェイトは修理地からボールを拾ってドロップしました。彼がグリーンに向かってボールを打とうとした時、同伴競技者のトムはウェイトのかかとがまだ修理地を示す線の内側にあることに気がつきました。

これはトムがどうしても勝ちたいと熱望しているトーナメントでした。春に怪我をして以来、完全復帰を示す最初のチャンスでもあったのです。目を背けてウェイトが立っている場所を見ていなかったフリをするのも簡単だったはずです。ある種の人々にとっては容易なことだったでしょうが、トム・カイトにとっては考えるまでもないことだったのです。

「こんなところでペナルティなんか払う必要はないよ」

と、トムはニュージーランド人のかかとを指差しながら、このショットを制止しました。

もしウェイトがこのショットを打ってしまったら、2ストロークのペナルティが科せられます。そしてこのペナルティはトムのリードを3打差に広げるのです。ところがトムは、いま私が説明したチャンスのことなど考えもしませんでした。

後になってからトムは、

「横に立って相手がうっかりルールを犯すのを見てから『さあ、2ストロークの罰だよ』と言うなんて、恥ずかしくて誰ができますか？　それはもはやゴルフではない。できるだけ自分を有利にしようとする、何か別のスポーツになってしまうじゃないですか」

と言いました。

結局、ウェイトが1打差でトーナメントに優勝し、トムは2位に終わったのです。

全米オープンに勝ったトムを誇らしく思った時よりも、私はこのトムの方を誇らしく思います。

オープンチャンピオンは、ゴルフコースでの勝者に過ぎませんが、誇りある人間は、いかなるところでも勝者なのです。

恩師に全米オープン優勝の報告をする
トム・カイト（左）。
右はティンズリー・ペニック

第三章　ゲームを愛する人へ

ある午後の授業

それは7月初めの暑い土曜日の午後でした。私はサンドラ・パーマーの練習を1時間ほど診た後、少し陽にあたりすぎたらしく、自宅に戻ってリビングのラウンジチェアにもたれかかっていました。テレビの全米女子オープン中継が始まるまでの間、スープとサンドウィッチで昼食を済ませて、手紙の返事でも書くつもりでした。

サンドラはこの週末を我が家で過ごしていて、もうすぐ練習場から戻ってきて一緒にテレビ観戦する予定だったのです。元チャンピオンとの試合観戦は滅多にできない経験ですから私をワクワクさせ、気分も回復するだろうと思っていました。

しかし、そこへ息子のティンズリーがやってきて「父さん、今すぐクラブに来てくれない？」と言うのです。聞けば、女性が私の助けを求めているとのこと。私が「今すぐじゃなきゃダメか？」と聞くと、「父さん、彼女は父さんに会いたくて、遠くから来たのに」と言いました。

普段なら息子の言葉で我に返り、すぐカートに乗ってクラブに戻るところです。困っている女性を放っておくわけにはいきません。ですが、その日は38度を超える暑さと、その後のテレビ観戦の予定のせいで、すぐに腰を上げる気になれず、とりあえず何で困っているのか聞いてみました。すると、「ボールが上がらなくて困っているようです」という答え。私を必要としている女性が待っているという嬉しさから、息子に椅子から立ち上がるのを手伝うように言いました。

ボールが上がらなくて、欲求不満が溜まっている女性を教えるのは挑戦的で、私のいちばんの楽しみの一つです。ボールが上がるようになって、一緒になって喜びの声を上げる瞬間、激しい雷雨に打たれたような衝撃が全身を襲い、私は鳥肌が立つのです。

カートで練習場に着くと、待っていたのは魅力的な女性でした。彼女はスーザン・ベーカーと名乗り、夫のジムは今、コースでプレーしているということでした。2人はヒューストンとワシントンDCに家を持ち、頻繁に行き来していることや、オースティンには結婚式に参列するため立ち寄ったことなどを話してくれました。

「まず7番アイアンで、何球かボールを打つのを見せてください」

と、私は彼女に言いました。彼女のボールが上がらない原因が、スウィング軌道にあるのか、それともクラブフェースの向きにあるのか確かめたかったからです。彼女のスウィングは、初心者にしては上出来だと思いましたが、打ったボールは全部、地面を30ヤードほど転がるだけでした。

「今まで何度もレッスンを受けているのに、いまだにこうなんです」

と彼女は訴えました。

そこで私は彼女の手に着目しました。一見、問題なさそうなグリップでしたが、スウィングに大した問題がなかったことから考えて、きっとここが悪さをしているのだろうという確信があったのです。

私はグローブを脱いで、もう一度グリップしてくれるように言いました。するとやはり、そこに容疑者は身を潜めていました。

彼女はクラブを握る時、両手とも、かなり下から手をあてがっていました。ところが、そこから両腕を絞って、悪くないグリップの形に見えるようにつくろっていたのです。

「少しあと戻りして初歩の初歩からやり直すことになるけれどもいいですか？」

私が尋ねると、彼女は、

「ぜひそうしてください」と言ってくれました。

「いったん『握る』という言葉は忘れて、クラブに手を『添える』ことにしましょう。どうやるのか、私に順を追って説明させてください。まず、両腕が肩からどんな具合についているか見てください。その自然な感じのままで、左手をクラブに乗せます。上からナックルが3個見えるくらいです。そうそう、それで結構です。腕をねじらないで、そのままの状態で握ってください。今度は右手を合わせます。右手のひらの生命線を、左手の親指とぴったり重ねてください。そう、とても良い感じです」

ここで私は近づいて彼女の左ひじに触れ、ひじの力を抜くように言いました。最初は誰でもそうなのですが、彼女は手を放してクラブを地面に落としてしまいました。私は、先ほどと同じように、もう一度、左ひじをねじったりしないで、クラブを持つように言いました。再び左ひじに触れ、今度はクラブを放さないで、ひじと肩の緊張を解くように言うと、今度は左グリップをしっかり握ったままなのに、彼女のひじが緩むのがわかりました。肩からも硬さが取れています。私は〝良し〟と手を打ちました。

「では今度は、芝の一点を見つめて、その場をクラブでこするように、楽に素振りしてみてください」

私が言うと、スーザンは形のいい素振りを何度か見せてくれました。クラブはきちんと地面をこすっています。

「では、今度はティを地面に刺してみます。ボールはなしでティだけです。楽にスウィングして、このティを打ってみましょう。スウィングは楽に、でもティが折れるか、地面から抜けるぐらいにはしっかり振ってください」

スーザンはスムーズで伸びやかな、格好良いフルスウィングで、この練習を6回ほど続けました。ついで私は、ティの上にボールを置くよう言いました。

「ボールのことは無視して結構です。今までのようにティを気持ちよく折ってください」

スーザンがクラブを振ると、突然ボールは私の視界から消えました。私の目がだいぶ弱っているとはいえ、彼女が7番アイアンで100ヤード以上飛ばしたことは間違いありません。スーザンは嬉しさのあまり叫び、飛び跳ね、ついには私に抱きついてキスしたので、私は頭のてっぺんから足の先まで、静電気を浴びたようなしびれを感じました。

「私には無理だと思っていたのに！　もう1回やってみるわ」

と彼女は言い、さらに何度かティを折ることを続けましたが、ボールは100ヤード

以上飛び、徐々に高さも十分になってきました。そこで、

「次は3番ウッドを打ってみましょう」

と私が提案すると、彼女の目に不安がよぎるのが見えました。

「大丈夫、あなたにはできます。7番アイアンと同じことをやるだけです」

と、私は言いました。するとどうでしょう、3番ウッドで170ヤードも飛ばしてみせたのです。彼女自身が誰より驚き、感動して目に涙さえ浮かべていました。私はというと腕から血の気が引いて、鳥肌が立っていました。

「よく聞いてください。覚えておいて欲しいのですが、今日、私たちが取り組んだこと、つまり、あなた自身が習得したことは、ここオースティンCCだけでなく、ヒューストンでもワシントンDCでも同じようにできます。これからのあなたは、もうきっと大丈夫ですよ」

私はスーザンにゴルフを思い切り楽しんでくれるようにお願いし、私の力を借りたい時はいつでも訪ねてくるように、また、ご主人によろしく、と伝えました。

「彼女のご亭主が誰だか知っているの？」

私をカートで家まで送る途中、ティンズリーが聞くので「ジムだろう？」と私が答えると、息子は言いました。

「彼女の旦那様はジェームス・ベーカーだよ。国務長官でブッシュ大統領の補佐役のね」

私は特に政治に熱心というわけではないのですが、ブッシュ大統領と言われると弱い

ところがあります。というのも、私は大統領から、ゴルフと人生について、直筆の手紙をいただいたことがあるからです。それは額に入れて、私のベッドルームの壁に飾ってあります。夜中に痛みで目が覚める時は、いつもその額を見上げます。そして、私のような年老いたキャディ風情に、本当に大統領がわざわざ自らタイプして手紙を書いてくださったのかどうか、頬をつねって確かめてみるのです。

　家に戻ると、サンドラがテレビで全米女子オープンを観ていました。ラウンジチェアに再び腰を下ろすと、彼女がここまでの展開を説明してくれました。それによると、スウェーデンのヘレン・アルフレッドソンが、大量リードに守られて土曜日のラウンドをスタートさせたのに、今日はものすごく調子が悪いとのことでした。

　私が中継を観はじめた時、ヘレンは10ホールで8ストロークも失って、苦しんでいるところでした。それは見ているのも辛く、彼女に同情しました。どんな名手にもそういう事態は起きますし、ゴルファーならわかっていることとはいえ、私はこの才能溢れた素敵なスウェーデン人に釘付けになりました。

　ところがそこで突然、まだ数ホールを残して中継は打ち切りとなり、私のヘレンに対する心配も、パティ・シーハンやその他の素晴らしい選手の追い上げに期待する気持ちも、教え子だったジュディ・ランキンの解説を聴く喜びも、あっけなく終わってしまったのです。放送時間の終了を告げる男性の声が流れ、画面はロシアで行われた陸上競技の何かの大会に切り替わりました。

「これが男子の全米オープンだったら、同じことをするかしら？」

とサンドラは言いました。

「男子のトッププロが大量リードをどんどん減らしていて、下から追い上げる有名プロがたくさんいたら？　そんなこと、本当にすると思う？」

「それはないだろうね」と私は答えました。

「絶対にそんなことしないわよ」

サンドラはそう言って立ち上がり、ドアに向かって歩き出しました。

「練習に戻るわ。全米女子オープンのテレビ観戦を途中でやめさせることはできても、私が練習するのを止めることはできないはずよ」

私は私で、手紙に目を通し、返事を書くことにしました。その日は本当に暑くて、他のことなどはやる気が起きませんでしたが、でも、最初に家に戻った時よりずっと気分は爽快でした。

スーザン・ベーカーが170ヤードも飛ばして、感動のあまり流した涙を思い出すと、私は嬉しさでいっぱいでした。そして、もしスーザンと同じように、ゴルフの喜びと充足感を知る女性が世の中にもっと増えたなら、テレビネットワークもいつかきっと、優れた女子のトッププロにも、男子のそれと同じように敬意を払うようになることでしょう。

上手くなる練習の手順

次から次へと籠を空にしながらボールを打っているゴルファーを、毎日のように見かけます。もし私が、何をしているのか尋ねたら、「練習だよ、ほかに何をしているように見えるのかね？」と答えるでしょう。確かに、体を動かすエクササイズには違いないでしょう。でも、本当の練習をしている人は少ないのです。

もしかしたら、確固たる意図を持たぬままボールを長時間打ち続けても、正しい進路を見つけ、いつかは間違いに気づくかもしれません。でもそれではあまりにも効率が悪いので、私の編み出した最も効果の上がる練習の手順をお教えしましょう。

練習前にはストレッチを、たっぷり時間をかけて行うこと。そしてまずウェッジを取り出し、フルショットで5球打ちます。打ち終わったら、ウェッジの出番は終わりです。

次は7番アイアンで5球。良いショットが出たら、「もっと良いボールを打ちたい」という欲望には耐え、それ以上打たないでください。手応えは取っておくべきです。

次は3番ウッドです。毎回きちんと狙いを定め、これも5球打ったら終わりです。ここで、もう一度7番アイアンを取り出して5球。

もしドライバーを打ちたければ、この後、3、4球打ってもかまいません。スタートホールのティショットのつもりで、最高のスウィングを心がけましょう。仮に良いショットが出なくても気にすることはありません。

この時点で、20球以上フルショットを打ったことになります。効率的な練習をするなら、フルショットはもうこれで十分。残りの時間は全部、パターとウェッジ、チッピング用のクラブだけを持って、ショートゲームの練習に充てます。ショートゲームこそスコアを縮める鍵だからです。

カードテーブル

いつもならこの助言にはベンチを使うのですが、ポーカーなどをするカードテーブルでも同じことでしょう。チップショットを練習する時のコツは、ボールの上方70センチぐらいにカードテーブルの表盤が覆い被さっていると想像することです。もし本物のカードテーブルや本物のベンチを使って練習出来るならなおさら良いでしょうが、スウィングの邪魔になることを想像するだけで十分です。

つまりチップショットは、ベンチやカードテーブルの下に入り込んでしまったボールを打つ要領なのです。チップショットは、打ったあとすぐにボールが着地して、さらに転がって欲しい時に使います。

基礎的なこと

パターからドライバーに至るまで、すべてのスウィングで、手はクラブヘッドをボールとのコンタクトへと導かなければなりません。パットでもチップでもストロークの最後まで、いつもグリップ位置はクラブヘッドをリードするか、少なくとも同調させなければならないのです。

歩き方が人それぞれであるように、スウィングにもいろいろなバリエーションがあります。それでもダウンスウィングの時は、常に手がクラブヘッドより先行しているものです。

ヒューストンのリバー・オークスに、手がクラブヘッドをリードするだけでなく、さらに、手首はずっと返すべきではない、という信条を本にした男性がいました。ジャクソン・ブラッドレーがリバー・オークスにヘッドプロとして現れた最初の週に、この男性は彼に詰め寄ってこう言いました。

「初めからはっきりさせておこう。私は君より、ゴルフスウィングについて、ずっと多くのことを知っている」

ジャクソンは優れた先生なので、自己防衛のために私の助けを必要としませんでした。しかし、その男性がすべての良い教師や良いプレーヤーが同意せざるを得ないような、確固とした基本を言い当てていることは認めなければなりません。すなわち、

「すべてのスウィングで、手はクラブヘッドをボールとのコンタクトへと導かなければならない。パットでもチップでも、ストロークの最後まで、いつもグリップ位置はクラブヘッドをリードするか、少なくとも同調させなければならない」

これは覚えておくべきとても大切なことです。

何を急ぐのか？

バックスウィングが遅すぎるゴルファーは存在するのかもしれませんが、少なくとも私の経験では過去90年間、そのようなゴルファーを見たことがありません。「ゴルフの賭け屋たちはいつも分厚い札入れを持った、バックスウィングの速いゴルファーを探している」という古いジョークがあるほどです。

ボビー・ジョーンズは、彼の師スチュワート・メイデンから得た最高のアドバイスが二つあると言っていました。「バックスウィングでは打てない」と「強く打ちなさい。どこかで失望もするけど」です。

私はゆっくりとしたスムーズな始動とバックスウィングが好きです。ゆっくりとしたバックスウィングは、良い捻りを作る時間を与え、来るべき一撃に対してバランスを保つ効果があります。

私はトップで止まることに賛同できません。それがトミー・アーマーと唯一意見の合わないところでした。私の見解ではスウィングはスウィングでなくてはならず、途中で止まるようなら、それはスウィングではない。もちろんバックスウィングから切り返す瞬間はあります。しかし最も重要なのは、左のかかとを地面につけて踏ん張り、体重移動する瞬間なのです。

左のかかとで踏ん張ると同時に、一体の動作として右ひじを脇に引きつけましょう。

これがいわゆる『魔法の動き』です。体重移動のことなど考える必要はありません。バックスウィングでエネルギーを貯めて、打つ時にそのエネルギーを放出します。パンチを繰り出す時のように、野球の投球の時のように、テニスのサーブをする時のように、すればよいのです。

トッププレーヤーの中には、いつバックスウィングからダウンに移ったか分からないようなスウィングの早い人たちもいます。彼らにとってはそれが自然なのです。ベン・ホーガンやトム・ワトソンやラニー・ワドキンスにゆっくりバックスウィングさせようとしたら、どこを直せば良いかわからず、私は気が狂うでしょう。

偉大なプレーヤーですが、トム・カイトとサンドラ・パーマーは彼らのゴルフの個性を勘案すると、バックスウィングが少し早くなりすぎる傾向があります。そこで、彼らとのセッションではほとんど毎回、始動をもっとゆっくりしてみようと提案します。サンドラもトミーも「早くなり過ぎている」と私に言われると、自分の感覚と違うためか、いつも驚いていたようでした。しかし、彼らがそのことに意識を集中して何回かスウィングしてみると結果は歴然なのです。

ゴルフのツボ

ゴルファーマインドの脆弱性をよく知っている一教師として、作家のスティーブン・ポッターがゴルフのツボについて語った言葉を笑い飛ばしました。

彼は「最近話題になっているゴルフのツボを切り抜きできるよう、ゴルフ雑誌が毎月郵送されることを望む」と言ったのです。加えて彼は「私は対戦相手にもそれを見せるよ」とも言いました。

オースティンにダグ・ホロウェイという友人がいます。彼は10年前、ヒルズ・オブ・レイクウェイで教えていたチャック・クックのゴルフスクールに参加するまではハイハンディキャッパーでした。

彼はチャックと3日間ずっと何百球も球を打ち続けたそうです。そして1カ月後には70台で回れるようになりました。生徒がある時期には目ざましい進歩をとげたのに、突然、教えられたことをすべて忘れて退化してしまうのはよくあることです。しかし、ホロウェイはそうではありませんでした。10年経っても彼はコンスタントに70台半ばを出しているのです。

彼の秘訣は、チャックに教わったことをすべて書き留め、今日に至るまでこれらの教えに熱心に従うことでした。ゲームで何かうまくいかなくなると、彼はチャックからとったノートに戻ります。チャックの教えが効くことを現実としてホロウェイが知っているため、10年経った今でも、彼の問題を解決してくれるのです。

彼はチャックとの3日間以来、雑誌に載っているゴルフのツボや指南書の類を読んだことはありません。彼は同じことをやり続け、それはいつも上手くいくのです。

ゴルフのツボは素晴らしいものかもしれませんが、ゲームを台無しにしてしまうこともあるのです。対戦相手がヒントをくれたら、それを無視しましょう。もしできれば、教師の助けを得ていったん自分に合ったスウィングを見つけたら、それを続けるべきだと思います。もしそれで行き詰まったら、上手くいっていた時の基本的なことを再検証してください。

いつの間にかゴルフのツボがまとわりつき、スウィングを改悪していたことに気づくかもしれません。

きわめて重要な長いチップショット

コースを回り始めて日が浅いなら、しょっちゅう長いチップショットを迫られるでしょう。ボールがグリーンエッジから1ヤードぐらい手前で、ピンは50ヤード先、といったような場面です。

スコアを良くしたいなら、ぜひともこのショットを習得しなければなりません。上達してもなお、長いチップショットをエッジから打つことは多いのです。ビギナーほどではないにしろ、グリーンを外して、パーを取るために長いチップショットを決める必要は出てくるでしょう。

スクラッチプレーヤーとハンディキャップ15のプレーヤーの一つの大きな違いは、スクラッチプレーヤーは大抵カップから1メートル以内にチップしてパーで上がってしまう、ということでしょう。ハンディキャップの多いプレーヤーは、2、3メートルにしか寄せられず、恐らくは次のパットもミスして、ボギーかダブルボギーで終わるのです。

いつも言っていることですが、チップとパットが上手いゴルファーは誰にとっても良い好敵手となり、そうでないゴルファーは、誰の好敵手にもなれません。だから、チップショットを習得することは、ゲームを学び始める最良の方法です。

ただ、チッピングはパッティングの延長ではありません。

時には良いプレーヤーも含めて、多くのプレーヤーが長いチップショットをする時、パッティンググリップとパッティングストロークを使っています。彼らがグリーンの外からでも常にパターを使っている、というならかまわないのですが。

チッピングは小さなドライブショットだと思い、ストロンググリップを維持し、V字を右肩に向けるのが好ましい。逆に言えば、ドライブは大きなチップショットであることを忘れてはいけません。

ハンディキャップの多い人々は、えてしてグリーンの端からウェッジを使い、ホールに向かってロブを上げたがるものです。しかし彼らにそれを成功させる腕はありません。

チップショットでは、スタンスの真ん中あたりから球を打つのが良いでしょう。左足に少し余計に体重をかけて。オープンスタンスをとる人が多いのですが、このスタンスは誰にとっても良いとは思いません。私自身はスクェアスタンスの方が好みです。

グリップ位置を下げてクラブを短く持ちましょう。ただし、シャフトに触れるほんの少し手前で止めてください。「チョークダウンせよ」と言う人がいるかもしれませんが、「チョーク」は最も思い出したくない言葉でしょうから、私は使いません。

バックスウィングとフォワードスウィングは、アンダーハンドでボールを投げる時のように、同じ長さであるべきです。ただし、長いフォロースルーは減速をおこしやすいもの。しかし、本当は加速したいわけです。

スウィングする時、クラブヘッドで芝先を刈りなさい。

数回練習ストロークをしてみましょう。このショットは自分の手と指でホールまでの距離感をつかむ必要があるからです。

ボールをいち早くグリーンへ運び、転がしてくれる一番ロフトの立ったクラブを選びましょう。7番アイアンは、オールラウンドな良いチッピングクラブですが、特に重要な長いチップの時は5番、あるいはもっと低い番手のクラブを使いたくなるかもしれません。

チップショットでは、両手がクラブヘッドをボールへと誘導しなければなりません。もっと言えば、フォロースルーでも両手はクラブヘッドの常に先、または少なくても一緒であるべきで、間違ってもクラブヘッドが両手を追い越してはいけません。これは覚えておくべき基本的なことです。

このショットを練習する時は、様々な距離からチップしてください。チップされたボールの転がるラインは容易に判断できるはずですが、そのラインに沿った距離がタッチをつかむべき距離なのです。

練習すれば自信がつきます。自信を持てれば、長いチップショットでも2打で上がれるようになるのです。常に3打を2打に抑えられるようになったら、プレーイングパートナーとして引っ張りだこになること請け合いです。

感触の話

オースティンCCのプロだった初期の頃、壁のラックに60セットほど、メンバーのゴルフクラブを保管していました。

雨の日には、10セントを賭けてちょっとしたゲームをしたものです。私が目を閉じると、誰かがバッグからクラブを1本取り出して、私の手に握らせます。私は目を閉じたまま、指でクラブヘッドとシャフトをさすり、巻きつけられたグリップを感じるのです。そして記憶に深く沈んでいった次の瞬間、「これは、ドクター・ミラーのマッシーだろ?」とか、「そうそう、これはアームストロング夫人のニブリックだ」とか答えるのです。皆は驚いていましたが、大抵当たっていたものです。

トリックは何もありません。これらのクラブの多くは私自身の手で握ったことのあるものでした。ヒッコリーシャフトの時代では、メンバーに必要なだけの柔軟性を持たせるために、ガラスのかけらでシャフトを削ったものです。私が作らなかったクラブにしても、クラブをきれいに良い状態に保っておくことは私の役目だったので、頻繁にクラブに触れており、よく知っていたのです。当然ですがそれらの1本1本は、その人のために特別に作られたものでした。

時代が下りスチールシャフトが出てきて、クラブ製造会社は、プロショップやスポーツ用品店で売るクラブセットを大量生産するようになりました。

ですが最近、ゴルフクラブのカスタムメイドが再び大流行しているようです。陳列棚から無造作にセットを選ぶのではなく、身長や腕の長さ、スウィングスピードを計測して自分にフィットするクラブを購入するプレーヤーが増えているのです。

ツアープレーヤーは、シャフトを変えたり、ロフトやライ角を曲げたり、ウェートを増やしたり減らしたりして、常にクラブをいじっています。

ツアーに出るような腕前なら、別に自分のクラブでなくても、量販店で売っているクラブセットを使っても、練習場でなら見映えのよいショットを打つことができるでしょう。しかし、本人だけが自分の打ちたいショットが本当はどんなものであるか知っているのです。基本的にハンディキャップの多い人の方がプロよりカスタムフィッティングの恩恵を受けやすいのですが、現実はフィットするクラブを使っているのはいつもプロなのです。

シャフトやクラブヘッドやグリップといった部品を、問屋やカタログから購入して自分で組み立てたり、組み立てを誰かに頼んだりするゴルファーが急速に増えています。これはひとつには、高額になってしまったゴルフクラブへの対抗策でしょう。量産クラブメーカー製の上級者用アイアンセットは、私が若かった時の新車以上の値段になっています。私が思うに、カスタムメイドクラブは道理にかなっていますし、誰にでも簡単に入手できます。また、自分の手でゴルフクラブを作り上げることは、満足感を与えてくれますし、忘れられない経験になると思います。

頭を安定させる

ゴルフスウィングにおける頭の位置を論ずる時は、誤解が生じやすいため、慎重にならざるを得ません。

「球が飛んで行ってしまうまでけっして頭を前に動かさない限りは、スウィングの時少しだけ頭を後ろに動かしてもかまいません」

と私が言うと、「頭を動かしてもかまわない」という部分だけ聞いてしまう生徒がいるからです。そして彼らはすぐに七面鳥のように上下運動をしたり、肩が回る時に顎をひいたり突き出したりするのです。つまり彼ら自身のスウィングでヒットできるような所に球を置こうとして、頭を飛び出させたり急降下させたりし始めるのです。事実、私が会った良いプレーヤーはすべて、スウィングの時に頭を後ろに動かしていました。フォワードスウィングが顎を過ぎていく時に3センチ程度、さらに頭を後ろに引くのです。

まとめると、

●良いプレーヤーの頭は常に球より後ろにある。

●このような教えを聞いてある生徒は頷いて「頭を動かしてもいい」とだけ覚えてしまう。

●しかしそのように捉えるのは間違いで、基本的には頭を動かすべきではなく、頭を安定させることを考えるべきだ。

●感じていないかもしれないが頭は動くものだ。だが、ショットが不安定なら、頭を安定させることを肝に銘じておくべきだ。

ということなのです。

ルイーズ・サッグスは、スウィングで一番大切なのは、頭の位置だと教えています。彼女は、頭を荷馬車の車輪のハブ（車軸）と考え、腕は車輪がハブの周りを回る時のスポークと考えます。もしハブ（頭）がガタガタしたり、傾いたり、上下にヒョコヒョコ動いたりしたら、スポークは壊れて車輪は駄目になってしまうでしょう。

優れた教師の多くは、同じイメージを使っています。頭をハブと例えることによって、しっかりと安定させなければならないことを、生徒に理解してもらうためです。

ジャック・ニクラスは、子供の頃、最初の教師のジャック・グラウトにスウィングの間、髪をつかまれて頭を安定させることを教わった、と言っていました。グラウトは頭を動かさないことこそ、普遍的な、議論の余地のないゴルフの基本だ、と考えていたのです。

ボビー・ジョーンズの場合は彼の経験上、「頭が実質的に固定されている時に正確なスウィングはできるものだ」と言いました。また彼は「頭をスウィングの錨《いかり》のように想定する考え方は理に叶っている」とも言っていました。

そこで私は何人かの生徒に、頭を安定させることを考えるように言ってみました。これは「頭を下げたままにしろ」というアドバイスとは全く異なります。頭をむしろ上げ気味にし、スウィングが下を通過してしまうまで頭を安定させておくのです。

私が頭を安定させよ、と言うのは、そのまま固めろという意味ではありません。ジョーンズのように「実質的に」という言葉を使うことにしましょう。誰かがこれを「頭を前に動かして良いのだ」と間違って解釈しないように願います。

スウィングの間、球が飛んでいってしまう前に頭を前に動かすのは一番やってはいけないことです。頭を安定させるという考えは、多くの生徒にとって驚くほど効果があるものなのです。

あなたらしく

キャシー・ウィットワースが、スランプに陥り惨めな気持ちでフラストレーションを抱え、ツアーを抜け出して、オースティンにいる私のもとに車を走らせてきました。

私は、ハーディー・ラウダーミルクがニューメキシコからまだ10代だった彼女を送りこんできて以来、長いあいだ彼女の指導にあたっていたからです。

練習場での最初の数分でわかりました。キャシーは私と最後に会ってから、スウィングをほとんどバックスウィングがないほどに短くしていたのです。キャシーのような偉大なプレーヤーが何故スウィングを変えたのか。それは、ゴルファーというものが（最高のゴルファーでさえ）忠告に敏感だからなのです。実際のところ、多くのゴルファーは全く騙されやすく、誰のアドバイスでも真に受けてしまうのです。

キャシーのスランプが始まった時、他のプレーヤーや教師たちは練習場にいる彼女のところに歩み寄り、「治療」を勧めたのでしょう。誰かが、問題は始動の時にクラブをピッキングアップしてしまうところにあるという考えを彼女に植えつけました。別の親切な人からは、クラブを後ろに押すように言われたのかもしれません。その結果、藁にもすがりたいキャシーはクラブを後ろに押すことに専念してみます。そして、彼女のスウィングは不自然なほど短くなり、まもなく、素晴らしいゲームはこわれてしまったのです。

「絶望的だわ、ハービー」彼女は私に救いを求めていました。「誰も負かすことができないほど、私は球をちゃんと打てなくなってしまいました。どこが悪いのでしょう？」

私は何が悪いかを生徒に話さないようにしています。私は彼らが上手にやっていることについて話すのです。私はすぐにでもキャシーに、バックスウィングが短すぎると告げることができたでしょう。しかしそれでは何の解決にもなりません。私は、なぜ彼女のバックスウィングが短くなりすぎたのかを探らねばならなかったのです。問題の原因を掘り下げることによって、対症療法ではなく、本当に彼女を良くする良薬を処方して治すことができると信じていたからです。

しかし3日間、私は彼女が球を打つのを見守りましたが、助けを出せませんでした。彼女が車に乗りこんでオースティンからツアーへ戻っていく時は、2人とも辛い別れでした。彼女が発った夜、私は彼女のことを考えて眠れませんでした。やっと眠ると、今度は彼女が夢に出てきました。

翌朝、髭を剃っている時に突然、その答が私の心に浮かびました。私は次のトーナメント会場に電話して、彼女にコールバックするよう伝言を残しました。彼女の不安そうな声を電話で聞いた時、私は言ったのです。

「キャシー、君が子供の頃私のところに初めて来た時、バックスウィングの始めで君の手首は自然なコックだった。それが君の今のスウィングに欠けている。君らしくないんだ。昔やっていたように、始めにクラブをコックオフしてごらん」

「先生は今まで、自然なアーリーコックなんて言ったことはありませんでしたね」

私は彼女のフットワークや肩の回し方について何も言ったことはありませんでした。必要がなかったからです。彼女は、初めて会った時からずっと彼女自身のスタイルでうまくやってきたのです。

「他人に言われたことはすべて忘れて、君が知っているやり方でプレーしてみよう。君はこの世でたったひとりのキャシー・ウィットワースなんだ。だからキャシー・ウィットワースにしかできないゴルフをするべきなんだよ」

キャシーは、彼女本来のゴルフを取り戻しただけで、続く四つのトーナメントのうち三つで優勝しました。

自分の内なる智恵に忠実であること。たとえそれと矛盾するようなアドバイスがあり、そのアドバイスが意味あるものだとしても、自分に忠実であるべきです。どんなに上達しようと、自分の基本と自分自身のスウィングでここまで来たのだということを常に思い出すことです。

サンドラ・パーマーも、散々なラウンドの後でトーナメント会場から電話してきました。私は、サンドラが練習場でのアドバイスに耳を傾けたばかりに、本来のスウィングの自然さをなくしてしまった、と聞いていたので、彼女に言いました。

「君の筋肉は、君が思ってるよりも賢いものだ。君を賞金女王にしたスウィングを筋肉に思い出させれば、筋肉は自分で考えるだろう」

ゴルフのスウィングは、概して信頼の問題なのです。

レセプションのスピーチ

20年以上前、私はメトロポリタンゴルフ協会から『ティーチャー・オブ・ザ・イヤー』に選ばれ、受賞のため、ニューヨークのウォルドーフでの盛大で豪華なレセプションに招かれました。

私は何日も、受賞スピーチをどうするか悩んで、原稿を何度も何度も書き直しました。ヘレンでさえも私が費やした労力に驚いたぐらいです。

ニューヨークへのフライトで、私たちはテキサス州知事のアラン・シバースと一緒になりました。彼は友人でもあり生徒でもあったのです。同乗したヘレンは彼に、私が払った努力を考えるとスピーチは迫力のあるものになりそうです、と答えていました。

レセプションの夜、クロード・ハーモンが最初のスピーカーでしたが、クロードはとても力が入っていたらしく、きわめて長い間喋りました。クロードに続いてハワード・コーセルが壇上に上がり、主賓席の全員、さらに聴衆の多くの人について話をしました。そして、それはまだ彼のスピーチの主菜にも到達していなかったのでした。

白いディナージャケットを着た私がマイクで呼び出された頃には、もう何時間もたっていたと思います。私が聴衆を見回して言ったのは、これだけです。

「全くもって恐縮です。ありがとうございます」

私は、疲れきった聴衆から感謝に満ちた喝采を浴びながら着席しました。

時には、いつ黙るべきかを知ることが、教師のできる最上のことなのです。

パッティングについての見解

非常に重要なトーナメントでかなり長いパットを沈めなければならないとしたら、私は他のどのプレーヤーよりキャシー・ウィットワースを選ぶでしょう。それからスミス、コットン、ジョーンズ、クレンショーの名前も加えましょう。

キャシーは、パッティングストロークはフルスウィングの縮小版であり、ゲームのもう一つの側面だという見解をもっています。しかし多くのプレーヤーがパッティングを毛嫌いします。極端に言えばパッティングは彼らの気を狂わせるのです。わずかな距離のパッティングが、ティからの力強いドライブショットと少なくとも同等に、そしてたぶんそれ以上に重要だということは、彼らにとって耐えられないことなのです。

私は、フェアウェイやグリーンをとらえたり、ピンに寄せた打数に価値をおき、パッティングを完全に除外してしまうようなゲームがあればよい、と思っている人が多いことを知っています。しかしキャシーは、パッティングは1番ティをスタートした続きと考えていますから、スウィングがうまくいけばパットもうまくいくことを知っているのです。

キャシーは他のどんな偉大なプレーヤーよりパッティングの練習をしているのだと思います。彼女にとってパッティングは感性なのです。彼女は感覚的にスウィングや先行きが良いと思えば、練習グリーンには行きません。

ところでキャシーは、ストロークをスムーズにするためには絨毯の上でのパッティングが効果的だと信じていました。私たちは、我が家の絨毯の上でパッティングをして何時間も過ごしたものです。

キャシーにとってパッティングで最も重要なのは、ボールの真上でぐらつかないことでした。パットをミスすると、彼女はいつも頭が動いたとか、パターヘッドと一緒に目が左右に泳いだことが原因だと言っていました。最盛期には、パットのラインが頭の中に描け、手は距離を感じ取ってストロークをコントロールするから、パッティングなんて指をさすのと同じくらい簡単だと言っていたものです。

私はいつも、カップ付近でボールが止まるようにパットしなさいと教えてきました。「ネバーアップ、ネバーイン」という悪しき諺を信奉するとスリーパットが多くなるでしょう。ホールを1メートルもオーバーするほど強く打つと、返しのパットに神経を使いすぎるようになるためです。

もう1人のパターの名手ベッツィ・ロールズは、チャンピオンの中で残念ながら、一番スリーパットが多かった人です。彼女のパット哲学は、球をホールめがけてヒットするというものでした。物理学のファイ・ベータ・カッパのように、彼女はホールにちょうど良いスピードで球を打ち続けたら、かなりの数が入ることを、感覚的かつ知的に知っていたのでした。

キャシーは、ベッツィと同じようにパッティングを捉えていました。彼女はカップの縁を優しく跨ぐだけで、ボールはカップに滑り落ちることを知っていて、カップに届くだけのストロークを打っていたのです。

彼女のパターは、ウイルソンが60年代初頭に彼女に贈ったウォルター・ヘーゲン・トムボーイです。時間がたつうちに引っ掻き傷や擦り傷がつき、シャフトは、かつて彼女がフラストレーションで強打した跡が糊で接着されています。パッティングがそれで自動的に良くなるとでもいうようにパターを頻繁に変える生徒を見ると、私は、キャシーのトムボーイのことを話したくなるのです。彼女はそのパターで88回、プロツアートーナメントで勝利を収めましたが、これは男女を問わず競技史上の快挙です。

ミッキー・ライトは、トウに鉛のテープをまき、ヒールに鉛のスタックをつけた古いキャッシュインパターを持っています。ミッキーはそのパターで82回、プロツアートーナメントで勝ち、今もそれを使っているのです。

これらは、好きなパターを見つけたら良い時だけでなく悪い時も使い続けるべきだ、ということを証明していると思います。パットが入らないようになったら、それはあなたの忠実なパターのせいではなく、あなたの考え方やストロークのせいなのです。

キャシーは私に、どんなパットでも入るか外すかということは考えないようにしている、と言っていました。20年以上のツアー生活で、彼女はいつもパットの結果を意識から締め出していたのです。その代わりに、良いパッティングストロークをすることだけを考えていたのです。

リフレッシュすること

ゴルフコースで一番良い飲み物は水です。そして大量に飲むことです。

あなたのコースに水飲み場のあるホールが少ないなら、家から4リットルの水を持っていくべきです。夏の暑い日には、気がつかないうちに、急速に脱水状態になるものです。数ホールに1回は、水をたくさん飲むようにしてください。

砂糖を多く含んだソフトドリンクは避けたほうが良いと思います。砂糖の入った飲み物は、いっときエネルギーを与えてくれるかもしれませんが、効果はほんの短い間しか続かず、その後は、前より弱々しく感じるからです。

キャンディバーについても同じことが言えるでしょう。パット・ブラッドリーやナンシー・ロペスやパティ・シーハンのようなLPGAツアーの多くのプレーヤーは、りんごやバナナ、サンドウィッチやドライフルーツの袋を持ち歩いています。これらは、エネルギーと血糖値を上げてくれます。キャンディのように見える新しいスポーツバーは同様の効果があると宣伝されていますが、私は試したことはありません。

昔はハーフターンでクラブハウスに立ち寄り、ランチをとるのが一般的でした。これで生き返るプレーヤーもいた（眠くなるプレーヤーもいた）でしょう。胃袋を満たす休憩はスコアを助けたかもしれませんが、その効果は長くは続かなかったでしょう。

基本のショット

プレッシャーがかかる状況でもきちんと打てるショットを見つけて、それをやり続けること。そういう基本のショットが一つあればいい。特殊な打ち方が必要な場面は、ごくまれにしかないのです。

最初に正しく習う

長い間に身についた悪い習慣を直すより、新しいことを学ぶほうが簡単です。だからこそ、ゴルフでは最初に正しいやり方を学ぶことが大切なのです。もし万年スライサーが私のところへ来たら、スライスが出ない方法の代わりに、フックの打ち方を教えるでしょう。そもそも、ビギナーのうちに正しいレッスンを受けていれば、スライス癖がつくこともなかったはずです。慢性的なスライスでは、ゴルフの楽しさを満喫できません。

とは言っても、スライスはビギナーや月イチゴルファーにつきものです。スライスから抜け出せない苦痛から、どれだけの人がゴルフをやめてしまったでしょう。

ゴルフは一生の財産となるかもしれないスポーツです。それを諦めてしまう前に、まず両手のグリップの『V字』が右肩を指すように握ってください。そして、ダウンスウィングで左足かかとに体重をかけるのと同時に、右腕を右脇腹に引きつけましょう。これが、スライス撲滅の『魔法の動き』です。同じフックを打たせるなら、スライス癖のついてしまった人より、全くの初心者に教える方が簡単なのです。

最初に正しい基本を学べば、上達は早く、何よりゴルフがもっと楽しくなるでしょう。

左手首の問題

初、中級者に一番多い間違いは、おそらく左手首の使い方で、最も直しにくい問題でもあります。

フルスウィングでは、左の前腕というより左腕全部はずっとローテーションし続けなければなりません。

ところがハンディキャップの多い人は大概、インパクトで左手首を甲側に折るような動きをします。ボールが空中に飛び出すまでは、両手の位置はヘッドより先行するか、少なくともヘッドと同じスピードで動くのが正しいやり方です。

左手首の逆スナップを一発で止める簡単な方法を最初に見つけたコーチのところには、ここから香港まで続く長い生徒の行列ができ、そのコーチはとても裕福になれるでしょう。

女子のグリップ

私のところに来る女性はほとんど皆、始めにグリップを固く握るよう指導されます。特に左手は、見下ろした時に三つのナックルがはっきりわかるように握ってほしいのです。

腕を内側に絞るのではなく、グリップを手で覆いそのまましっかり握ってください。しつこいようですが腕を絞らないように注意して、その代わり、腕は楽にしておくことが大切です。

右手については、私はそれほど固執しません。私は右手のV字が右肩を指すのが好きですが、フックを矯正しようとしているなら、右手をウィークの位置に動かしてもよいでしょう。

私の知り合いは皆、私がグリップに非常にこだわることを知っています。グリップが悪ければ、良いスウィングなど望むべくもないからです。

ほとんどの女性は、手が小さいため、インターロッキンググリップが合っています。ただし強い女子プレーヤーは、大きく男っぽい手の人が多く、オーバーラッピンググリップを好む場合もあります。私は時々ですが、それが自然なスウィングを助ける場合は、インターロッキンググリップをやめてオーバーラッピンググリップに変えるよう、女性の生徒に勧めることがあります。

キャディとしてゴルフを始め、ゴルフクラブを握る女性の手を80年観察してきましたが、始めに戻れるものなら、女性への指導を変えたかもしれません。今なら、ほとんどの女性の生徒に、いわゆるテンフィンガーグリップをやらせるでしょう。8本の指と2本の親指のすべてで握れば、より大きなパワーとコントロールが得られるだろうと確信するからです。

シンディ・フィッグ・クリエやアリス・リッツマンといった私の生徒の何人かは、必要としていたもう何ヤードかをグリップをフルフィンガーに変えることによって得ることができました。私は、距離を伸ばすためフルフィンガーを試してみるようサンドラ・パーマーを説得しました。彼女はフルフィンガーグリップだと、パワーとソリッドなコンタクトが得られそうなことには同意しましたが、トーナメントで使うほどには信用しませんでした。

9時にベッドに横たわって過去のレッスンを思い出す時、もっと多くの女子生徒にフルフィンガーグリップを勧めていれば良かった、と思います。今、私はそれが女性にとって、ベストで、最も自然なグリップだと思うからです。

書き留めよ

良いアイディアほど、ゴルファーの意識から早く消え去ってしまうものはありません。全米アマとNCAA個人の勝者である、我らがテキサス大学のチャンピオン、ジャスティン・レナードは、プロに転向して数週間で多額の賞金を稼ぎました。その後、ジャスティンはスウィングに自信をなくし、立て続けに6つのトーナメントで予選落ちしたのです。

彼はロイヤルオークスで長年教わった教師、ランディ・スミスを訪ねてダラスの家に帰りました。彼らは、練習場で5時間を過ごしましたが、ランディはジャスティンのスウィングを改良しようとはせずに、彼がプロとしてツアーに出始めた頃のやり方を取り戻そうとしたそうです。

かつての成功を生んだ良い思考がよみがえってくると、ジャスティンはそれをカードに書き留めました。彼はランディと協議して、グリップに始まる7つの基本的な事項を決めました。

ジャスティンは、この7つの『良い考え』をカードに書き記し、必要な時にいつでも見られるように、ヤーデージブックに綴じこんだのです。

この例から、レッスンやコースを回っている時に習得した『良い考え』を忘れてしまうのは、ハンディキャップの多い人たちだけではないことがわかるでしょう。しかし、『良い考え』を学んだ時に書き留めている人がそんなにいるとは思えません。それらを書き留めていつも手の届くところにおいていたなら、ハンディキャップと自信をずいぶん改善できただろうに、と思います。

普遍的なアドバイス

私は、メアリー・レナ・フォークに、トッププレーヤーや教師として長いキャリアを経た後で、性別や体格や年齢や能力にかかわらず、すべてのゴルファーに対してのアドバイスを一つ、決められるかどうか尋ねたことがあります。

「もちろんできます」と彼女は答えました。

「私はすべてのゴルファーに、ゲームでは、一度に1ストロークしかできないことを告げます。目の前の球を打つこと、そしてすべてのショットにベストを尽くすこと。このショットを打ってしまうまでは次のショットは打てないのです。

あなたが誰であろうと、毎回パーフェクトに打つことはできません。今ある力で毎回その1球にベストを尽くすこと。それが私のすべてのゴルファーへのアドバイスです」

夫へのアドバイス

もしも訊かれたら、の話。

知覚

ベン・ホーガンがボールを一番素直に打っていた頃、彼はゴルフクラブが「少し小さく」感じる、と言っていました。彼は、クラブがとても軽くて気がつかないほどだ、とも言いました。それでもベンは、私が見た中で最も硬いシャフトの非常に重いドライバーを使っていたのです。私には、彼のドライバーでは練習スウィングすることさえ難しかったと思います。しかし、それはホーガンの絶頂期には、彼にとって羽根のようなものだったのです。

ティを刈る

ハンディキャップの高い人の多くは、インパクトの瞬間に後ろにのけぞっています。彼らのスウィングはインパクト圏で実際スローダウンし、背中をピンと硬直させて、クラブとボールの対決を回避するかのように伸び上がるので、体に障害を抱えているようにさえ見えるのです。

この悪癖を直すいちばん簡単な方法は、ティを刈る練習をすることです。自由なフルスウィングをしてボールの下のティを叩くことに集中すれば、伸び上がることは出来ないでしょう。

多くの生徒や友人から、「ティを刈るという練習場でしかできない方法から、実際のコースでティを使えないライから打つという現実に、どうやって移行すればよいのでしょうか」という手紙が寄せられます。

私のアドバイスは、アイアンでティを刈る練習をするときに、徐々にティの高さを下げていき、最後は地面と同じレベルにするということです。ティがそこにあると思うだけで、自信を持つことができます。いったん自信をつけたら、それをコースで発揮してください。ティはもう必要ありません。

しかし、もしまた問題が出てきたら、練習場に戻って、もう一度ティを刈り始めることです。大抵これだけで、あなたのスウィングは良くなるはずです。

運動

ゴルフを運動ではないと言う人たちは、キャディをやったことのない人たちです。

また、ワンラウンドするのに必要な体力を軽んじる人たちは、ゴルフをやったことがないか、逆にマラソンを走ることを運動だと捉えている人たちでしょう。

ゴルフのフルスウィングは、体のほとんどすべての筋肉を使います。頭の骨は首の骨に連結しており、首は背骨へと続き、結局足の先までつながっているのです。そしてほとんどすべての連結部は、ゴルフボールを打つという動作に必要とされるのです。遠くまで正確にボールを打てば発達するゴルフ筋肉というのは確かに存在します。しかし弱々しいスウィングでも、足や尻や肩や腕や手を使うのです。

18ホールを歩いて回ったら、8キロ以上の爽快な散歩ができたと自分を褒めてやるべきでしょう。自分でバッグを担いだり、手引きカートを引いて回ったりしたなら、カロリー消費表上の評価はもっと高くしていいでしょう。乗用カートを使うにしても、何キロかは自分の足で立ったり歩いたりするのだから、運動したと言えるでしょう。

上級者のドライバーでのフルスウィングは、科学者によればおよそ4馬力のエネルギーを使うそうです。

上級者のフルスウィングは、さりげなく、リラックスしているように見えるかもしれません。しかしインパクトの瞬間の上級者の顔をもっとよく観察してください。そこに見えるのは、リラックスとは程遠いものです。集中力が高まり、唇を固く結び、歯を食いしばっているはずです。力のポイントがこの瞬間に凝縮しているからなのです。

ジャック・バークが言ったように、ゴルフスウィングに求められているのは、熱情をコントロールしているという感覚なのです。これは他の運動と全く同じでしょう。

ワンラウンドして家に帰ってきたとき、友達に「なんで疲れているんだ。ゴルフをして来ただけだろう?」と言われたら、なんと説明して良いのか、そもそも説明を試みるべきかどうかわかりません。ブリキのような耳を持った人に、音楽がどんなものか説明するようなものだからです。

ベッツィ・ロールズは生徒として、そしてプレーヤーとして、肉体のコンディションはゴルファーにとってとても重要であるということをほかの人に先駆けて理解していました。ベッツィはよく眠り、食事にも注意を払って、ほとんどすべての試合で最後の6ホールをものにしたのです。

私の見解では、ゴルフはエクササイズとしても良い方法です。しかも筋肉だけではなく、知性も使います。上等なワンラウンドのゴルフは、肉体的、精神的、そして感情的な満足をもたらすに違いありません。

風切り音を聞く

ヘッドスピードの何たるかを理解するためには、ゴルフクラブを上下逆さまにして、クラブヘッドのすぐ近くを握り、強くスウィングをしてその風切り音を聞くことです。風切り音はスウィングスピードが一番早くなる部分で出ます。ボールの位置あたり、そしてスウィングの最下点あたりで、風切り音が聞こえるでしょう。

ダウンスウィングし始めたときに風切り音が聞こえるようなら、トップから打ちにいっているということです。風切り音が正しい位置で聞こえるようにスウィングを調整してください。

滑稽に聞こえるかもしれませんが、スウィングを短くすれば、長かった時に比べて、違う位置で風切り音が聞こえます。ボールがあるところでスピードが最高になるように集中してください。自分の状態を知るために風切り音に耳を傾けるのです。

ゴルフコースでの練習スウィングは常にクラブフェースが芝をなぞるようなノーマルなものでなければならないというルールはありません。クラブを上下逆さまにしてスピードと力の感触を得るために数回ヒュッと振ってみましょう。

上下逆さまの練習スウィングをする時も、クラブの端を地面に狙いを定めて、正しい風切り音を出すようにすることも忘れないでください。

アラインメント

ショットする時は毎回、ボールの数歩後ろに立って、自分が決めた目標に向かってボールが飛んでいくラインを心に思い描いてください。それと狙い所は、漠然とではなく、明確に決めることも大切です。ティからは、大体あのあたりというより、フェアウェイ上の特定の場所を狙うことです。アプローチでも、ただ単にグリーン全体を狙うのではなく、ボールが落ちて欲しい正確な場所を狙うようにしてください。

目標方向の後ろからボールに歩み寄り、フェースを当てることです。ブレードの底を正しい角度にしてアドレスしてください。ブレードをクローズにしてもオープンにしてもいけません。

左足をターゲットに向かって少し出し、右足を反対側に大きく引いてみてください。こうすることによって、ボールはスタンスの真ん中よりちょっと左にくるでしょう。

（訳注／右利きの場合）

ターゲットをもう一度見て、クラブや体を揺すらずに、頭に描いた絵がまだ鮮明なうちにボールを打ってしまいましょう。ほとんどの上級者は、このように調整し、さっと打つものです。

練習場でアラインメントをチェックしたいなら、クラブを太腿の上に渡してみることです。クラブが指しているのが狙っている方向なのです。このチェック方法は練習場と同様、コースでも有効ですが、プレー中にやるのは、素人くさく感じます。

生徒が私にどこを狙うべきか聞いた場合、私は、「強いショットを打てばわかるよ」と答えることにしています。

しかし我々はロボットではない

生徒は私に、毎回再現できるスウィングを学びたいと言います。ベン・ホーガンがコロニアルでプレーするのを見て彼らは言うでしょう。

「彼は毎回同じようにボールを打つ。まるでロボットだ。私もそうなりたい」

しかし、もしホーガンに、あの日のコロニアルでのスウィングのうちどれだけが全く同じものだったか訊いたとしたら、彼は、ひとつとして無い、と答えるのではないかと思います。また、ラウンド上の70ショットのうちいくつかが、素直に打てたショットとして満足のいくものだったか尋ねたとしたら、彼はたぶん、4つか5つと答えるでしょう。

反復できるスウィングを身につけることは、上級者になりたい、または上達したいと切望する生徒たちにとってのゴールなのです。それはそうでしょう。しかし我々は、スウィングを形作る思考の流れと動作は、いつもその前のスウィングの時のものと、どこか違うことを知っています。

一つには、同じショットは二度と打てないからです。同じホールを1000回もプレーしたことはあるかもしれません。しかし、ライ、芝、風、温度と湿度、エネルギー、視野、血糖値、ピンまでの距離、グリーン上の見えなかった修復されていないディボット跡が全く同じで、しかも全く同じ年齢でプレーすることなどありえない。これらがいろいろに組み合わさって、全く同じショットを打つことを阻んでいるのです。

このように、我々は、些細な気のつかないような形で常に変化するスウィングを、以前には打ったことのないようなショットに対する要求に合わせていくしかないのです。

そして、ショットに、良きにつけ悪しきにつけ何か本当の異変があったときにはこう言うのです。

「それがゴルフというものだ」

なぜなら他にどう説明できるでしょう。ロボットはゲームの一部分を担うことはできる。しかしゴルフというパッケージを完成させるには、人間の心が必要なのです。

家

ゴルフコースはなんと美しい場所でしょう。みすぼらしい田舎の牧場から、ペブルビーチや、世界のセント・アンドリュースまで、ゴルフコースは、私にとって聖地です。私は、木に草に花に兎に、鳥にリスに、空に水に、神を感じます。私は自分の家にいるように感じるのです。

ヘイグの賛辞

試合やエキジビションで全米や欧州を巡業していた時、ウォルター・ヘーゲンは、廻った先の誇り高きメンバーたちから、自分たちのゴルフコースをどう思うか尋ねられたものだそうです。

ヘーゲンは、どんな会社でも容易に優れたセールスマンになれたでしょう。彼は、ゴルフのプロを尊敬される職業にしました。ゴルフコースについての見解を求められると、彼はこう答えたそうです。「私見ですが、ここは間違いなく、私がかつてプレーしたこのタイプのゴルフコースで最高のコースの一つです」

ボールの位置をチェックする

ボールの位置は見失いやすいものです。ある日は、正しい位置でボールを確実に打つことができますが、その翌日には、ボールの位置が変わっているのに気づかず、スライスしたり引っかけたりするのです。

ボールがスタンスのどこにあるのか、そしてアドレスの時ボールからどのくらい離れて立っているのか見極める能力は、良いゲームをするのに非常に重要なのです。

優秀なツアープレーヤーで、後にブルック・ホローでトッププロになった、古い友人で生徒でもあるシェリー・メイフィールドは、ボールの位置のチェックの仕方について優れたアイディアを持っていました。かつて絶好調だった頃、ある考えがシェリーの頭に浮かんだのです。彼は大きなボール紙を取り出し、その上に彼の足とボールの位置を描きました。

それからは、何かとうまくいかなくなり始めると、シェリーはボール紙を取り出し、その上に足をのせて、ボールの位置に問題がないか確認するようにしました。

これはとても良いアイディアなので、誰もが試せば良いと思います。

ベーブを覚えている

私はベーブ・ディドリックソンと、彼女がウイルソンと契約し、プロに転向直後のエキジビションで、一緒にプレーしたことがあります。ライダーカップの選手、アル・エスピノーサが私たちと一緒だったと記憶しています。ベーブは、女性版アーノルド・パーマーで、大胆かつ自信に満ちていました。彼女は驚異的な飛距離を持っており、ギャラリーは彼女を愛しました。

その初めのエキジビションで、ベーブは7番アイアンをトップさせ、ボールはグリーンを超えて滑っていきました。すると彼女は私を振り返り、大きな声でこう言ったものです。

「ハービー、今日のグリーンはグリップが悪いと思わない？」

ベーブはトーナメントの他のプレーヤーに、彼らが彼女に喜んで降参することになるだろう、と言うことができました。なぜなら、彼女は本当のことを言っていただけでなく、多くのファンを魅了していたからです。

彼女はゴルフだけでなく、すべてのスポーツにおいても偉大なアスリートで、自然で力強いゴルフスウィングを持っていました。彼女との共同レッスンで、私は全く正直にいって、ただ称賛の念で彼女を見つめていました。彼女はすべてのショットをどう打てばよいか、生まれつき知っているようだったのです。

1932年のオリンピックの走り高跳びで金メダルを取った次の日、ベーブは、ポール・ギャリコ、グラントランド・ライス、ウェストブルック・ペグラー、ブラベン・ダイヤーといった有名なスポーツライターとのゴルフに招待されました。彼らは彼女にもっとゴルフ試合に真剣に取り組むよう諭しました。彼女はある日には千個も練習ボールを打ち、一方で速記者として生計を立て、一方でハウス・オブ・デービッドのチームのエキジビションで野球のボールを打っていたのです。1934年に彼女は観衆を沸かせる天才として、ゴルフシーンで爆発的人気を獲得しました。１９５４年には、全米女子オープンで三度目の勝利を収めましたが、その後手術したガンは、２年後に彼女の命を奪ったのです。享年45歳でした。

ベーブは、レスラーのジョージ・ザハリアスと結婚し、幸せな結婚生活を送っていました。彼女の葬儀から間もなくしてジョージと会った時には、お互いの腕の中で泣き崩れたのでした。

自分のゲームを知ること

そのショットを打てるかどうか、自分よりよく知っている者はいないのです。パートナーのクラブの選択に惑わされてはなりません。６番アイアンが良さそうに思えるときにフォーサムの他の人が８番アイアンで打っていても、自分の初めの選択を押し通してください。ボールがグリーンに乗ってホールに近づくことが重要であり、自尊心は重要ではないのです。

いったん距離とクラブを決めたら、自分の決断を信じて、ベストスウィングをすることです。疑念は頭から追い出すこと。

ベッツィ・ロールズは、ゲームのこの側面において、私が知る限り最も優秀な女性プレーヤーです。さらに重要なのは、たとえ彼女が自分を疑っていたとしても、周りはそれに気づかないということでしょう。

「こんにちは」

ある日、私は生徒のジーン・カークシーに「ターン」について説明していました。彼女はいまだにそのやり方を笑うのですが、私が驚くのは、彼女がそれを覚えているということです。私はこう言ったそうです。

「ジーン、私に向き合って立ってみて。誰かがあなたのそばに寄ってきたように右を向いて、右手を差し出してその人と握手をしながら『こんにちは』と言ってごらん」

彼女は笑い出しましたが、その通りにしたそうです。「こんにちは」

「次に、誰かが左の方から近づいてきた。グルッと回って右手を差し出し、その人と握手をして『こんにちは』と言ってみましょう」

ジーンは、私の言った通りにしました。「こんにちは」彼女はそう言い、左側の想像上の人物と握手をしたのだそうです。

ジーンによれば、この『こんにちは、右側、と、こんにちは、左側』が、彼女の頭の中でゴルフのターンを永遠に明確に形作ったのだそうです。

あなたも試してみたくなったのではありませんか?

妊娠中のプレー

有名なシンガーソングライターのウィリーを夫にもつアニー・ネルソンは、この2年で2人の息子を産みました。が、2回とも、彼女は病院に担ぎ込まれる直前までゴルフをしていたのです。お腹が大きくなるにつれ、アニーのスウィングはスムーズになり、ターンは大きくなりました。

私はこのことを当時妊娠6カ月だったシンディ・フィッグ・クリエにも伝えました。

「私も同じよ。重心がより安定しているように思えるの。何かが私をターンさせている感じ」

妊娠中のプレーで私が想像しうる唯一の危険性は、疲れすぎてしまうことです。そうでなければ、〝小さな乗客〟とコースを回って、楽しむことです。未来の世界チャンピオンのトレーニングをしている可能性を誰が否定できるでしょう。

パティのプロ初の試合

ジミー・ディマレと私は、パティ・バーグと、名前は忘れたもう1人の女性と、4人でプレーしていました。それは、パティの初めてのエキジビションマッチでした。

それは、風のうなる辛く寒い日で、数人のエスキモー（訳注／厚着をした観客）がゴルフを観に現れました。ジミーと私はやめたかったのですが、小さなパティは何も言いませんでした。が、唯一彼女の父親だけが約束通りプレーすべきだと主張したのです。

何と悲惨なフロントナインだったことでしょう。私の手は青くなり、スカーフが風で顔を鞭打っているような状況だったのです。ジミーもつまらなそうでしたが、パティはキャディと父親に付き添われて、勇敢に前に進んでいました。

前半のハーフが終わったところで、とうとうエスキモーさえも帰ってしまいました。

しかしパティの父親は、試合を止めないことにとても執着し、ジミーと私は彼女とともに重い足取りで10番ティに向かったのです。10番はダウンヒルのパー4で、追い風でした。ジミーは確実な打球でグリーンの近くに持っていきました。私は彼に数ヤード後れをとり、パティは私の遥かに後ろでした。彼女はティでチョロをやってしまったのです。パティが父親に叱咤激励されてアイアンショットのアドレスに入るのを見ながら、私は歯をガタガタいわせ、鼻水を垂らしていました。

パティはアイアンを打ちました。ところが、そのボールはグリーンの前で一度バウンドし、ホールに吸い込まれて、イーグルになったのです。私はボールを拾い上げて言いました。

「誰もこれ以上にうまくはやれない。パティ、君は偉大なプレーヤーで、素晴らしいキャリアを築くだろう」

ジミーは大声で心から賛同し、我々はお互い握手して、ジミーと私は、かじかむ足でクラブハウスに歩いて帰り始めたのです。

1分後、パティと父親が後をついてきました。彼は娘の初めてのエキジビションが途中で終わってしまったことに、がっかりしていました。しかし私は、我慢強いパティがこれから何年もの間、素晴らしいゴルフを彼に見せるだろうことを知っていたのです。

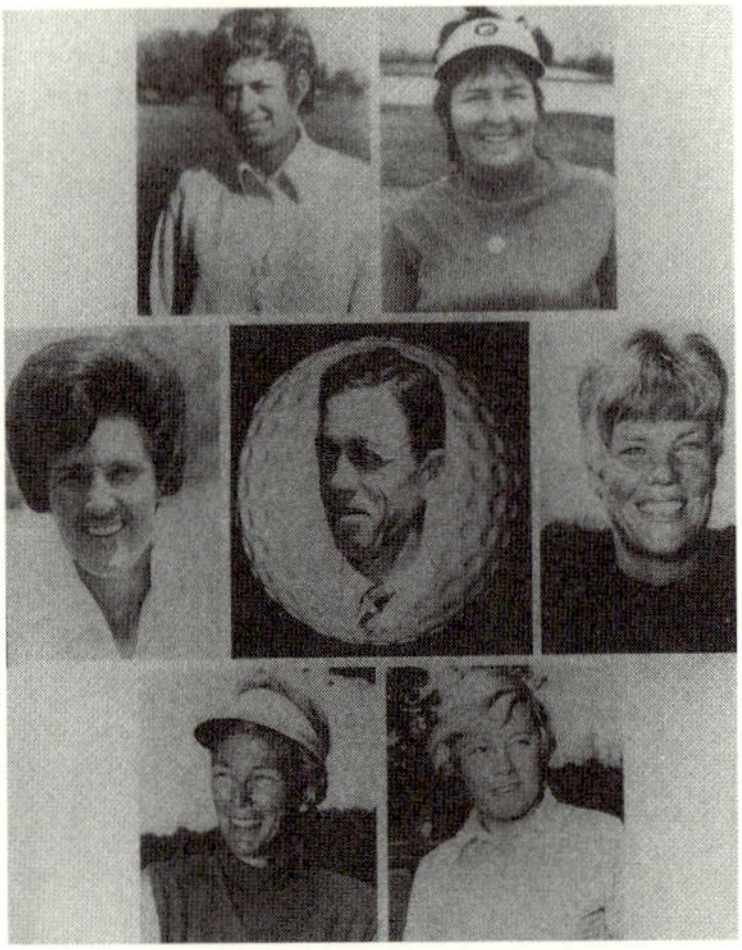

ハービーの教え子たち。(上左から時計回りに)
ベッツィ・ロールズ、ペギー・ウィルソン、
ベッツィ・カレン、ジュディ・キンボール、ミッキー・ライト、
キャシー・ウィットワース

第四章　生涯のゲーム

序文

1996年
テキサス州オースティンにて
バド・シュレイク

1995年の春、ハービー・ペニックはこの本の執筆中に肺炎で倒れた。

彼はベン・クレンショーが神がかり的に二度目のマスターズ勝者になる、ちょうど1週間前の日曜日の午後、トム・カイトに看取られて息を引き取るのだが、この勝利は指導者の魂がクレンショーを導いたかのようであった。

2週間前の奇しくも同じ日曜日の午後、ハービーは70年以上にわたる教師生活の最後のレッスンをベンにつけようとしていた。90歳の彼は死の床から擦《かす》れ声で指示を出した。アドバイスを求めて訪れる人たちのレッスン用にと、部屋の隅に置かれていたヒッコリーシャフトのサラゼンパターを手に取ると、クレンショーはカーペットの上で幾つかのボールを転がした。

古いパターにベンが両手を置く。するとハービーは両人ともが覚えている、クレンショーの若き日のタッチについて語り始めた。クレンショーをゴルフ史上最高レベルのパターの使い手に押し上げた、あの滑らかなタッチだ。

「自分を信頼せよ。自分を強く信じるのだ」老いた教師は言った。クレンショーが老師の体調を気遣って、妻のジュリーと2人の娘を連れて帰る際、老師の額に顔を近づけ、そっと唇をつけて囁いた。

「ハービー、愛しています」

「私も愛しているよ、ベン。いつまでも君のことを見守っているからね」

クレンショーはこみ上げるものを抑えきれず目を潤ませた。

「ありがとうございます」

クレンショーは辛うじて答えると、ベッドを離れドアへ向かった。二人とも、これが永遠の別れだろうと覚悟を決めたのか、クレンショーの表情は電気ショックを受けたかのようだった。

翌週のペニックは、少しの間だが、鼻の酸素吸入管を外して呼吸ができたし、背中の痛みも和らいでいた。そして、もうすぐ練習場に戻れるとまで言い放った。ペニックはカントリーミュージック界の大御所ウィリー・ネルソンとのレッスンを心待ちにしていた。『私のゴルフを救ってくれてありがとう』と、ネルソンがペニックの帽子のつばに書いてくれたからだ。

見舞いに訪れた人々に、ペニックは自慢げにウィリーの帽子を見せながら、インディアナ大学から贈られたバスケットボールを指差す。そこにも『偉大なる指導者へ。ボブ・ナイトより』と書かれている。

「ウィリーの役に立ちたい。手遅れにならないうちにね」と、ハービーは冗談も言えた。「ウィリーのゴルフが手遅れになるのではなくて、私の人生が、という意味だがね」

体調が比較的落ち着いていたこの頃は、執筆中の新しい本についてよく話してくれた。もはや普通に字を書くことはできなかったが、1枚、2枚とページを重ね、ほぼ最後のページまで原稿を書き上げている。体調がいい時も悪い時も、ペニックは私が訪れるたびに、「メモや手紙類は安全な場所に保管されているだろうね」と念を押すのだった。

彼は以前、私に靴箱3つ分の資料を渡すついでに、「ガレージにしまってある大箱の中を探して、ブリーフケースに入ったホルダーも調べてみたら?」と勧めてくれた。

そこから、貴重な資料がたくさん見つかった。その一つが、1985年のスーザン・ワトキンスの公式スコアカードである。現在、テキサス大学の女子ゴルフ部監督をしているワトキンスが、オースティンCCのアシスタントプロ時代、同クラブに新しくできたピート・ダイコースのチャンピオンティからプレーして、女子レコードとなる73をマークした時のものだ。このスコアカードは行方が分からぬまま、10年間もペニックのブリーフケースに収まっていたのである。

ペニックは最後の本はシーズンド(ベテラン)・プレーヤーのためのものだ、と言っていた。彼が言うシーズンド・プレーヤーとは、ゴルフに費やした年数には関わらず、熱心にゴルフに取り組んだプレーヤーのことである。15歳でも、95歳でも、熟練することは可能だ、とペニックは説く。どれだけ真剣にゴルフに取り組んだかで決まるのだ。

ペニックは最後の本を、シーズンド・プレーヤーにとって楽しく、そのうえためになるものにしようと考えていた。そこで、彼の信念を明かし、あらゆるスポーツの中で最も神秘的で、最も知的で、たまに欲求不満に陥るが、しかし究極の満足を得られる、しかもたった1人でもプレーできるゴルフというスポーツとの恋愛関係を末永く続けて欲しいと勧めている。

ペニックが肺炎に侵される数カ月前のある朝、私がオースティンCCの練習場で、今は亡きナッシュビルのスポーツライター、ワクソー・グリーンの言葉をそのまま引用すると、ペニックは笑いだした。「いいかい、どのアイアンで打っても同じ距離しか出ないようになったら、歳を取ってきた証拠さ」とワクソーは言ったのだ。「まさにそのとおりだね」と彼は頷き、にやりと笑った。

その直後、「ワクソーのパズル」と題したメモを書いているのを目にした。それからの数日間、ペニックはノートと紙片に書きなぐり始めた。あるページには友人や教え子たちとの思い出が詰まり、別のページには彼のゴルフプレーに対する見解、そしてゴルフから学べる多くのことについて綴られ、たとえゴルフが失意をもたらしたとしても、ゴルフから得られる喜びと恩恵を決して忘れてはいけないと教えている。クラブメンバーはもちろん、プロのプレーヤーを含めた教え子たちとの思い出話はすべて含蓄があり、そのほとんどが読者を微笑ませる。

『テイク・デッド・エイム』は彼の指導理論の根本だが、まだ十分に理解できない人がいると感じたペニックは、『私の小さな赤い本』とは違った切り口で追加説明している。ペニックの靴箱には、ハンディキャップが0を下回るプレーヤーから30を超えるプレーヤーまで、年齢差が80もある世界中のシーズンド・ゴルファーからの手紙や、それに関するペニックのメモがいっぱい詰まっている。ペニックは、それらの手紙を拡大鏡に頼って読んでいた。

ゴルフの神秘の世界に到達した人のために、ペニックは本書を著した。自分の言葉が、彼らのゴルフ理解の一助になってくれればと願いながら……。

3月3日の金曜日、ペニックは最後の言葉を書き記すことになった。彼の名前を冠したオースティン北部のゴルフスミス・ティーチングアカデミーに集まったアマチュア（ほとんどがハイハンディキャッパー）を前に、講義したあとのことだった。

講義中は若い看護師がすぐ後ろに待機し、会場からの質問を伝えた。ペニックの耳はほとんど聞こえず、補聴器は何の役にも立たなかったが、看護師の声だけはなんとか聞き取ることができ、彼は唇の動きを読むのも得意だった。講義が大好きな彼は「人々が私の話や冗談に大笑いしているのを見ると、ボブ・ホープやジミー・ディマレになったような気がする」と言っていたものだ。

その日の夜に肺の鬱血が悪化し、救急医療サービスが出動して、彼は妻ヘレンが長年ボランティアとして働くセント・デビッド病院に運ばれた。救急車の担架に身を横たえたペニックは若い救急隊員に目をとめた。初めて見る顔だったが、この若者が熟練プレーヤーであることが即座にわかった。

「君はゴルフをやっているね？」と、ペニックはかすれた声を出した。「イエッサー！」と救急隊員。若いシーズンド・ゴルファーはこんな時に不謹慎だと思い躊躇したが、こんな機会はめったにないと思い直し、「あの、ペニックさん、私のグリップを見ていただけますか」と声をかけてみた。

ペニックは喜んで求めに応じた。教えることが彼の喜びなのだ。そして、「良いグリップだ。結果を恐れずそのグリップでプレーを楽しんでね」と伝えた。

若者に顔を近づけるようにペニックが仕草で示した。もはや声を出す力も失われてきたのだ。

「お金を稼いだら、私への分け前を忘れずにプロショップまで届けておくれ」

と笑顔で耳元に囁いた。以前から彼は生徒たちに向けてこうした冗談を飛ばしてきた。

生徒たちもむろん、承知の上だったのだ。

7日間を病院で過ごした後、彼は最期を迎えるために自宅へ戻ってきた。付き添い看護師と共に、ヘレンの住むフォーン・クリーク・パスの我が家に帰り着くと、ペニックは車椅子に乗り、裏のベランダにしばらく出ていた。陽光を浴びながら、花々や小鳥やリスを眺めていたのだ。下を流れるクリークからは、その底岩を舐めるようにして進む水の流れが聞こえてくるようだった。

山と積まれた自著の何冊かにサインし、郵便物に少し目を通したが、疲れを感じたペニックはベッドに戻して欲しいと頼んだ。そして二度と、そのベッドを離れることはできなかった。

その後の3週間は見舞い客が引きも切らずやってきた。ペニックの具合は良くなかったが、努めて笑顔で迎えていた。だが体力はみるみる落ち、弱る一方だった。一時は60キロ以上あった体重はもはや40キロにも満たない。ある朝ベッドルームに入ってゆくと、ペニックはノートに何やら書き込んでいる最中だった。私を見るなり首を横に振りながら言った。

「もう無理だよ」

ペニックはノートを見せたが、そこは円弧や様々な曲線で埋まっていた。

「言いたことはわかっているんだが、もはや書くことが出来ないんだ」

クレンショーが妻のジュリーと子供たちを連れてやって来た日曜日のこと。

私はペニックが今日中に息を引き取るだろう、と思っていた。彼は私に話しかけようとしていたが、いつにもまして呼吸は乱れ、唇は言葉を拒んでいたからだった。だからクレンショーを玄関で出迎えたとき「急いだほうが良いと思う」と言ってしまった。

数分後、私は耳を疑った。なんと、ペニックが肩肘を突っ張って体の向きを変え、大きな声ではっきり「パターを持ってきて」と言ったのだ。クレンショーに最後のレッスンを始めたのだ。

それから1週間、ペニックは死の淵から何度もよみがえった。疲れ果てて、激痛に苦しんでいたが、4月2日の日曜日には何が何でもオースティンCCに出かけるつもりだった。それは、ペニックとトム・カイトのブロンズ像の除幕式が行われる日だった。彫刻家のドン・デービスに制作許可を求められた時、「像を立てるに値することは、何ひとつしていない」と、ペニックは答えた。

その後、デービスはカイトの承諾も得に行った。当時のカイトは、全米オープンチャンピオンで、歴代賞金ランキングのトップ。その彼もこう答えた。

「ペニック氏の横に像を立ててもらうに値することは、何ひとつしていない」

土曜日の夜、家からクラブまでのほんの数ブロックの距離さえも歩けないことを、ペニックは悟っていた。彼は強靭な精神力だけで、かろうじて命をつなぎ止めていた。なのに、ベッドの周りに集まった友人たちに「除幕式はお祝いだから、悲しい顔はして欲しくない」と声を振り絞ったのだ。

日曜日の午後、クラブハウス横の芝地に集まった聴衆の前で合唱が披露された。覆いが外され、二体の像が姿を現す。師であるペニックが、教え子であるカイトのスウィングをチェックしている様子だ。互いの視線は樫の木々の向こう、1番ティと川の方に注がれていた。

「もし誰かに、ゴルフで一番の転換点はいつだったでしょうと問われたら、IRS（国税庁）が父をダラスからオースティンに転勤させた時と答えるかもしれません。なぜなら、そのおかげで13歳の時にペニック氏とベン・クレンショーに出会えたのですから。

こんなに素晴らしい先生と、これほど強力なライバルに巡り会えるとは、夢にも思いませんでした」と、震える声でカイトは聴衆に答えた。

除幕式が終わるとすぐに、私はペニックの弁護士リチャード・パパスと共にベッドルームへと急ぎ、彼に式の様子を伝えた。ペニックは可能な限り体を起こすと、両手で私の手を握って言った。「私はもう行く。心残りはない」

少ししてカイトも駆けつけた。クラブに集まった人々に挨拶をしていて遅くなったのだ。ペニックもそれを望んでいたに違いない。カイトはベッドの傍らに座ると、恩師の手を取り除幕式のことを話した。「ニューオリンズで戦っているデービス・ラブⅢ世の成績はどうだい？」とペニックは尋ねた。デービス・ラブⅢ世の父、亡きデービス・ラブ・ジュニアは優れたゴルフ指導者だった。テキサス大学ゴルフ部時代にはペニックが一番目をかけたプレーヤーで、アマチュアとしてマスターズにも出場した。今度はその息子が、次週に行われるマスターズへの招待状をかけてニューオリンズで戦っているのだ。

カイトがリビングルームに足を踏み入れると、家族や友人たちが大型テレビのカラー画面に見入っていた。彼はペニックの部屋に戻り状況を説明した。「ニューオリンズのデービス・ラブⅢ世は、現在プレーオフの最中です」ペニックは口元を緩め、か細い両腕を顔のところまで上げると、祈るように三度手を打った。

5時を少し回った頃、ペニックの娘婿ビリー・パウエルが、ベッドルームに嬉しい知らせを運んできた。デービス・ラブⅢ世がニューオリンズ大会に勝ち、マスターズの出場権を得たというのだ。その知らせを聞きながら、ペニックの霊魂は、永遠の旅に出ていった。

「ペニック氏はデービスが優勝したことが分かったと思う。絶対そうだよ」

と、カイトがすぐさま言った。

カイトは川の上にせり出したペニック家のベランダに出ると、携帯電話でアトランタのクレンショーを夕食中のテーブルから呼び出した。それは、クレンショーが恐れていた電話だった。共に親子のような関係でペニックと結ばれていた2人のチャンピオンは、以後の手はずを整えた。

月曜日の朝カイトはオーガスタに行き、クレンショーと月曜日、火曜日の練習ラウンドをこなした。そして水曜日の朝、チャーター機でオースティンに戻り、葬儀に参列し、柩《ひつぎ》を担いだのである。

このところクレンショーの調子は良くなく、トーナメントの予選通過すら果たせないほどだった。マスターズの2週間前、ペニック邸でパッティングの練習をしていたのは、そんな事情からだった。

オーガスタ・ナショナルで練習ボールを打ち続けながら、クレンショーはもうすぐペニックの柩を担がなくてはならないという現実を受け入れようとしていた。すると、いつもオーガスタでクレンショーのキャディを務めるカール・ジャクソンが「スタンスを取るときにボールを少し後ろに置き、肩をもっとコンパクトに回転させたらどうだい？」と進言した。

ジャクソンのアドバイス通りにやってみた。するとほんの数回スウィングしただけで、かつてのように安定したボールが打てるではないか。自信と共に、若い頃のような優美で芸術的なスウィングが戻ってきたのだ。

後日行われたクレンショーのマスターズ2勝目を祝うサプライズ・パーティーの席で、二度ともゴルフバッグを担いでいるジャクソンに「ベンにあのアドバイスをした経緯を教えてくれないか？」と尋ねると、長身で思慮深いジャクソンは「それがよく分からないのです。ベンを近くでじっと見ていてふと閃いて、どうしても彼に伝えなければと思ったのです」と答えている。

葬儀の朝は、雨が激しく降っていた。オーガスタを離陸した自家用飛行機は嵐をついて進んだ。機上にはクレンショー夫妻、カイト夫妻、それにABCテレビのゴルフ番組プロデューサー、テリー・ジャストローがいた。ジャストローは、かつてペニック指導のもと、テキサス州のジュニアチャンピオンに輝いたことがある。ペニックを慕う人々が葬儀場を埋め、中に入れない人たちは傘を片手に建物の外で手を合わせた。

墓地に到着すると、カイトとクレンショーは涙と雨で頬を濡らしながら、共に手を携え、保護テントに覆われた墓に師の亡骸を安置し、柩に花を捧げて頭を垂れた。

オーガスタの一行が帰りの飛行機に乗り込む頃には，太陽が顔を覗かせていた。次の日の朝、クレンショーは2回目のマスターズ制覇に向けての戦闘を開始した。それを目の当たりにした数百万の人々は、心を熱くした。父親と息子の絆、師と教え子との結びつき、愛と試練とインスピレーションと啓示、これらすべてを教えてくれる物語が展開されたのだ。

日曜日のオーガスタの最後の9ホール、南部の松と木蓮の香りをかき消すほどの強い感情が、コースを包んでいる。トーナメント直前にクレンショーは「ハービーのためにマスターズに勝つつもりだ」と宣言していた。テレビや新聞はクレンショーと、その心の支えだったペニックとの絆を、大きく報じていた。

こんなことが本当にあるとはと、誰もが驚きを隠せない事件が起こった。クレンショーのミスショットが木に当たって跳ね返り、フェアウェイに戻ってきたのである。テレビ解説者は「あのボールは、ハービー・ペニックが蹴り返したに違いない」とコメントした。

先をゆくデービス・ラブⅢ世に首位タイとされたクレンショーは70ホール目の16番で、6番アイアンでこれ以上は打てないような最高のショットを放ち、息が詰まるようなパットを沈めてバーディを奪った。

次の17番では、ボールは高速グリーンに大きな弧を描きながらカップに吸い込まれ、再びバーディとしてデービス・ラブに2打差をつけた。ここまでの8ホールでクレンショーが要したパットはわずか9つ。驚いたことにクレンショーは4日間を通じて、速くてトリッキーなことで知られるオーガスタ・ナショナルのグリーンで、ただの一度もスリーパットしなかったのである。

72番目のホールでボールがカップに沈み1打差での優勝が決まると、クレンショーは両手で顔を覆いながらグリーン上にうずくまってしまった。そしてほどなくゴルフバッグをずっと担ぎ、絶妙のタイミングで貴重な助言をしてくれたカール・ジャクソンと抱き合い、泣いた。全米中の人々がマスターズを伝えるテレビ画面に釘付けになり、そこに繰り広げられた感動のドラマに涙した。人々の思いは同じだった。

「私たちは信じていた。ハービーが天国から応援したのだ」

クレンショーは記者たちに語った。

「彼が傍に付き添ってくれているのを強く感じました。言い換えると、私はバッグの中にハービーという15本目のクラブを持っていたのです」

マスターズが終わると、クレンショーはティンズリー・ペニックに手紙を書いた。

「お父上が教えてくれたことは、当面の問題に対する答えだけではなく、一生を通じて変わることのない真理だったと知り、とても嬉しく思います」

クレンショーのマスターズ2勝目の興奮と驚きで、ほとんど話題にならなかったことが一つある。1984年にも、クレンショーはオーガスタに立つ前にペニックに助言を求めていた。それを初のマスターズタイトルにつなげ、多くの人々の心を捉えて感動を与えたのだった。

トム・カイトが1992年のペブルビーチで全米オープンを勝ち取る2カ月前、ペニックの『私の小さな赤い本』は出版された。その本に寄稿した序文でクレンショーは書いている。

「ペニックは色々な意味でオールド・トム・モリスを連想させます。オールド・トムはセント・アンドリュース・リンクスの名誉プロ、そしてコース管理者として、ゴルフゲームの変貌を見ながら、あらゆるレベルのプレーヤーがよりゴルフを楽しめる環境作りに、その実り多き人生を捧げたのです。オールド・トムは賢く、公平で、非常に明快でした。彼を幸せにするのは簡単だったでしょう。友人たちに囲まれ、ゴルフをプレーできて、ゴルフの話ができれば十分だったのです。彼はよく『神とゴルフのお陰様』と言っていたそうです」

ペニックが同じことを言ったとしても、全く不思議ではない。ただし、ペニックの場合はテキサス訛りだが。この本はゴルフと人生についての、彼の最後の言葉だ。

ハービーと
バド・シュレイク
(1993年)

夢みる男が見た現実

1人の男が川沿いのピート・ダイコースの駐車場にやってきました。彼はカリフォルニアナンバーのメルセデス・ベンツを樫の木陰に停めると、ゴルフショップに入るなりヘッドプロをしている息子のティンズリーに会いたいと申し出ました。

この訪問者は見映え良く、顔は健康的に輝き、筋肉質の体つきで、上等な服を着こなし、靴は綺麗に磨かれていました。

ティンズリーは、ゆっくりアイスティーでも飲みながら話を聞こうとグリルルームに招き入れ、この男性が話し始めるのを待ちました。

「若い頃はちょっとしたプレーヤーでした」と、彼は切り出します。

「ジュニア選手権、州の高校選手権などで優勝しましたし、大学時代は全米選手権で活躍したチームの一員でした。大学4年生の時に結婚しツアープロも考えましたが、結局義父の会社に入社しました。入社1年目から、同じデビュー1年目のツアールーキーたちがどうやっても手にできないような額を、クライアントと気楽にゴルフしながら稼いでいたのです。

ゴルフの腕は落ちていません。ハンディキャップは4前後を維持しており、直近の1年ではオールドコースで68、ペブルビーチで70、パインバレーも70。それとリビエラで68を出した日は最高でした。今では会社の社長で、使い切れないような資産を持ち、素敵な妻と家庭に恵まれ、思う存分ゴルフができる状況にあるのです」

もちろん、ティンズリーは彼の成功を称えました。

「でも、満足できないのです。プロツアーで戦う夢が捨てきれないでいるのです」

ティンズリーはアイスティーを飲み干して、次の言葉を待ちました。

「夢物語ではなくシニアツアーの話なのです。私は現在43歳。会社を売却してまとまったお金を手に入れたので、今なら何でもやりたいことがやれる状況です。そこで家族でここに移り住み、ティンズリーさんのゴルフコースの近くに家を買う計画です。

これからの7年間、雨の日も風の日も毎朝このクラブに通います。毎日あなたのレッスンを受けますし、週1回かそこらは、お父さまにも進捗具合を確認して欲しいと思っています。毎日500球の練習は欠かしませんし、毎日この難コースを回ります。

やがて50歳になり、プロに転向してシニアツアーに参戦するのです。いかがですか、あなたとお父さまにはいくらでもお支払いするつもりですが、ご協力いただけないでしょうか？」

ティンズリーの答えはすでに決まっていました。

「まず我々のクラブに所属する、あるメンバーの話をさせてください。

彼は奇しくもあなたと同じ43歳で、お金にも余裕があり、素晴らしい奥様とご家族をお持ちです。毎日ゴルフの練習をし、毎日のようにラウンドしていらっしゃいます。その方も7年後にシニアツアーに参戦することを目標に準備を進めている最中で、この難コースでのハンディキャップは現在4。あなたの好敵手でしょう。シニアツアーで戦うためには、手始めに、彼を負かすぐらい上手にはならなければなりませんね。正直に申し上げると、私はお金の問題ではなくて、7年もの時間を費やしてあなたのシニアツアー挑戦に参画するつもりはありません。

あそこの窓際でクラブサンドを頬張っている男性が、今お話ししたメンバーですよ」

ティンズリーが指差した先にはトム・カイトがいました。

上級者で在り続ける

若きトム・カイトとベン・クレンショーが毎日にようにリバーサイド・ドライブ沿いのこのコースを回っていた時分から、オースティンCCは上級者の数が全米で一番多かったと思います。

ある朝練習場に向かっている時、メンバーとゲストの会話が聞こえてきました。ゲストいわく、

「どうも理解できない。何故あれほどの上級者たちがこぞってクラブプロのレッスンを受けるのだろう。時間とお金の無駄じゃないか。もし私が彼らぐらい上手だったら、レッスンや練習を素っ飛ばして直接ティに向かうがね」

果たしてこのゲストは、著名なバイオリン奏者に対しても同じことを言うでしょうか。

「あなたは上手なのだから、先生に習ったり練習したりする必要などありませんよ。本

番のコンサート会場だけで演奏すればいいのです」と。

確かに何カ月も、中には1年以上もゴルフから遠ざかっていたのに、いきなり70で回ってくる人もいます。でも何カ月もゴルフを止めておいて、復帰直後から以前と変わらず、競技レベルを維持できるプレーヤーには出会ったことがありません。

ボビー・ジョーンズなら冬の間の数カ月、クラブセットを倉庫の棚にしまっておいてもメジャー大会で勝てるかもしれません。でもそれは、春先に彼の師匠であるスチュアート・メイデンとの集中レッスンをこなしているからこそ可能なのです。

ここのメンバーでスクラッチプレーヤーだった1人が、カンザスシティに引っ越しました。が、2年後に私のレッスンを受けにやってきました。

そこでレッスンを始める前に、どこが気になるのか聞いてみました。

「腕が落ちてきているようです。今ではハンディキャップ3ですが、もう一度スクラッチに戻して、それを維持したいのです」

彼のアイアンショットを10分ほど診た後、ドライバーを渡しましたが、豪快に打ち出された球は飛距離十分で真ん中に飛んでいきます。

「どうですか、どこが悪いのでしょう？」

「どのくらいの頻度でゴルフをしていますか？」

「週に一度がやっとです」

「それが答えですよ。あなたは回数を必要としているのです。無謀にも週イチのプレーだけでスクラッチを維持したいというのは虫が良すぎます。

今日診た限りでは、ショットは以前と遜色ありません。が、スクラッチプレーヤーなら当然期待するはずの微妙なタッチは、週イチゴルファーには維持できないのです」

「どうしたらよいのでしょう？」

「わかりました」

私は答えるとプロショップに戻って、彼をほかの上級者と一緒にラウンドさせる手はずを整えました。

「これが今のあなたが必要としている処方箋です」

と、私は言いました。

「この薬を飲んでいる間だけは楽しいですよ」

突っ込みルシファー

夜中に雷鳴が轟きました。

稲妻が走って、リバーサイド・ドライブに隣接する我がゴルフコースの名物である樫の巨木の枝が折れました。コースには両手を広げても幹の半周にも届かないような、巨大な樫の樹が数多くあるのです。

この田舎道をリバーサイド・ドライブと呼ぶ理由は、このクラブがある街の南東部を流れるコロラド川に沿って道が走っているからです。

リバーサイド・ドライブはかつて農道で、ゴルフ場はかつて酪農場でした。ゴルフコースには水と良質の土壌が不可欠ですが、ここはなだらかな牧草地だったおかげで土の状態がとても良く、そこへ嵐が水を運んできてくれます。この夜100ミリから120ミリの豪雨が12番ティ傍にある我が家の屋根を猛烈に叩きました。

神がお与えになるものですが、私たちには雨が必要です。私は長い人生の間に一度も降雨に対する不満を述べたことはありません。テキサスは洪水になろうとも常に雨が必要だからです。生粋のテキサスっ子だけではなく、ここで暮らした人ならば誰しも、雨が降らず長く辛い日照りを経験しています。つまりたとえ豪雨であっても干ばつよりはマシだと学んでいるのです。

辺りが白み始めた頃、キッチンの窓から12番・パー3のグリーン方向を眺めると雨が上がったようです。コース内を蛇行するクリークから濁流が溢れて、キャディたちは窪地に池のように溜まった水の中を泳ぐように移動しているに違いありません。この状況ではプレーできるのは早くても昼すぎになるでしょう。

クラブでの仕事はたくさんありましたが、この雨が自由時間をくれたと思い、ちょっと抜け出して1袋分のボールを打つことにしました。

午後にはレッスンが二つ入っていましたが、ゴルフクリニックや野球場で行うエキジビションで披露する予定のトリックショットの練習をしておきたかったのです。生徒たち、わけても若い女性が観たがるので、腕を錆びつかせるわけにはいきません。

私は普段からメンバーに失礼がないようにと、綺麗に磨き上げた靴と折り目正しいスラックスを履いているのですが、泥まみれになってもよい着古した物に履き替えました。9時にはプロショップの仕事も目処《めど》がついたので、ボールバッグを持ってこっそり10番ホールのフェアウェイに向かいました。人前で芸を見せるつもりはなく、ただ練習したかったのです。

濡れた芝の上にひと山のボールを放り出すと、そこから145ヤード地点までフェアウェイを歩き、目印としてボールバッグを置きました。

7番アイアンを5分ばかり打ったころでしょうか、ペカン（訳注／クルミ科の高木）の幹に寄りかかって、枝から滴り落ちる水滴越しに私を観察している男性に気がつきました。10番フェアウェイの横を走るグローブ通りには、泥まみれのキャデラックが停まっていました。すでに聴覚が失われつつある私は車の音に気づかなかったのです。

「この辺にハービー・ペニック氏が来ているとクラブハウスで聞いたのですが」

ペカンの枝の下から彼は声をかけてきました。

「私です」

練習に集中したかったのですが私は答えました。地元オースティンでは見かけない顔ですし、俳優のW・C・フィールズにちょっと似ていて興味を引かれたのです。こちらに向かって歩きながら「ハービー・ペニック氏はお洒落だそうですが」と彼。よれよれの服を着ている私を見て、本人かどうか確信が持てないのでしょう。

私は持っていた7番アイアンを、フェースが後ろ向きになるよう反転させてアドレスしました。その状態から球を打つのは不可能に見えます。でも私は軽いドローで、目印のボールバッグの傍に着弾して見せました。

「たいした技ですね。フロリダで『太っちょ』が同じ技を使っていました。目にも留まらぬ速さでグリップを回して握り直すのでしょう。素晴らしい！」

私はもう一度この男性を見返しました。以前ビル・メルホーンから、大金を賭けてプレーする『太っちょ』と呼ばれる男がフロリダにいると聞いたことを思い出しました。

「お名前は？」と尋ねると、「所属クラブでは『突っ込みルシファー』と渾名《あだな》されています」との答え。私は微笑みましたが、彼はこの渾名が気に入らないようです。

男性の鼻は件《くだん》の映画俳優ほど特徴的ではありませんが、機嫌を損ねた少年のように顔を赤くし、頬が膨らんでいます。彼は白い絹のシャツを黄色いカシミアのセーターの下に着ており、スラックスも上質なウール製。さらに私が今朝、自宅のクローゼットに置いてきたのとそっくりの茶色のワニ革の靴を履いていました。歳の頃は当時の私と同じ50歳ぐらいでしょうか。

「あなたのレッスンを受けたくて、ニューオリンズから車を飛ばして来たのです」

今日の午後遅い時間なら要望に沿えると伝えましたが、彼は首を振りました。

「今すぐに、とはいかないでしょうか。明日の朝にはクラブで試合がありますから、今日の午後には帰路についていなければなりません。お願いです先生、車のトランクからクラブを出してもかまいませんか？　明日は私の誕生日で、どうしても勝ちたいのです」

「お力になれるかどうか、保証できませんよ」

と言いましたが、私の言葉を最後まで聞かずに『突っ込みルシファー』はぬかるんだフェアウェイを横切り、泥まみれのキャデラックの方へ歩き出していました。

彼が車のトランクを開け、子供3人と犬1匹が楽に入るような巨大な革のキャディバッグと格闘しているのを見て、「7番アイアンだけ持ってきてください」と、私は叫びました。

が、すでに彼はフルセットの重みで体を捩《よじ》りながら、フェアウェイをヨタヨタ戻ってくるところだったのです。ワニ革の靴は1歩ごとに泥濘《ぬかるみ》にめり込み、スラックスとセーターにもあちこち泥がはねていました。

やっと私の傍にバッグを下ろした時、その重みで地面が7センチも沈んだに違いありません。

「明日は誕生日ですって？」

と、彼が話しやすいように水を向けました。悪魔にそそのかされたにしろ、ニューオリンズからオースティンまで車を飛ばして、面識もない私を訪ねて来たのです。話のきっかけを与えて、彼の事情も詳らかにしておきたかったのです。

「そうなんです。明日の晩はクラブで盛大なパーティーが予定されているので、私の婚約者がそのパーティーと重ならないようにと、明日の午後、私のためにバースデートーナメントを企画していてくれたのです」

「素敵な女性ですね。」

「明日は3ボールで1000ドルの巴戦《ともえ》、べつに500ドルかかっているんです」と彼が言うので「教わる相手を間違えてはいませんか?」と聞きました。すると「あなたのことは調べました。あなたこそが最適だとダッチ・ハリソンも言っていました」との答え。仕方ないので、

「あなたのスウィングを診るのはかまわないのですが、見立て違いも起こりえます。もし治療が上手くいかなくて明日の試合に負けても、私のせいにしないでくださいね。本当は別のプロに診てもらった方が良いと思いますよ」

と、正直に言いました。すると突然、「ここに来たのは賭け金が惜しいからではありません!」と彼は悲鳴に近い声を上げたのです。そのあまりの切実さは、彼の言葉を信じるに充分でした。

「これ以上、笑い者にされたくないのです。特に明日は婚約者の前で、しかも誕生日に笑い者になりたくないのです」

「どの部分がそんなに可笑しいのですか?」

「ゴルフスウィングそのものなんです」

悲壮感と懇願がこもった声が返ってきました。私は彼に7番アイアンを持たせ、泥の

塊をボールだと思ってアドレスするように指示しました。

彼のアドレスは左手のグリップがとても浅く、ほとんど下から添えているような状態でしたが、右手は逆に、大きくて重いハンマーでも握り締めているような感じでした。それを除けば彼のアドレスに問題はなく、私好みの自然な立ち方です。

「練習スウィングをしてみましょうか」

すると彼は、野球のバッティングのようにゴルフクラブを肩の後ろに担ぎ上げます。たとえ練習スウィングでも、地面の特定の場所に目標を定めるべきだと言うつもりでしたが、好奇心から本物のボールをさっと泥塊の上に置いてみました。

「打ってみてください」

その後に起きた彼の暴力的な動きに、私は思わず自分のクラブを落としてしまいました。

その様子を形容するなら、立ち向かってくる猪に対して袈裟懸《けさが》けに斧を振り下ろして仕留めるような仕草とでも言えるでしょうか。彼の肩は腕を伴って泥塊めがけて激しく突っ込み、同時に上体はボールを遥かに通り越して飛球方向につんのめったのです。

そのようなスウィングでしたが、泥塊は見事に砕け散り、彼の7番アイアンショットは高さ2メートルにも届かない超低弾道でわずかにスライスしながら、目印に置いたボールバッグの10ヤード手前で止まったのです。長い間ゴルフを教えてきて、インパクトで伸び上がったり突っ込んだりする生徒は幾人も見てきましたが、『突っ込みルシファー』は明らかに別格でした。

彼のスウィングでもっとも驚くべき点は、特殊なスウィングながら、ボールを真っ直ぐに打ち抜くために必要な絶妙のタイミングを、彼自身が会得していることでしょう。失礼ですが顔は丸々として典型的な中年男性の体型です。はたして『突っ込みルシファー』は才能溢れるアスリートなのでしょうか？　それとも今回だけの幸運な偶然の産物なのでしょうか？

「もう一度やってみてください」

彼が強振した際に飛び散る泥のシャワーを浴びないように、私は数歩後退《あとずさ》りました。フィニッシュでの彼の頭ときたら、冗談ではなくて、ほとんど腰の位置まで下がり、左つま先の60センチも前方にあるのです。それでもボールは、最初のボールから10メートルと離れていない場所に落ちました。

「7番アイアンを、いつもこの調子で打てるのですか？」

「そう、だいたい。そんなに遠くへは飛ばせませんが真っ直ぐ飛びます。ただ、途中に池や沼や溝があって、長いキャリーが必要なコースは万事休す。好きなゴルフ場はグリーンに転がし上げることができるコースです」

この稿を書くために久しぶりにルシファーのことを考えながら、ふと思いました。レイク・オースティンと呼ばれる川沿いのピート・ダイコースだと、彼は2ホールを終了することもできないでしょう。地を這うようなショットでは、このコースにある深い谷とウォーターハザードを越すことは決してできないからです。

1980年代以降に開場したゴルフコースのほとんどが、旧来の地上戦には不利な造りになっていて、プレーヤーは空中戦よろしく、ボールを高く打ち出すことが求められるのです。でもルシファーが高いボールを打てるようにするには、一生をかけてスウィングをオーバーホールする必要があるでしょう。

セント・アンドリュースのオールドコースであれば、ハンディキャップに近いスコアを残すことができるでしょうし、このクラブのハンコック・パークやリバーサイドのコースでならば、無事に1ラウンドを終了することも可能です。しかし、現在の我がオースティンCCでは、スコアカードには×印が2つ記録され、トボトボとクラブハウスに引き上げる彼の姿が目撃されるに違いありません。

「助けてもらえますか」

「どこを直したいのですか?」

「ボールの後ろに頭が残るようにして欲しい。そうすれば、少しはましな格好になる」

その希望は、たとえ可能だとしても、叶えるには数カ月が必要です。

「どのくらいの頻度でゴルフをなさっているんです?」

「水曜日の午後は必ず、それに日曜日もだいたいやっています」

男性は医者か歯医者ではないでしょうか。そこで、ちょうど医者や歯医者が患者に接する時のように、私は教える立場の人間として患者(生徒)の利益を最優先しようと考えました。ところが今回は、直しようがなくなるまで病気が進行してから、あるいは虫歯が抜けたあとで、専門家に診てもらうのと同じことなのです。

「練習はなさっていますか？」

「ティグラウンドに向かう前に数回ボールを打って、体をほぐしています」

「ハンディキャップは？」

「16です」

ハンディキャップが低いのに私が驚いたと誤解したのか、男性はむっとしました。

「前は12だったんですよ。もっともずっと若い頃の話ですがね」

「今のスウィングになって、どれくらい経ちました？」

「25年くらいかな。ゴルフを始めたのはクラブのメンバーになってからですから」

ワニ革の靴がすっぽり泥にはまっていることに気づくと、彼は足を引き抜き、多少地面がしっかりとしている所に移動しました。何か特別な指導をしてくれると期待しているのが手に取るようにわかります。でも私は内心あきらめていました。前のめりになるゴルファーに処方する通常の方法では解決できないでしょう。普通はグリップから始めるのですが、彼の場合は症状の悪化を招いてしまう懸念があります。

腕時計に目をやる『突っ込みルシファー』に、私はたずねました。

「いくつか質問があります。明日あなたが対戦する人たちですが、勝てそうな相手ですか」

「ええ。ティショットは連中の方が距離は出ますが、ハンディキャップがあるから勝ち目はあります」

「パッティングはどうです?」

「かなりいい線いってると思うんです。18番グリーンでこれを沈めれば優勝という2メートル弱のパットが残っても、大概それを沈めることができますから」

テキサス大学のゴルフ部監督時代、教え子たちに、グリップとスウィングの両方に問題のあるプレーヤーはむしろ要注意だと言い聞かせてきました。というのも、そうしたプレーヤーは、何度も同じミスを繰り返した結果、対処法を身につけている可能性が高いからです。

そこで私は、この対処法を『突っ込みルシファー』にも応用することにしました。たった1回のレッスンでグリップやスウィングをいじると、彼がこれまで信じてきたものを壊してしまいかねません。そうなれば、明日の試合で誕生日プレゼントをもらうどころか、賭け金をまるまる持っていかれる羽目になってしまうからです。

「先生、今すぐここで教えてください。ニューオリンズへ引き返すのに12時間もかかるんですから」

彼自身が誇れる何かを贈ってあげたいと思いました。が、彼が自慢できるのは、絶妙のタイミングでスウィングし続けられることだけなのです。

状況を分析しながら、ハッと気がつきました。『突っ込みルシファー』が私に求めているのは、スコアを向上させるための指導ではなく、スウィングを見映え良くしてほしい、それだけのこと。要するに見栄なのです。

このスウィングをやり始めてから25年が過ぎ、おそらくその間ずっと笑われてきたのでしょう。だが、彼は勝利者です。相手にからかわれながらも、賭け金を自分のものにしてきたからです。

ところがここに婚約者が加わりました。明日は自分の誕生日。婚約者の前で笑い者になりたくないのです。

「あなたはとても運のいい方です」

と私が言うと、彼は怪訝な目をしました。

「へえ、どういうこと？」

「あなたは新車のキャデラックに乗り、カシミアのセーターを身につけ、お嫁さんになりたいという女性もおられる。それに見たところ健康にも恵まれ、この先もずっと大丈夫そうじゃないですか」

「先生、おべんちゃらは結構、問題は私のスウィングをどう変えてくれるんですか」

「何も変えません」

「匙《さじ》を投げたのですか？　処置なしってこと？」

そうではないと強調するために、私は帽子を脱ぐと、頭を掻きむしって見せました。

「実のところ、あなたがゴルフの天才だからスウィングをいじらないのです。あなたのスウィングは決して滑稽ではありません。あなたの特殊な才能に合致したスウィングなのです。あなたは週に1回か2回しかゴルフをしないとおっしゃったし、練習もあまりなさらない。それでいてハンディ16をキープし、賭け金をものにしている。天才でなければできませんよ」

その言葉に彼は気を良くしたようでした。もっともだ、と思ったのでしょう。私は続けました。

「当然、あなたが普通のトッププレーヤーと同じように練習にもっと時間を割き、週に3回、4回とラウンドすれば、70台後半で回れるようになります。パットが上手なのですから、スコアは確実に良くなりますよ」

『突っ込みルシファー』の顔から笑みがこぼれました。

「明日もしも笑われたら、婚約者に片目をつむって見せてください。賢い女性ですから、その意味を理解するはずです。笑っている人たちは、あなたのことを笑っているように見えて、実はあなたに勝てない自分たちを笑っているのです。婚約者とあなたは、連中からせしめたお金を勘定しながら、最後に笑えばいいのです」

「先生、仰っていることが理解できましたよ。つまり、負け犬連中がいくら笑おうが、関係ないってことですね。勝つのは私ですから」

「あと一つだけ提案させてください。明日と、それ以降のためのアドバイスです。グリーンにピッチショットを打つときはサンドウェッジを使い、ボールをトップさせないようにグリップを長めに握って、ブレードが返らないように左手の小指と薬指をきつく締めてください。これで、明日のゲームで3打は縮められるはずです」

この種のアドバイスは決してマイナスにならないし、覚えておけば今後も役に立つはずです。それなりに技術的なアドバイスですから、あとで考えたときに何かを習ったという気持ちにもなれます。

「うん、最高だ。ありがとう」

ほがらかな顔で言うと、彼は右手の泥を落として差し出しました。私もその手を握り返しました。

「いくら払えばよろしいですか」

「明日の儲けの2割を救世軍に送ってくれれば結構です。幸せな結婚生活が末永く続くことを祈っていますよ。ダッチ・ハリソンさんによろしく伝えてください」

私は足元のボールの山に向き直りました。背後からは、カチャカチャという音と息遣いが聞こえてきます。『突っ込みルシファー』が重いゴルフバッグを担ぎ、ワニ革の上等の靴をフェアウェイの泥でピチャピチャいわせながら、キャデラックの方へと必死に歩いているのです。

キャデラックは少しバックしてから、タイヤで泥水を跳ね飛ばしながらグローブ通りでUターンしました。そして上機嫌な彼がニューオリンズを目指して帰っていくのが見えました。

7番アイアンで打ったフェードが、重い音を残してボール袋を直撃しました。私はつい口元がゆるみ、タオルで手を拭きました。生きていることの、そして人に教えることの素晴らしさを感じさせてくれた朝でした。ショップに戻る時間が来るまで、あと50球は打てるでしょう。温かでゆったりした今の気分は、口で説明するのは難しいのですが、お金では買えないものなのです。

有刺鉄線

もし少しオーバースウィングだとか、アイアンショットのインパクトの瞬間に手が縮んだ挙句トップさせてしまうとか、あるいはダウンスウィングでクラブヘッドが鋭角に下りすぎるとか、そんな傾向があるならイメージトレーニングをお勧めします。

ボールのはるか後方から目標まで、有刺鉄線が敷設されていると想像してみてください。有刺鉄線は地上10センチの高さを走り、ボールの真上を通って目標まで一直線に延びています。

ボールを打つ際に有刺鉄線を叩いたり、また有刺鉄線に引っ掛けてクラブを傷つけたりしてはいけません。こうした事態を避けるには、インサイドからスクェアに、そしてまたインサイドへという感じでスウィングし、インパクトの瞬間に体が起き上がらないようにする必要があります。

このイメージトレーニングは試合中ではなく、練習場で試してください。ラウンド中に突然スウィングが変になってしまった場合は別ですが、このイメージトレーニングを重ねることにより、だんだんと有刺鉄線を意識しないでもできるようになってきます。

もしラウンド中にスウィングの問題が生じた場合は、その場をちょっと離れて、ティーペグを突き刺して有刺鉄線を思い浮かべながら数回、スウィングを復習すればよいのです。

テキサス大学卒の優秀なアマチュア、カービー・アトウェルから聞いた話ですが、彼は今でもヒューストンのリバー・オークスで練習する時に、有刺鉄線のイメージを使っているそうです。同クラブで10回チャンピオンに輝いたアトウェルにも、時を越えて有益な方法だったのです。

有刺鉄線を思い浮かべると逆に緊張するという生徒もいます。その場合は、ボールの後方から目標地点まで地上に線が引かれていると考えればよいでしょう。この場合の効果は限定的ですが、テークバックとダウンスウィングでは、必ず線の内側にクラブを保つようにしてください。

クランチの評価

当時チェリーヒルズでレッスンプロをしていた私に、カリフォルニア出身のタウンゼンドという生徒がある夏の経験を話してくれました。

アマチュアのマッチプレー選手権に出場するため、スコットランドのノースベリックに行った彼は、クランチという呼び名で通っている地元のキャディを雇ったそうです。トーナメントを翌日に控え、彼はクランチを伴って練習ラウンドに出かけました。初めてノースベリックを訪れたタウンゼンドは、ゴルフ発祥以来多くの偉人たちが歩いた同じ地を、いま自分が踏みしめているという感激に圧倒されたそうです。そう言えば、かつてベン・クレンショーも、ノースベリックは世界でも指折りの素晴らしいコースだ、と話していました。

タウンゼンドは続けます。そうした偉人たちへの敬愛の念がプレーにも表れ、自分のゴルフを今までとは違う領域まで引き上げてくれたそうです。クランチは重い足取りながらも、クラブの選択やボールの落とし所について的確にアドバイスをし、芝目も正確に読んでくれました。そのおかげもあって、タウンゼンドは生涯最高のラウンドを経験することができたのです。

ノースベリック特有の激しい海風が吹き、突然の雨が数回コースを濡らしましたが、彼はこの悪条件をものともせず、果敢に攻め続けました。そして18番ホールでバーディを決め、2オーバーでラウンドを終えたのです。

タウンゼンドはクランチに気前よくチップを渡し、翌朝からのトーナメントに出場するため、ノースベリックのゴルフショップで待ち合わせる約束をしました。

「ところでリアム・フラハティーとかいうゴルファーを知っているかい」

と、タウンゼンドはキャディに探りを入れてみました。

「あい」クランチが東ロージアン（訳注／スコットランド南部のこの地方）訛りで答えます。

「あいつは大したことねえよ。ドライバーがだめなんだ。アイアンも。パターもだめ。要するに、全部だめってことだ」

それを聞くと、タウンゼンドは急に目を輝かせました。

「明日のファーストラウンドの相手が、そのフラハティーという奴なんだ」

「ほう……。でもあいつが勝つだろうよ」

ロック・ソリッド・パッティング

毎回、ツアープロが短いパットを外す場面をテレビで見ると、頭が動いているように見えます。

アベレージゴルファーが短いパットをミスするのは、頭が動くことも理由の一つですが、グリーンの速さを読み違えたり、曲がり具合の判断が拙かったり、ボールの中心を捉え損なったりするからです。

ですが、その道のプロとなると、距離や芝目を正確に読むことはもちろん、ボールを真芯で捉えることもできて当然です。だからこそそのプロなのです。

短いパットで頭や視線が動くのは、不安な気持ちがあるか、不注意な証拠です。この頭が動くという小さなミスは、やがてトーナメントの勝敗を左右するほどの重大な結果を招くのです。

フィニッシュ

スチュワート・メイデンが、ボビー・ジョーンズに言った有名な言葉があります。

「ボールはバックスウィングで打つのではない」

私も教え子たちに、そう言い続けてきました。この60年間、スウィングを間違えて覚えてしまったハイハンディキャップの生徒を多数見てきました。

いかにしてクラブでボールを的確に捉えるかが重要なのに、彼らはそれらを学ぼうとしません。バックスウィングが上手にできれば、芸術点がもらえると信じているかのようで、バックスウィングの後のことなど全く考えないのです。

正しいバックスウィングを身につけたとしても、本当はそれからが大変なのです。でも彼らは、もはや仕事は完了したとばかりに、その後は無駄な動きのオンパレード。おそらくクラブの軌道は乱れ、ボールの端を力なく叩いて、胸の高さあたりでフィニッシュし、体のバランスも大きく崩れているに違いありません。

生徒たちはバックスウィングがうまくできたと有頂天になり、ボールを強打するという肝心の動作を、考えなしに行ってしまうのです。正しいフィニッシュは、良いバックスウィングと対を成すもう一方の部分です。バックスウィングをバランスの取れたフォロースルーにつなげることができれば、ヒッティングエリアでボールを的確に捉えることに、ほぼ成功したと考えてよいでしょう。

こんな問題を抱える人に、1時間で効き目が出るような万能薬は存在しません。

こうした状況に直面した場合、教える側に最も勧められる方法は、高さが十分ありバランスもよく、正しい形のフィニッシュを生徒に身につけさせることから始めることでしょう。つまり、手順を逆にするのです。ところが、この方法は時間がかかるので、欠点を矯正するにはたった1回のレッスンではとても足りません。そこで、一生懸命練習して再びレッスンに訪れるような生徒には不必要でしょうが、何か別の有益な方法を教えてあげるとしたら、「ティペグを刈るように打ってみなさい」と言うことにしています。

一方、熱心に研究し練習する生徒には、完璧なフィニッシュの姿勢を覚えさせます。両ひじは体の正面前方に位置し、左足に全体重を乗せて体を目標に向け、頭を上げて視線は良いショットの弾道を追いかけるように前方に向けるのです。生徒が正しいフィニッシュの感じを摑んだら、こう言うのです。

「ちょうどその位置でフィニッシュが収まるようにスウィングしてみなさい。バックスウィングのことを今は忘れましょう。バックスウィングが大きいとか、小さいとか、目標に対してスクェアになっているとか、いないとか、そんなことを気にする必要はありません。

とにかく、ゆっくりテークバックし、バランスの取れたフィニッシュに収まるような、フォロースルーを会得してください。フィニッシュが良いのは、それまでの動作がすべて正しくできている証拠です」

何年か前の教育セミナーで、イギリス人のプロがスウィングの教授法を実演して見せてくれました。

まず生徒にアドレスさせてから、ボールをクラブヘッドで押して転がします。次にそのままフォロースルーから完全なフィニッシュの位置へとつなげさせるのです。彼によれば、フォロースルーの軌道と方向を正しく身につけさえすれば、生徒はバックスウィングを自然に覚えられるというのです。

付け加えて申し上げると、指導者は生徒のスウィングが模造品ではなく、正しいフィニッシュに収まるまで責任を持って教えなければなりません。生徒の体がたまに後ろに倒れぎみになるのは問題ありませんが、多少でも前のめりになるなら感心できません。

テレビを観ていて、特にシニアツアー選手のフォロースルーが極端に早いと感じる人もいるでしょう。でも、忘れないで欲しいのは、彼らは百戦錬磨なのです。ヒッティングエリアで、クラブをどのように動かせばよいか経験的にわかっているのです。また、バックスウィングがフルというよりもスリークォーター気味なのも彼らの特徴でしょう。多くの場合、バックスウィングとフォロースルーの振り幅は同じです。

とはいえシニアツアーは、今でも時の試練を経た伝統的なスウィングのメッカで、数十年にわたって勝利を重ねてきた往年の飛ばし屋たちのホームグラウンドです。

年配のプレーヤーが、「以前ほどテークバックが上がらなくなった」と私によく訴えるのですが、この認識は問題の本質を正確には捉えていないと思います。本当の問題は、以前ほどフォロースルーが取れなくなっていることに起因しているのです。

ゴルフクラブでも、杖、ホウキ、長い物なら何でもよいから手に持って、ベッドルームの鏡の前に立ってみてください。それから一流プレーヤーのフィニッシュに倣《なら》って、自分なりのフィニッシュの形を作ってみるのです。その状態で静止し、左足に体重が乗っているか、ベルトのバックルが目標を向いているか確認しましょう。これでベン・ホーガンにも見劣りしないフィニッシュのできあがり。あとは飛距離十分の力強いショットが、フェアウェイの遥か彼方へ飛んでいく様子を頭に描き、心身に記憶させます。そしてこの記憶を持ったままゴルフコースに出かけるのです。

チェリーヒルズでの楽しい一日

ある夏の日のこと、私はチェリーヒルズで教えていて、ダウンスウィングでトップから打ちにいって袈裟懸けになる生徒に手を焼いていました。知恵を振り絞って、クラブフェースがインサイドからボールに向かって、スクェアに当たり、そして再びインサイドに戻るよう教えようとしていたのですが、上手くいかないのです。彼女の頭の中の何かが、どうしてもアウトサイドからインサイドへ振り抜かせるのでした。

私たちはしばらく休憩を取って世間話をしました。デンバーの空は晴れ上がり、気持ちのいい天気でした。こんな日には20ものレッスンをこなすこともありましたが、私自身は生徒とのおしゃべりが好きでした。生徒によって5分で十分な生徒もいれば、10時間かけて（もちろん、すべて一日でやるわけではありません）指導したのに、それでも解決の糸口さえ見つからない場合もあるのです。

その彼女とチェリーヒルズのクラブハウスへ水を飲みに向かいながら、私は尋ねました。

「何か気にかかっていることがあるようですね？」

顔をそむけた彼女の表情が一瞬曇りました。

「どうしてそんなことを聞くんですの？」

「個人的なことに立ち入るつもりはありませんが、私のアドバイスを聞き入れる余裕がないほど悩んでいるように思えたのです。もし、他のことで今は頭がいっぱいなら、今日はこれで終わりにして、日を改めることにしましょう」

「いいえ、本当に大丈夫です。先生に言われたことを実践しようとしているだけです。スウィングのときボールの後ろに頭を残し、両肩は水平に保って……」

水をひと口飲もうと彼女が言葉を切った瞬間、私は聞きました。

「スウィングの時に両肩を水平に保つなんて、私がいつ言いましたか？」

「ちがいました？　いずれにしろ、誰もがそう言っていますよね」

練習場に戻ると、もう一度7番アイアンで打ってくださいと私は言いました。彼女はまたもやトップから打ちにいくスウィングをしましたが、何が問題なのか今度は明らかでした。

「ところで、スウィングでは両肩を水平に保つということがどういうことか、わかりますか？」

「どういうことって、つまり……水平ですよ」

「地平線に平行という意味ですか？」

「ええ、そうです。地平線に平行です。両肩を水平にしてスウィングするのが基本だと教わりました」

　私は別のボールでアドレスするように言うと、背後に回り、彼女の両肩に手を置きました。

「私の言うことをよく聞いて、それをじっくり考えてください」

　そのまま、スローモーションでのスウィングを指示し、ダウンスウィングで右肩を地平線と平行に回転させようとした時、私は彼女の両肩をがっちり抑えました。

「ストップ！」

　それから彼女の腕をスウィングのトップの位置まで戻しました。

「両肩を平行《レベル》にしてスウィングするという意味を、誤解していらっしゃるようです。正しくは、両肩を体勢と同じ高さ《レベル》に、つまり背骨との関係を保つことなのです。決して地平線と平行ではないのです。さあ、もう一度やってみてください」

　私の手を両肩に感じながら、彼女は背中をまっすぐに伸ばした状態で腰から上の部分を捻り、スローモーションでスウィングを始めました。フォロースルーに入った瞬間、彼女は最高の贈り物をもらったかのように満面の笑みを浮かべたのです。

「やっとわかったわ。背骨との関係を保つのね。地の果てと平行じゃないのよ」

私はもう一度正面に回りました。彼女が7番アイアンでスウィングすると、クラブヘッドはインサイドからボールをしなやかに叩き、再びインサイドに戻ってきました。

それを見た時、私は嬉しさのあまり身震いしたほどです。

それから練習場の別の場所へと向かうと、そこにはもう次の生徒が体をほぐしながら私を待っているのです。このようにしてチェリーヒルズで過ごす長い夏の日が、私はたまらなく好きでした。

鬼才イザーの目的

昔からの友人でクラブ捌《さば》きの達人、ジョー・イザーとよくラウンドしたものです。彼はトリックショットの分野では、ジョー・カークウッド、ポール・ハーンと並んで、三大名人の1人に数えられていました。ジョー・イザーはウェイコー生まれのテキサスっ子で、世界中を旅して回るのが好きでした。彼は途方もないゴルフ技術を持っており、その名は世界中に知れ渡っていたのです。

イザー、カークウッド、ハーンに対して、ファンはお決まりのようにこう尋ねました。

「すべてのトーナメントで優勝してもおかしくないのに、何故できないのだ？」

これに対して3人はまったく同じ答えをしています。

「トーナメントで打つショットはトリックショットじゃないからだ。ボールを真っ直ぐ打つことが一番難しいのさ」

イザーは1銭も持たずに、ヨーロッパや南米によく出かけていきました。クラブを自由に操る熟達した彼の技が、チケット代を捻出してくれることを知っていたからです。大洋航路の船に密かに乗り込み、泳いで引き返すのが不可能な所まで船が来ると、周りの人たちに自己紹介して、甲板でトリックプレーを披露します。目的地の港に到着する頃には、新しい友人がたくさんできて、懐も温かくなっているのです。新しい友人たちは、ゴルフボールを打つのと同じくらい見事な技を、カードテーブルでも見せつけられるのでした。

ジョー・イザーはタイタニック・トンプソンに引けを取らないとジョージ・ローがよく言っていました。私はこの二人と別々に対戦したことがありますが、どちらに賭けるかと聞かれても、答えに窮してしまいます。

世界大恐慌さなかの夏、ジョーはゴルフショーとトーナメント出場のためにヨーロッパ行きの船に乗りました。その年のイタリアオープンでの彼のプレーは、ゴルフ界の語り草になったのです。

ジョーはこの大会に競技者として出場しましたが、当時の試合形式は1日36ホールを2日間行うというものでした。ジョーは最終2ラウンドが行われる前夜に、トリックショットを披露する仕事を依頼されていて、例のごとくたくさんの観客が集まっていました。

いつもの技で観客を驚嘆させたあと、ジョーはパッティンググリーンへ向かいます。カップから6メートルほど上にボールを3個落とすと、観客に向かって、この3個のうちのどれかをカップインさせると宣言し、3つ目のボールを沈めました。今度はカップから6メートルほど下った所まで歩いて行き、再びボールを3個落として、今度は3つ目を沈めると宣言し、見事沈めたのです。

その見物客の中にヘンリー・コットンがいました。コットンはその日、2回ともコースレコードの67で回り首位に立っていました。コットンに聞こえる場所で、誰かがジョーに向かって聞きました。

「こんな凄いショットが打てるのに、なんでコースレコードが作れないんだい？」

ジョーはトーナメントディレクターを務めるクラブの会長に尋ねたのです。「66を出したらいくらくれるんだい？」。すると会長は、「100ドル出そう」と答えました。

ジョーは金額の交渉を始めます。そして最後に「64で500ドルもらえるなら、やりましょう」と宣言し、さらに、会長のポケットからシガレットケースを引き抜いて、ケースの内側にホールごとの打数を記入したのです。その通りに回って64を記録するというのです。

翌日、ジョーにはトーナメント最大のギャラリーが付き従いました。9番ホールまで来たものの、ハーフを32で回るには、このホールを3打で切り抜けなければなりません。2打目を打ち終わった時点でボールはピンまで50ヤードの位置にあったのです。ジョーはギャラリーに向かって、「これが入らなければ困ったことになる！」と叫びました。そして、見事これを沈めたのです。

ジョーはバックナインも32で回り、トータル64のコースレコードを樹立しました。会長はポケットのシガレットケースを取り出して、ホールごとの打数を確認しましたが、ジョーはケースに書き付けた通りにラウンドしていたのです。

「この事件は私が見聞きした中で、最も驚くべき出来事の一つだ」

と、ヘンリー・コットンは言いましたが、私も同じ思いです。ジョーがマークした64は、イタリアオープンのほぼすべての出場者を抜き去るに十分なスコアでした。唯一追いつけなかったプレーヤーが、最終ラウンドを66で回って優勝賞金を手にした、ヘンリー・コットンだったのです。

ゴルフはジョー・イザーにとって世界への扉であり、遠い故郷ウィチタ・フォールズの人々への連絡手段だったのです。

練習場？　なにそれ

初めてイングランドやスコットランドでゴルフをして帰ってくると、たいていのクラブメンバーは「ロイヤル・マッセルバラ、プレストウィック、ノースベリックなどの古いコースに行くと、練習場が一つも見つからないのはなぜだろう?」と、おっしゃいます。

「駐車場で靴を履き替えて、練習グリーンが空いていれば別だが、大抵の場合まっすぐティに向かうんだ。でもウォームアップする場所が全然ない。どうして、あのような由緒あるコースの設計者たちは、練習場を造っておかなかったんだろう。プレー前に練習ボールも打てないなんて」

と嘆かれるのです。

これにはボールとクラブに起因する正当な理由があります。つまりこのような古いコースは、近代的で安価なゴルフボールやスチールシャフトのクラブが登場する遙か以前に造られたからなのです。

それまでのガタパチャや手製の高価なボールが、性能面でより優れた大量生産のボールに取って代わられても、ヒッコリーシャフトのクラブは生き残りました。ところが、もし練習場でヒッコリーシャフトのマッシーで50球も打ったとすれば、すぐにクラブをプロのところに持っていき、曲げたり、削ったり、叩いたりしてもらって、シャフトをプレーに適した状態に戻してもらわなければならないのです。

だから、頑丈なスチールシャフトが登場するまで、ゴルファーは練習をしなかったのです。もちろん、誰もいないフェアウェイにこっそり出て何球か打つことはありましたが、ベン・ホーガンなど後のチャンピオンたちがごく普通にやっていた、1日500球の練習など無理だったのです。

スコットランドやイングランドの歴史あるゴルフコースでも、練習できることが一つだけあります。パッティングです。夏は晩の10時か11時まで明るさが残っているので、家族そろって町の広場にある芝地に行き、パッティングの練習をするのです。

ショートゲームのタッチ

ある生徒が、グリーン手前1ヤードのカラーからチップショットを3回、4回と打ちましたが、すべてグリーンの反対側へ飛び出してしまいました。挙句、その次のショットも左足から15センチほどの所で止まったので、見ていた私はこう言いました。

「今日はとても素晴らしいことが一つあるよ」

「何ですか？」

「今日の君に、時計の修理を頼んでいなくてほっとしたんだ」

ボールをどれだけ遠くに、どれだけ強く打つかというのいわゆるタッチは、ごく一部の人を除いて誰でも身につけることができます。最初はタッチの「タ」の字も持ち合わせていないと思われた人でも、実は能力の問題ではなく、タイミングを取る注意深さに欠けていただけのこともあるのです。

タッチは身につくと言いましたが、教えられるとは限りません。

タッチの習得は、一に練習、二にも練習で、他に方法はありません。生まれながらにタッチのセンスが備わったプレーヤーを何人も見てきましたが、彼らはこんなやさしいことは世の中にないという顔で、チップショットを楽々とこなします。でも現実には、こうした人たちよりも、どうしてよいかわからない人のほうが多いのです。

アベレージゴルファーの中で最も良いスコアを残すのは、50ヤードくらいから2打、多くても3打でコンスタントにカップインさせるプレーヤーです。ドライバーショットがフックして長いラフに飛び込んだとしても、パーをセーブすることが可能だからです。まず、ロフトの大きいクラブでラフから出し、ピッチショットかチップショットで上手く寄せ、最後にパットを沈めればよいのです。でもここで、ピッチショットやチップショットをミスすると、毎回余計な1打を費やすことになるのです。

ピッチショットとチップショット、それに長いパットを練習すべきです。その際、決して漫然と打ってはいけません。一定の距離を飛ばすにはバックスウィングはどの程度が適当か、しっかり記憶に留めておくことです。同じ位置までクラブを引いてもう一度ショットを放ち、同じ距離を何度でも打てるようにならなければいけません。そして信じることです。思うようにタッチが合わない日もあるでしょうが、そんなときは客観的な事実に頼ればよいのです。ウェッジで腰の高さまでバックスウィングを取った時にどこまで飛んだかを思い出せば、たとえ自分のタッチを見失っていても、それなりのショットを打つことができるからです。

集中力を持続させるために、練習に変化をつけるのもよいでしょう。例えば、カップが切られている所に立ち、下手投げでゴルフボールを思い切り遠くへ放り投げます。次にボールが落下した地点まで行き、そこからカップ目がけて打つ練習をするのです。ゴルフクラブを使ってカップに投げ返すような気持ちでボールを打つのです。今度はフェアウェイの別の場所を目がけてボールを放り投げて、同じように打ち返すのです。

こうした練習を数回行えば、確実に6つはスコアを縮められるはずです。

ヨガ

年配の友人やシーズンド・プレーヤーの何人かはヨガを取り入れています。ヨガは深い精神集中を目指し、芸術的であり、健康的に筋肉を伸ばし、とりわけ小さな筋肉の強化ができるようです。ゴルファーの趣味として習慣的なヨガは役に立つでしょう。

小さな筋肉と大きな筋肉の働きがうまく組み合わさったとき、ボールは遠くに、そして真っ直ぐ飛んでいくからです。ジョン・デーリーを見るとよくわかるのですが、体を思い切り捻り、バックスウィングをすごく大きく取っています。強烈なスウィングを生み出すのは背中と腰と足の大きな筋肉のパワーですが、スナップのきいた350ヤードを正確に運ぶのは、小さな筋肉がうまく機能しているからなのです。デーリーはこの数年間に登場した中で、最もエキサイティングなプレーヤーです。彼がヨガを学び、心を静め、小さな筋肉をもっと上手に使えるようになったら、今後どこまで伸びるのか、誰にも予想がつかないと思います。

もう1人の飛ばし屋で偉大なチャンピオンのグレッグ・ノーマンに関する話をどこかで聞きました。ノーマンは集中力を養成するために禅と武術を熱心にやっているというのです。

禅では「片手」を打ったらどんな音が聞こえるか、と問われるそうです。ならば私はゴルファーたちがこうした太古からの方法で自己修練することに、「両手」を打ってエールを送りたく思います。

熟練プレーヤーなら誰もが知っているでしょうし、知らないまでも少なくともそう感じたことはあるはずですが、最高のプレーをしているときの心の中は瞑想に耽っているときと全く同じです。緊張や怖れとは無縁の境地なのです。一つのことだけに集中している。これこそが、素晴らしいゴルフをするための理想的な状態です。最近、長年指導している生徒が、ゴルフ場でも瞑想できるという話をしてくれました。

「夕方、練習場でボールを打ちながら瞑想するのです。そうすると心が完璧な平静を取り戻し、すっかり生まれ変わった気分になれるんです。ゴルフボールを打ち続けたことで、ずいぶんお金が浮きました。精神分析医に通わないで済みましたから」

ゴルフに必要なのは、重いバーベルを持ち上げるための筋肉ではなく、ムチを振るための筋肉である、と私は教え続けてきました。

有名なアマチュアプレーヤーのフランク・ストラナハンなどの例外はいましたが、これまでウェートリフティングは上級プレーヤーには敬遠されてきました。ところが近年、ウェートリフティングを容認するだけでなく、積極的に取り入れるべきだと言われるようになりました。今では、ウェートリフティング用の器械や道具を載せた大型バンがプロツアーには必ず同行しているのです。

体を捻って胴周りの筋肉を鍛えるのも、前腕と握力を強化するトレーニングもプラスになると思います。もちろん腰と脚を強化するための運動も役に立ちます。

私が思うに、最良のトレーニング方法は重い練習用クラブを毎日振ることです。重いマスコットクラブを振ることでゴルフに必要な筋肉が鍛えられるからです。

ヨガは呼吸法を学ぶことでもあります。年を重ねるにつれ、呼吸をいかに当たり前に考えていたかを私も思い知るようになったのです。正しく深呼吸することは楽しく、気持ちが楽になり、心が落ち着きます。ゴルフコースでの深呼吸は、全身に十分な酸素と力を行き渡らせてくれる素晴らしい行為なのです。

生きるためだけに呼吸している人と、ゆっくりと大きく呼吸するゴルフプレーヤーのどちらに賭けるかと聞かれたら、迷わず後者を選ぶでしょう。

ヨガの先生が教えるストレッチを実践すれば、柔軟性が得られます。体に柔軟性があれば、生涯を通じて良いプレーを続けていくことができるのです。

何故？

好プレーヤーはほとんど、いつも、練習グリーンに来て診てくれないかと頼みにきます。ところがハイハンディキャッパーは、一番パッティング練習が必要な人たちなのに、できればパッティング以外の練習をしたいと言うのです。

OKボール

対戦相手がOKを出したら、さっさとボールを拾い上げてグリーンを去るのが礼儀です。

ところが「でもせっかくだから入れるよ」と言うプレーヤーが必ずいるものです。そんなプレーヤーは、ミスった挙句、「練習だよ、練習」と言い訳するのが常です。

スコアカードには記されなくても、周りの人たちの心には「あのミスパットは1打と見なされるべきだ」との思いが残ります。そして、彼らは心に決めるのです。「このプレーヤーと回るときは、二度とOKを出さない」と。

偉大な選手の癖

ハリー・バードンはスウィングした後、ボールはまだ空を飛んでいるというのにボールが置かれていた場所を右足のつま先で触る癖がありました。

フォロースルーが終わると、この偉大なチャンピオンは右手後方に視線を落とし、ボールが置かれていた場所を足でちょこんと触り、それから歩き出すのです。

これは周到に考えられたテクニックだと思います。ある一点を叩くことが、スウィングの基本であることをいつも自分自身に確認させていたのです。

またバードンはチョークを常に持ち歩いていました。ショットを放つ前に、必ずチョークをクラブヘッドに擦りつけるのです。バックスピンを増すためだという説もあるのですが、クラブフェースのどこでボールを捉えたかを確認していたのだと思います。バードンは達人でした。狙った場所を叩かなければならないことを知っていたのです。

ボビー・ジョーンズの原則＋1

ボビー・ジョーンズはゴルフにおける最大の敵は「緊張」であると考えていました。そこで彼は、リラックスしてスウィングするための6カ条を示したのです。

(1)クラブは緩く、特に指の力で握るようにして、クラブヘッドを感じられるようにする。

(2)アドレスは、できるだけ自然で楽な姿勢を取るように心掛ける。

(3)バックスウィングを始動するときは両脚と腰を使い、クラブは手と腕で持ち上げるのではなく、後ろに大きく振るようにする。

(4)ダウンスウィングからインパクトまでの間に十分加速できるように、バックスウィングを大きく取る。

(5)ダウンスウィングは急がず慌てず、ゆったりと始め、自然にまかせてスムーズに加速する。

(6)インパクトではボールを焦って叩いてはいけない。ボールがフェアウェイにうまく飛び出していくまで、スウィングの軌道を守り続ける。そうすれば、クラブヘッドが勝手に仕事をしてくれる。

この6カ条に、アベレージゴルファー用の原則を一つ追加しましょう。

「飛球線に対して、両肩をスクェアにせよ」

幸運

「良いプレーをしてきなさい」

この言葉で、大学の教え子やその他の生徒たちをトーナメントに送り出します。「グッドラック」とは言わないようにしているのです。

人生同様、ゴルフにも運、不運は付き物です。運には正当な理由などありません。ですが、良いプレーをしている人ほど幸運に恵まれることが多いようです。先人は『練習量に比例して、幸運も増してくる』と言っています。

とは言うものの、運、不運は私たちの手でどうにもできるものではありません。毎ショットに全力を尽くし、試合終了までひたすら努力すること。そして、天命を待つしかないのです。

オリンピアフィールズで行われた全米プロの準決勝で、3番ティグラウンドにやって来たレオ・ディーゲルとウォルター・ヘーゲンは、38ホールを終わった時点で、オールスクェアでした。

ディーゲルは、フェースを閉じた力強いドライバーショットをフェアウェイのはるか彼方にかっ飛ばしました。一方、スウィングの際に体が揺れて上体が前に倒れる癖があるヘーゲンが打ったボールは、大きくスライスして林を越え、深いラフにつかまったのです。

ディーゲルは、グリーンまで簡単なアプローチを残すだけです。ヘーゲンは丈の高い草を掻き分けながらボールを目指していましたが、そのラフからグリーンを狙うのはとうてい不可能に思われました。

ところが、ヘーゲンがボールの所まで来てみると、グリーン補修用の予備芝が奇麗に生えそろった一区画に、ボールが乗っかっていたのです。

高く打ち出されたヘーゲンの距離のあるセカンドショットは、林を越えてグリーンに乗りました。それを見たディーゲルは心中穏やかではありません。彼は何とかパーセーブしこのホールを分けましたが、次のティショットでドライバーをトップさせ、試合はまもなく終わったのです。

確かに、メジャートーナメントで勝つには運も必要です。しかし運というものは、元来、予測不可能です。苦境に陥ったとき、運まかせでプレーしてはいけません。最良の方法は、どんなショットであろうと力の限りを尽くして、幸運と不運のどちらに転んでも、それを受け入れることなのです。

当意即妙の言葉

トム・カイトが、以前ハーバータウンで行われたトーナメントで、セカンドをグリーンから数メートル奥の方まで打ち込んでしまった時の話をしてくれました。

彼はキャディのマイク・キャリックの方に手を伸ばしました。キャリックはカイトの希望どおり、チップショット用に8番アイアンを手渡します。

チップショットを打たせたら歴代トップクラスのトム・カイトは、ショットを綿密に検討してから、バックスウィングに入りました。なのに、ひどいトップをやらかし、ボールは1メートル転がっただけでした。

カイトは愕然とし、振り向いてマイクを睨んだところ、こう答えたものです。

「クラブの選択は間違っていなかったと思うよ」

カイトは笑ってしまいました。キャディであり旧友でもあるマイクの、当意即妙の言葉で我に返ったカイトは、目前の一打に再び集中しました。同じ8番アイアンでスタンスを取り直し、チップショットを放って、パーをセーブしたのです。

ワクソーのパズル

ナッシュビルのスポーツライター、ワクソー・グリーンが嘆いているという話を聞きました。彼曰く、どのアイアンで打っても飛距離が変わらなくなってきたら、老いた証拠なのだそうです。

ですが、これは歳のせいではありません。年齢を重ねるにつれアイアンの飛距離が出なくなると思いがちですが、それぞれのクラブの飛距離の比率は、そう変わるものではありません。ワクソーのアイアンが同じ距離しか飛ばなくなった本当の理由は、パワーの欠如なのです。

この現象は、初心者（特に女性）や、筋肉の衰えが止まらない年配のゴルファーに多く見られます。こうした年配ゴルファーは、次第にボールを強く叩けなくなり、ついには、ロフトの大小が差を生まなくなって、同じ距離しか飛ばせなくなるのです。これではボールを鉄塊でゴツンと突き飛ばしているだけです。ですから彼らの4番アイアンは、8番アイアンと同じ距離しか飛ばない。ボールを飛ばすには強烈に叩かなければなりませんが、弱々しい手ではできないのです。

ワクソーのパズルと格闘している人は、毎日数分間の柔軟運動をして体をほぐすと良いでしょう。毎朝柔軟運動を5分間した後に、練習用に重く作ったマスコットクラブでしばらくスウィングするのです。これを毎日続けていけば、2、3週間後には見違えるほどクラブヘッドのスピードが増していることに気づくでしょう。

ある時、ニューヨークの消印が押された手紙を受け取りました。手紙の主はウィングドフットのクラブ用箋にこう書いてきたのです。

「なぜ重いクラブを振りなさいと、くどくど言うのですか？　何度も何度も言っていますね。ゴルフの分野でも技術はかなり進歩を遂げているのですから、重いクラブを振り回さずとも、ゴルフに必要な筋肉を鍛える方法はほかにいくらでもあるはずです。重いクラブを振るのは実に退屈なのですが」

ゴルフの筋肉は店で買える代物ではありません。もし買えるなら、ゴルファーはどんなに高価でも買うでしょう。ゴルフの筋肉は自らの手でつくり、鍛え上げ、いい状態を保たなければなりません。近道などないのです。私が知るかぎり、重いクラブを振ることが最も良い方法で、かつ最も確かな方法なのです。ワクソーのパズルか否かは別にして、マスコットクラブを毎日振れば、飛距離は確実に伸びると約束します。

ウォルター・ヘーゲンの美学

ウォルター・ヘーゲンとエキジビションマッチを行った時、かの偉大なゴルファーは時々、ドライバーショットを故意に林に打ち込んで、見守るファンにリカバリーショット技術を誇示しているように思えました。ラウンドが終わるまでには、この行為はヘーゲンの芝居っ気のせいだけではない、と確信しました。面倒な所にボールを打ち込むことで、退屈しないようにしていたのです。

ヘーゲンがヨーロッパのシーサイドコースを愛してやまなかった理由の一つは、風と起伏のあるフェアウェイがゲームをより面白くしていたからです。ヘーゲンという天才は、大部分のアメリカのフェアウェイに見られる、良いライに飽き飽きしていました。

エキジビションゲームでのヘーゲンは、難しいショットとなると途端に目の色が変わるのでした。

ライが悪いと不満を漏らす声を聞いたり、ツキに見放されたと嘆くゴルファーを見たりすると、私はヘーゲンを思い出します。ヘーゲンは木の後ろの丈の高い草にボールが隠れていたりすると、胸をわくわくさせたのでしょう。彼にとって、困難なリカバリーショットは自分自身の、そしてファンの感情をかき立て、対戦相手の動揺を引き起こす絶好の機会だったのです。

藪のすぐ近くに飛び込んだドライバーショットを目指してヘーゲンがやって来ると、男の子が「全然ついてないですね。同情しちゃいます」と言いました。

「ありがとう、坊や」と、ヘーゲンは答えて、「ついていないかもしれないが、そこが私のボールのライなら、そこから打たなきゃ」と笑顔で言ったのです。

ボビーの飛距離を40ヤード伸ばす

息子のティンズリーは、かつてフューチャー・ファーマーズ・オブ・アメリカ（未来の農業人）のメンバーでした。1951年のある夏の日、私はリバーサイド・ドライブコースのクラブハウスの外に立ち、ティンズリーの牛たちが納屋の脇で草を食べているのを眺めていました。すると、痩せた若者が私の顔色を窺っていることに気づきました。

「ペニックさん、私はボビー・モンクリーフです。あなたのもとでゴルフをしたいんですが」

「君、体重はどれくらいあるんだね」

「53・5キロです」

「ちょっとここで待っていなさい」

と言いおき、ゴルフショップに行くとラックの上から1番アイアンとスプーンを1本ずつ取り出しました。それを手に、ボビーに渡しました。

「スウィングしてみてくれないか」

「練習場に行け、ということですか」

「いや、クラブを振るだけでいい。1回ずつやってみてくれ」

ボビーはクラブを振りながら、自分のことを話しはじめました。去年はSMU（南メソジスト大学）の新入生チームの一員としてプレーしたが、オースティン流のゴルフに憧れているらしいのです。

「このスプーンはいいですね」

と、ボビーはゴルフショップの外でクラブを振りながら言いました。「高校の頃、ティショットはいつもスプーンで打っていたんです。去年やっとドライバーを使うようになりました。どうしても、飛距離をあと25ヤード伸ばさなくちゃならなくて」

「ドライバーの飛距離はどれくらいだね？」

「目一杯打って、約235ヤードです」

その飛距離に満足しているか、ショートゲームの練習はしたことがあるかも尋ねてみました。

「ええ、ショートゲームは得意です。自分は高校生の中でも大して飛距離が出なかったので、勝つためにはショートゲームを磨くしかなかったのです。もう完璧ですよ」

「ショートゲームを侮ってはいけないよ。その練習は最優先でやりなさい」

彼は「イエッサー!」と答え、私の言葉を待っています。

「SMUから学生を引き抜いてきたことは一度もないが、君がオースティンの大学に来たいというのであれば、うちのチームでプレーして欲しいと思う」

ボビーが実際にボールを打つところは見ませんでしたが、彼のスウィングと目を見ればわかりました。良いプレーヤーです。

「うちの大学に来るにしても、あげられるものは一つしかないが」

「僕は何も要求なんかしてません」

「不正な賄賂《わいろ》じゃないよ」

「というと、何ですか?」

「あと40ヤードの飛距離をあげようと思ってね」

翌春、ボビーはテキサス大学ゴルフ部のメンバー選考会に出場し、上位6人に入りました。チームメートには、リー・ピンクストン、ウェスリー・エリス、ジョー・ボブ・ゴールデン、フレッド・ブラックマーなど、優れたプレーヤーが揃っていました。

フレッドは全米左利きチャンピオンとなり、今は息子のフィル・ブラックマーがツアーでプレーしています。

ボビーと練習場で過ごす機会が多くなりました。私たちはタイミングに集中して練習していました。タイミングはリズムやテンポとは違います。

私の認識では、『タイミングとは最高の結果を得るために、速度を調節すること』です。言い方を変えれば『タイミングとは、スウィング中のここぞという時を逃さずボールを打つこと』となるでしょう。

リズムに乗ってテンポよくスウィングしたとしても、タイミングがずれることはあり得ます。スウィングそのものは美しくても、飛距離が出ないプレーヤーを目にすることがよくありますが、そういう場合、概してタイミングに問題があるのです。一方で、タイミングを生まれながらに会得している人もいます。ボクシングジムに行けば、軽いバッグを連打する少年たちを見るだけで、誰がタイミングをすでに身につけていて、誰がこれから習得しなければならないかがわかるでしょう。

ボビー・モンクリーフには、生まれつきタイミングが備わっていました。

来るべき飛距離アップの話の前に、私は短い講義を行いました。

「ボールの下に、そして後ろに留まるんだ。ボールの前に出てしまうとパワーが失われる。ボールの下に留まれば、自然とボールの後ろにいることになるんだよ」

「下に」が何を意味するか、ボビーは理解していました。つまり、上からではなく、下からスウィングするということなのです。

すぐにボビーは270ヤードのドライブを放つようになっていました。「下に、後ろに」を思い描きさえすればよかったのです。

今でもボビーは私のところに来るたびに、「下に、後ろに」の話を持ち出します。アマチュアのトップ選手として長年活躍してきた今も、スウィングのときのイメージはこれだそうです。

ボビーはわざわざ『下に、そして後ろに』と看板を作ったりもしました。

ある年、ボビーは別の町で行われたトーナメントで、愛用ドライバーであるウイルソンのパーシモンを折ってしまいました。すぐに元通りに修理したのですが、彼が愛したドライバーの感触は戻ってきませんでした。

ボビーがリバーサイドのクラブに戻ってきたので、私は練習場に歩いてゆき、彼の新しいドライバーの飛び具合を観察していました。すると、これまでどこの練習場でも見たことがないような、とてつもなく大きなレインボー・スライスを四つも叩くのです。

「ちょっとドライバーを貸しなさい」

と私は言い、小型ナイフを取り出すと、シャフトの柄に付いているプラスチックの留め具を切り外し、グリップ部分を剥がしました。すると革のグリップの下から、シャフトを覆っているコルクが出てきました。

「直ったよ」

ボビーは両手をコルクに添えると2、3回ワッグルし、定規で測ったようにまっすぐなドライバーショットを飛ばしました。

「グリップが太すぎたんだ。君は手の動きが速いから、太いグリップだとクラブヘッドが遅れてしまうんだよ」

何年もの間、ボビーは何十人、いや何百もの人に、「ハービー・ペニックは魔法が使える」と言い続けてきました。その際、あのドライバーの話を例に出すのです。

でも私に言わせれば、魔法ではなく職人技なのです。数十年もの間、ゴルフクラブを握る手を何千と見てきました。そのうえ目の前のプレーヤーのスウィングもよく知っているのですから、グリップの太さが合っているか否かは、ひと目でわかるのです。

心くばり

優秀なプレーヤーは戦いの最中でも考えることができます。大半のゴルファーは、考えていると思っていても、実は考えていません。心配しているだけなのです。

ゴルフコースであれこれ心配する人は、間違った心の使い方をしています。障害が何であれ心配はそれを増幅し、解決を困難にしてしまうのです。もっと言えば、筋肉が硬くなった状態では、良いスウィングができないのです。

心配をする代わりに、目の前のショットに集中し、生涯最高のショットを打つつもりでプレーしてください。もしかすると現実になるかもしれません。

失敗の三大原因

ハイハンディキャッパーが犯しやすいミスを、多いほうから三つ挙げましょう。

⑴目標の右を狙う。
⑵右を狙うと必然的にそうなるが、トップから打ちにいってしまう。
⑶頭を上げるのが遅すぎる。

練習してから

レーバー・デー(労働者の日)にオースティンCCで開催されたトーナメントでのこと。大学で教えている生徒の1人、デービス・ラブ・ジュニアが最初のホールのアプローチショットをバンカーに入れました。

ボールは完全に砂に埋まっています。デービスはあらゆる方向から点検しましたが、ボールはすっかり埋まっていました。それでも砂の中からボールを打ち出さなければなりません。それが規則です。デービスのバンカーショットはグリーンをオーバーし、このホールをボギーとしたのです。2番ティで私はデービスに尋ねました。

「砂の中に埋もれたライからのショットはよく練習するのかい?」

「いいえ、練習したことなどありません」

「デービス、このトーナメント中は、アプローチを二度とバンカーに入れないようにしなさい。また砂に埋まってしまう可能性が高いからね。今度あのショットを打つときは、練習してからにしなさい」

その日の夕方、練習バンカーで砂に埋まったボールを何度も打つデービスの姿を見ました。のちに彼は、そのショットの達人になりましたが、それはもちろん不断の努力の賜物なのです。

やさしいショットにも心をこめて

川沿いのオークの木々の下でカートに座り、ある女性ツアープロがパッティンググリーンで練習している様子を見ていました。私が見ていることには気づいていません。彼女とパッティングのレッスンをすることになっていましたが。時々生徒に隠れて、レッスン前に観察するのが好きなのです。

木陰から盗み見ていると、彼女は1メートル弱のパットを3回連続で外しました。すべてカップの数センチ右側に外していたのです。こんな彼女は今まで見たことがありません。

「それはわざとかね？」

と、私は彼女に声をかけました。彼女は辺りを見回して、木々の後ろからカートに乗って現れた私を発見しました。

「パットを外すのを見ていたのですか？」

「目を疑ったよ」

「ラインがちゃんと読めないんです」

グリーン横の深いラフにカートを停めると、私は尋ねました。

「パットする前にボールの後ろに回ってラインを確かめたのかね？　私は全く気がつかなかったが」

「だって1メートルもないんですよ。全米オープンなら話は別ですが」

「全米オープンの1打もここの1打も、同じ1打なんだ。今後、練習でも実際のラウンドでも、パットするときは必ずボールの後ろからラインを確かめて打つと約束してくれるかね？」

「わかりました」

「それでは、1メートルのパットを10回打ってみなさい」

私は彼女のスタンスをスクェアにし、ボールに視線を集中するよう念を押して、テークバックとフォロースルーのスウィングの振り幅は同じでなければならないとアドバイスしました。

「だが最も重要なのは、短いパットを甘く見ないことだ。常にボールの後ろから確かめるようにする。1回か2回パターを振って練習し、スウィートスポットでボールをとらえるんだよ」

その言葉に忠実に従った彼女は、10打連続でパットを沈めたのです。

「ロングパットも診てもらえますか？」

「いや、1回のレッスンで、これ以上は考え事を増やさないほうがいい。いいかい、すべてのパットに敬意を表すること。どんなパットであっても、今やったやり方を変えてはいけない。いくら簡単そうに見えても、大切に扱うんだ。そうすれば、この先の人生で、打数を無数に減らせるからね」

ビブの荒療治

1920年、前年に起きたワールドシリーズでのブラックソックス事件（八百長疑惑事件）で、野球界から永久追放されたシューレス・ジョー・ジャクソンに代わって、古くからの友人ビブ・フォークが、シカゴ・ホワイトソックスのレフトを守ることになりました。

プロ野球選手として長年活躍したビブは、1940年にテキサス大学の野球部監督に迎えられました。その2年後に戦地に赴きましたが、再びテキサス大学に戻り、それから20年以上、通算25年の監督生活を送ったのです。

ビブの監督年数を示したのは、私自身も、1963年までテキサス大学ゴルフ部監督として、33年間教えていたからです。

ビブと私のチームはそれぞれ、南西カンファレンスのタイトルを20回獲得しています。ビブのチームは全米チャンピオンに二度輝き、私が指導した学生の中からは全米大学チャンピオン、エド・ホワイトが誕生しました。

ビブはゴルフが大好きでしたが、私がこれまで一緒にプレーした人の中では、ショットが最も安定していないプレーヤーの1人でした。左へ、右へ、センターへとホームランボールをかっ飛ばすことに、無上の喜びを感じていたのです。

ビブのチームが、旧クラークフィールドでプレーするのを見にいったことがあります。クラークフィールドは、キャンパス内にあるこぢんまりとした素晴らしい野球場で、センター後方には、小高い丘が迫っていました。

ある日の午後、ビブがどんな練習を部員にさせているかを見にいきました。偉大な監督の指導を観察することが、偉大な監督になるための近道だといつも思っていたのです。長身で痩せた野手がバッターボックスに立ち、打撃練習をしていました。その選手はいい目を持っていて、ボールに当てるのも上手です。でも、打つときに上体が前に突っ込む癖があり、パワーを生かし切れていないようでした。

これはゴルフでも頻繁に起こる問題だったので、ビブがどんな方法で上体の突っ込みを矯正するのか大いに興味を抱きました。

上体が前に突っ込むプレーヤーの最悪の事例は、あの『突っ込みルシファー』ですでに触れました。この野球選手の場合はそこまでひどくありませんが、何度やっても上体が前に突っ込みます。このままではいけない、とビブは決心したようでした。

学生アシスタントの1人に、ユニフォームを干すのに使うロープを1本持って来させると、ビブは、ロープの一方の端をその選手の胴に巻き付けました。そして、もう一方の端を自分の両手に巻くとそれをピンと張り、バッターボックスの5、6メートル後ろに立ったのです。

「真ん中に放ってやれ！」

と、ビブは大声で指示しました。ピッチャーがボールを投げました。その選手はブンとバットを振りながら、前に倒れ込もうとしました。

そこでビブは両足を踏ん張り、ちょうどロデオ大会でカウボーイが牛の背中で手綱を操るように、ぐいとロープを引いたのです。

「もう1球投げろ！」

と、ビブの声が飛びます。ピッチャーは再びボールを投げました。すると、その選手はボールをセンター方向に鋭く打ち返し、上体の突っ込みもわずかに少なくなっていました。

「感じがつかめてきたか？　その場に留まって、ボールをとらえるんだ」

「ええ、感じがつかめてきました」

2人、3人とピッチャーは代わりましたが、ビブは選手の腰に巻き付けられた物干し綱を持ったまま、30分間打撃練習に付き合っていました。

その選手はコツをつかんだようです。ビブの指示でロープが外されましたが、バットを振っても彼の重心はプレート付近に残り、ボールを追いかけて体が前に流れることもなくなり、ボールを遠くに飛ばせるようになったのでした。

「監督、突っ込まずに打つのは快感ですね」

と、その選手は顔を大きくほころばせました。

あれからずいぶん経ちますが、ビブが上体の突っ込みをいかに解消させたかを忘れたことはありません。彼が野球選手に用いた方法を使えば、たくさんのゴルファーが救われたのに、と思います。

だからと言って、私自身はあの方法を試したことはありません。スウィングの際にぶれないように、生徒の頭をグリップエンドで押さえたこともありますし、シャフトを生徒の左足の横の地面に突き刺し、前に突っ込んで押し倒さないようにしたこともあります。

しかし、前のめりを防ぐために生徒の腰に物干し綱を巻き付けて、家畜を操るように綱を引いたことは一度もないのです。

理由の一つは、私の体重が最も重いときでも62キロしかなかったこと。いくら足を踏ん張っても、突っ込む生徒の力に負けて、芝の上を引きずられてしまうに違いありません。でも最大の理由は、どうしても正しいやり方だと思えなかったからなのです。

いつの日か、ゴルフ雑誌にこんな広告が載るかもしれません。

「奇跡の新製品ついに登場。この綱を腰に巻き付け、もう一方の端を電柱に結び付けさえすれば、上体が突っ込まなくなります」

考案者はもちろん、ビブ・フォークです。

自力更正

ハリス・グリーンウッドは、我が大学のチームでプレーし、全米アマチュアにも出場した選手ですが、その後の25年間はゴルフから遠ざかっていました。

そのハリスが再びゴルフをしたいという衝動に駆られ、川べりの新しいコースに私を訪ねてきました。

「久しくクラブを握ってなかったので、どんな感じでスウィングしていたのか、忘れてしまいましたよ」

「誰のようなスウィングがいいんだい？」

サム・スニード、という答えを予想していました。大学時代のハリスは、ちょうどスニードがやるように、オーバースウィング気味にクラブを振っていたからです。

「ベン・ホーガンのようなスウィングです」

とハリスは言います。私は彼を見返し、首を横に振りました。

「ハリス、君の役には立てないな。彼は自分であのスウィングを作り出したんだ。ホーガンのようなスウィングが望みなら、君も独力で解決しなければならない」

もちろん、ゴルフ史にその名を残す偉大なプレーヤーのスウィングに物申す気など毛頭ありません。全盛時のホーガンのスウィングは、見る者を圧倒したものです。

ホーガンが若い頃に一緒にプレーしたことがありますが、その頃は大きなフックが特徴でした。その後フェードを打つようになり、小柄でタフな若手選手からゴルフ界の伝説的プレーヤーに成長していく様を、個人的にも注目して見ていました。ホーガンは、チャンピオンにしてくれたあのスウィングを、自分の体型と性格に合わせて独力で築き上げ、欠点をカバーし長所を伸ばすことに成功したのです。

ホーガンのスウィングを人に教えることなど、私にはできません。たくさんの人が彼のスウィングを真似しようとしました。ごく一部のプレーヤー、例えばガードナー・ディキンソンやジョージ・ヌードセンなどは、かなりいい線までいっていました。

しかし、決して天才のスウィングを生徒に真似させたいとは考えません。イメージトレーニングをさせ、筋肉の動きを感じさせることでスウィングの知識を与え、あとは生徒個々の才能が開花するのを待つだけなのです。

空き缶飛ばし

杖を持って通りを歩いていると、路上に空き缶が落ちています。あなたは杖を両手で握り、思い切り振って、空き缶を草むらに飛ばしたくなったと想像してください。

さて、あなたならどうします？　思わず緊張し、頭を動かさないようにしなければと考えるでしょうか。たぶんそんなことは考えないでしょう。ですが飛ばす物がたとえ空き缶でも、基本が正しく身についていれば、鮮やかな一撃を放つことができるのです。

ゴルフボールを打つときも同じです。気楽な感じで臨むことです。

雌牛の救出

オースティンは今や大都市に成長し、中心を45番通りが走っていますが、ヘッドプロになって間もない頃は、45番通りがオースティンの北の境界線でした。我がクラブは、ミシシッピー以西では二番目に古く、45番通りから少し南へ下った所にありました。つまり、町外れにあったのです。流れる川の水は澄み、巨大な樫の木々がそびえ、春には野の花が咲き乱れる美しいコースでした。

クラブの近くに、ドイツ人一家が経営する農場がありました。9月初めのある朝、季節はずれの寒波がテキサスを襲ったのです。例年なら9月はゴルフをするにはよい時期ですが、クリークは氷結し、樫の大枝は凍りついた氷の重みで割れ目が生じ次々と折れていきました。ゴルフショップではストーブを焚き、常連プレーヤーたちはその周りで暖を取っていたのです。メンバーの1人が入ってきて、一家が飼っている牛の1頭が、困ったことになったと伝えてくれました。地面が凍って滑りやすくなったので、牛を家畜小屋まで連れ戻せないというのです。一家は牛の体の周りを干し草で覆い、防水シートで包むことにしたそうです。

次の週、クラブのメンバーたちは火を囲んで座り、寒波が和らぐのを待ちながら、牛のことを考えていました。農場の人たちは毎日水と食料を運んでいましたが、地面には相変わらず氷が張り、牛が足を滑らせずに家畜小屋まで、遠い道のりを戻っていくのは不可能だったのです。

長い歴史を持つ我がクラブには、テキサス州のほとんどの有力者がやって来ます。メンバーやビジターの中には、影響力の大きな政治家、巨万の富を持つ事業家、最高の知能を誇る大学教授、そして最高裁判事といった人々が数多くいたのです。

氷に吹きつける暴風雪が続いている間、私はクラブヘッドを奇麗に磨き、ヒッコリーシャフトを削ったりして時間を過ごしました。ゴルフショップに入ると、木々から垂れ下がる氷柱《つらら》を見ながら、雌牛のことを話しているメンバーたちの声が聞こえてきました。

牛を救うために多くのアイディアが出ていました。牛を紐で縛って固定し、その状態でラバの一群に引かせてはどうか、という意見も出ました。ですが結局、最も賢明なのは氷が溶けるまで今の状態にしておくことだと話が落ち着いたのです。

1週間ほど後、メンバーの1人が氷の地面と格闘しながら必死の思いでゴルフショップにやって来て、ドイツ人一家の家畜小屋まで牛が無事たどり着いたと伝えました。

「どうやって連れて帰ったのだ?」と、ストーブを囲む人々が尋ねました。

「何でも、うちのキャディの1人が、牛の蹄にズックの足袋を履かせて家畜小屋まで引いていったそうだよ」

ジミーのグリップは変えるべきか

友人としてまた同僚として長年の付き合いがあるジミー・ディマレとは、ゴルフのグリップについて数え切れないほど話をしました。こんな話を聞くと驚かれるかもしれませんが、彼はマスターズチャンピオンになり世界中にその名を知られていた時期に、自分のグリップは正しくないと結論づけたのです。

でも彼は、すでにゴルフで大きな成功を収め、今さらグリップを変えようなどと本気で決心するわけにはいかなかったのです。

ディマレはキャディをしていた若い時分から生涯を閉じるまで、一般によく知られているバードングリップ（別名オーバーラッピンググリップ）でプレーしていました。にもかかわらず、バードングリップは、自分をはじめ大半のゴルファーにとって基本的に問題のあるグリップだと彼は考えるようになったのです。

ハリー・バードンのおかげで、右手小指を左手人差し指（あるいは左手人差し指と中指の間）に重ねる方法は、プレーヤーのグリップとして最も幅広く用いられるようになりました。

バードンの手は大きく、力強く、動作も速いので、彼のグリップは手をコンパクトに動かし、シャフトから右手小指を一つ外すことによって、スウィング中にたぶん右手が左手を圧倒することがないようにしたのです。手を正しく使うことでバードンはパワーアップし、クラブコントロールも良くなったのです。

「だが、パワーがあり余って困るというプレーヤーが、果たして世の中に何人いるだろうか？」

と、ディマレは問いかけます。アベレージゴルファーは、いわゆる「テンフィンガーグリップ」にすべきだ、とディマレは考えました。

実際には8本の指と2本の親指でグリップするのですが、私が言わんとするところはわかっていただけると思います。これは、よく「ベースボールグリップ」とも呼ばれますが、この呼び方は正確さに欠けます。野球のバットを握る要領でクラブを握ると、8本の指同様、2本の親指もクラブに巻き付けるからです。

「テンフィンガーグリップこそが、大多数のゴルファーには一番ふさわしく基本的なグリップだ。大半のゴルファーにとって、手の動きが速すぎて困るという問題は生じない。むしろ、もう少し素早くしたいと思って悩んでいるんだ」

と、ディマレは言います。テンフィンガーグリップでは、右手小指もクラブの柄の部分にかけてボールを強打する時に援助させるが、両手は可能な限りコンパクトに握るべきだとディマレは考えています。

「テンフィンガーグリップで普通にスウィングすれば、右手が左手を追い越して困るといったことは起こらない。両方の手は互いに調和し、さらなるパワーとショットの安定性が生まれる。今ではバードングリップに慣れすぎたため、変えるとなると相当の期間が必要になるだろうし、今のままでも十分やっていける。でも、もし私がゴルフを始めたばかりだとか、ゴルフで生活費を稼ぐ必要のないアベレージゴルファーなら、迷わずテンフィンガーグリップに変えるね」

トッププレーヤーの中にも、テンフィンガーグリップ派がいます。ジョニー・レボルタ、ボブ・ロスバーグ、アート・ウォール、ベス・ダニエル、アリス・リッツマンたちです。

ジョニー・レボルタによれば、テンフィンガーグリップのおかげで、ボールの後ろに、そしてインサイドに体が残るようになり、ヒッティングでのリリースが自由に、しかも十分にできるようになったというのです。初めてツアーに参戦した時、アリス・リッツマンは大して飛距離が出せずに、苦しい戦いを強いられました。私は彼女にテンフィンガーグリップを勧めたのです。すると彼女の飛距離は目を見張るほど伸びました。

指導者として人生を振り返ったとき、一部の例外を除き、女性にはテンフィンガーグリップを教えておくべきだったと思います。一部の例外とは、パワーヒッターのベーブ・ザハリアスとミッキー・ライトです。

もちろん、男性プレーヤーにももっと教えるべきだったかもしれません。個人的には、正しい握りをしたときのテンフィンガーグリップは、見た目の美しさでバードングリップに勝るとも劣らないと思っています。

グリップに指をもう1本添えることで、クラブヘッドがボールを捉える際の力がさらに増すのです。これには疑念の余地がありません。

ディマレ同様、私もキャディ時代はバードングリップを採用していました。この目で見る機会があり、技術を盗んできたプレーヤーの間で、それが最もポピュラーなグリップだったからです。私はバードングリップをこよなく愛し、長年にわたって細心の注意を払って生徒に教えてきました。

なかなか芯でボールを捉えられないという人は、一度バードングリップを試してみてはどうでしょう。そのときは、クラブを握る手（特に右手）に力を入れすぎないようにしてほしいのです。そして、右手の親指はシャフトの真ん中よりやや左めに置き、右手がしゃしゃり出てスウィングを支配しないようにするのです。

ディマレに関していえば、彼のゴルフの先生は生涯を通じて1人しかいませんでした。ゴルフ界で敬愛されてやまなかった指導者、ヒューストンのリバー・オークスのジャック・バーク・シニアがその人です。

若いディマレはバーク・シニアのもとで、ゴルフショップのアシスタントとして働くようになりました。バークはディマレに、この仕事の特典の一つは、「好きなだけリバー・オークスのコースでプレーできることだ」と言っていました。

「ただし、朝の6時までという条件付きだがね」

ダブル・チェック

ある年のマスターズで、14番グリーン上のジャック・バーク・ジュニアは、カップまで6メートルの、マウンドを越していくパットを残しました。

バーク・ジュニアはじっくりラインを読み、キャディも同様にしました。ようやくキャディが口を開きました。「30センチくらい曲がるね」
「どっちに曲がるんだ？」とバーク・ジュニア。
「もう1回、確かめさせてくれ」とキャディ。

マッチを擦る

生徒を教えるときによく使った道具の一つに、マッチ棒があります。ゴルフ部員を1人連れて駐車場まで行き、アスファルトの上にマッチ棒をばら撒きます。そして、7番アイアンでスウィングし、マッチの頭に当てて火をつけなさいと部員に指示するのです。

これは、ダフる癖を直すにはきわめて有効な方法で、目標とする一点に神経を集中させるのにも非常に役立つのです。

マッチ棒を打つときに集中力が欠けていると、手首を痛めてしまったり、クラブのソールを無残に傷つけてしまったりすることになります。

ベティ・ジェイムソンが初めて習いにきたときにもマッチ棒を使いましたし、のちに、ミッキー・ライトにも同じ方法で指導しました。駐車場のアスファルトのあちらこちらに小さく火が灯り、まるで独立記念日の花火を見ているようでした。

彼女たちはどのプレーヤーよりも正確に、スウィングの最下点でボールを捉えることができました。まさに2人は、足元に「光明」を見いだしたのです。

紳士とは

私はキャディをして少年時代を過ごしましたが、当時、プロゴルファーは正面玄関からクラブハウスに入ることを許されなかったのです。ダイニングルームで姿を見られてもいけませんでした。プロゴルファーは好奇の対象ではあっても、正当な社交の場に迎え入れるほどの「紳士」とは見なされていなかったのです。

そんな時に登場したのが、ウォルター・ヘーゲンでした。人を引きつけてやまない圧倒的な魅力とチャンピオンの風格が漂うプレーに、周りの見る目が変わったのです。

そして、インバネスクラブが初めてプロゴルファーがクラブハウスに入ることを許しました。その話を聞いたのは、キャディをしていた16歳の頃だったと記憶しています。

１９２０年の全米オープンが終わってから、ヘーゲンをはじめとする数名のプロゴルファーは、インバネスクラブに背が高くてチャイムの鳴る柱時計を贈りました。柱時計は、しゃれた木枠にはめ込まれ、真鍮の銘板には短い言葉が刻まれていました。

神は人の行ないを見る
持てる富の多さでなく
この福音よ遠くに響け
インバネスの声として

友への追悼

ジミー・ディマレの急死の知らせには、誰もが大きなショックを受けました。ジミーは世界中に友人がいました。素晴らしいゴルファーだったのはもちろんのこと、歌手でもあり、コメディアンでもあり、仲間として最高で、大きな心の持ち主だったのです。ベン・ホーガンがジミーに捧げた手紙の写しがここにあります。ベンにとってジミーは、プロゴルファーの中で一番の親友だったと思います。その手紙を読むたびに、私は涙を禁じ得ません。その最後の二つの一節を引用させていただきます。

「君とパートナーを組んだフォアボールマッチでは、負けなしだったよな。私がそっちへ行くのはちょっと遅くなるが、練習は欠かさずやっておくんだぞ。またいつの日か、一緒にフォアボールマッチをやっても勝てるようにな」

「君が私や仲間のためにしてくれた、たくさんの素晴らしいことに、賞賛と感謝の気持ちを捧げよう。君がいたおかげで、気が滅入った時でも切り抜けることができたし、楽しいときは、いっそう輝いた。君は素晴らしい友人だった。本当に寂しいよ。安らかに眠れ。しばらくしたら私も行くからな」

ぼやきのウィリー

私がキャディをしていた頃、仲間にウィリーという名前の少年がいました。年齢は12

歳くらい、いつもオーバーオールを着ていて、ショールクリーク沿いの小さな小屋に家族と住んでいました。杉の木を切ったり、ナマズを獲ったりして、一家は生計を立てていました。

ウィリーは有能なキャディで、絶対にボールを見失わないことで評判でした。当時は、1番ホールでティショットを打つと、花壇と道路を越えていくようなコースの作りだったのですが、ウィリーは低いボールでも高いボールでも、プレーヤーのボールを必ず見つけることができたのです。しょっちゅうプレーヤーから声がかかり、時には15セントものチップをもらうこともありました。第一次世界大戦前の15セントといえば、子どもにとっては大金だったのです。

でも、ウィリーはいつも不満を抱えていました。本人にしてみれば、天気は暑すぎるか寒すぎるか、ひどくジメジメしているかカラカラに乾いているか、風が強すぎるかそよ風ひとつ吹かないかでした。家から持ってくるパンのバターも、塗りすぎているか少なすぎるかのどちらかだったのです。

いつも頭痛がするし、足も痛む。思いどおりになることなんて一つもない。キャディ仲間のリーダー格だった兄のトムは、ウィリーのぼやきにいい加減うんざりしていました。クラブメンバーからの人気がなければ、ウィリーをさっさと追い出していたに違いありません。ウィリーはメンバーの前では無口でおとなしかったのですが、仲間のキャディといる時はほとんど喋り通しでした。

いつしかキャディの間では、「ぼやきのウィリー」と呼ばれるようになったのです。

ウィリーの言葉を借りれば、彼には幸運の欠片《かけら》もなかったようでした。

「何をやっても悪い方へ悪い方へと行ってしまう。神様に快く思われていないんだ。人生は不公平だよ」

ある朝のこと、ウィリーはクラブハウス近くにある大きな樫の木の下で、クラブメンバーからもらったヒッコリーシャフトの古いニブリック（訳注／現在の8～9番アイアンに相当）を使って、小さな石ころを打っていました。ところが、小さな石ころと思って打ったのが、実は地面に埋まった大きな岩の先端だったのです。ヒッコリーのシャフトは真っ二つに折れてしまいました。

「ほら、いつも言ってる通りだろ？」と、ウィリーは泣きそうな声で言いました。

「どうして僕ばかり、こんな目に遭うんだ。不公平だよ」

年に似合わずどこか威厳を持っていた兄のトムは、ウィリーの側に歩み寄ると言いました。「おまえ、人生を変えたいと思っているのか？」

「もっと運が良くなるようにね」

「それなら、二つのことを理解しないといけないな。一つは、人生は公平だなんて、誰も約束していないってこと。もう一つは、人生を変えるためには、まず自分の考え方を変えなくちゃいけないってことだ」

ウィリーはトムの顔つきを見て、金輪際、泣き言を口にするまいと思ったらしいのです。数日後、ウィリーの一家は荷物をまとめてヒルカントリーのさらに奥へと移って行きました。その後、彼には一度も会っていません。風の噂で、海兵隊に入隊してフランスで戦ったという話を聞きました。

ウィリーがトムの言葉を肝に銘じたかどうかはわかりません。ですが私は、決してその言葉を忘れたことはないのです。

ボール位置が前すぎる

ゴルファーの多くは、ボールの位置が目標に近すぎます。これが、アベレージゴルファーのスウィングがアウトサイドインになってしまう主因だと思います。

つまり、ボールの位置までクラブを無理に届かせようとするスウィングになってしまうのです。それはプロも同じです。ボールの位置は知らず知らずに目標に近づいていってしまうので、時々は意識して戻すようにしているという話を、何度も聞いたことがあります。

しっかり打つ

息子のティンズリーが持ってきてくれた本に、ゴルフのスウィングを50くらいの「簡単なステップ」に分けて解説したものがあり、それをじっくり読ませてもらいました。

ゴルフを科学的に分析しようとする人に、文句をつけるつもりはありません。スウィングを50くらいのステップに細かく分ける必要があるとしたら、この本は実に見事に解説しているでしょう。

しかし、私のやり方は違います。

私はゴルフのスウィングを、一連のよどみない動きとして教えようとしています。スウィングは細かく分けることができません。分けてしまったら、一連のよどみない動きになりません。私が理想とするのは、生徒たちが自分なりの最高のスウィングで、ボールをしっかり捉えることだからです。

「しっかりと」これに尽きます。

腰をチェックする

何年もゴルフをしている人が、当惑しきった顔つきで何人もやって来ます。そして口々に、哀れな不満を漏らすのです。

「ゴルフのやり方を忘れてしまったようです。こんなに長くやっているのに、スウィングがわからなくなりました。まるで、これまでクラブを握ったことがないような心境なのです」

この方たちのハンディキャップは中程度で、中年のケースがほとんどです。が、こうした悩みはもっと上手い人でも、もっと若い人でも、腕前や年齢を問わず、すべてのゴルファーがぶつかる壁なのです。

私はまず、彼らを安心させることから始めます。

「あなたのスウィングは問題ありませんよ。心の中のゴルフを司る部分と筋肉との間に、何かが割り込んでいるのです。これから、それを探すことにしましょう」

ほとんどの場合、何が問題なのか、どう対処すべきか予測がついています。しかし、最初にその人のグリップとアドレスを確かめます。それが正しければ、その人はどこかから仕入れたアドバイスを気にするあまり、スウィングの最も基本的な要素を忘れてしまっているからです。それは腰の回転。この問題はいつでも起こり得ます。本や雑誌を読んだりテレビのレッスン番組を見たりすると、「あれをしなさい、これをしなさい」と指示があります。例えば、「スウィングの最初の数インチはクラブをボールから真っ直ぐ引くようにしなさい、云々」です。またこうしたアドバイスが、すぐに素晴らしい効き目をもたらしてくれるように思えてしまうのです。

そうなると、ゴルファーはアドバイスで頭がいっぱいになってしまいます。するといつの間にか、スウィングがまったく覚えのない形になってしまうのです。

いつも言っていることですが、ゴルフのアドバイスは、アスピリンに例えられます。1粒なら効き目がありますが、1瓶全部飲んでしまったら、生きていられるのが不思議なくらいなのです。

最近は、肩の回転を大きくし、腰の回転をできるだけ抑える教え方がもてはやされています。こうすれば肩と腰との間に強い捻転差ができ、それを解く時にすごいパワーが生み出されるというのです。

この考え方は正論ではありますが、同時に腰を痛める危険性もあります。腰痛にはプロも素人も関係なく、多くのゴルファーが悩まされているのです。

ボビー・ジョーンズやベン・ホーガンに聞いてみるといいでしょう。２人のスウィングは似ても似つかないのですが、次の点では見事に意見が一致します。すなわち、優れたゴルファーとハイハンディキャッパーとの最大の違いは、ボールを打つ際の腰の使い方にあるということです。しかし、このように聞いてくる人も多い。

「でも、どんな本にも書いてあるじゃないですか。腰の回転は45度、肩の回転は90度だって」

それは正しいでしょう。しかし、45度まで回転させようとしているはずなのに、実際は腰を全然回転させていない人があまりにも多いと思います。

もし、スウィングがおかしな状態になってしまい、ゴルフにある種の自信が消えてしまったら、それはあなたが腰を回転させていないからだ、と言い切ることができます。腰を正しく十分に、後方にも前方にも回転させていれば、自分のスウィングは自ずと戻ってきますし、それと共に自信も取り戻すことができるはずです。

腰を十分に回転させる方法は、まずおへそを右に回転させ、右足のかかとに十分に体重が乗るようにし、次におへそを左に回転させ、体重が左足に乗っておへそが目標を向くようにすることです。

腰を回転させるもう一つの方法は、ズボンのお尻の右ポケットが目標を向くくらいまで回すことです。

どんなやり方をするにしろ、回転運動、つまり腰を回すように動かすことが大切なのです。回転を伴わず、体重を一方の足からもう一方の足へと移すためだけの、揺らすような動きはいけません。この間違いも非常によく目にします。

私は「自分の両側にいる人と、交互に握手をするつもりで体を回しなさい」と、教えるようにしています。つまり、『こんにちは』の動きというわけです。

その際には、必ずおへそも一緒に動かすように気をつけることです。おへそが回転運動のもとになるエンジンだといってもよいでしょう。

グリップもスタンスも問題ないのにスウィングがおかしいと感じたら、腰をチェックすることを忘れてはいけません。

主体は誰？

PGA教育セミナーで、仲間たちを前にして初めての講義を行った時は非常に落ち着かない気分でした。多くの場合、昔から伝わるある男の話で講義を始めることにしていました。その男は大変な厄介者だったので、ある日村人たちは彼にタールを塗り羽根をつけ列車に乗せて追い出すことに決めたのです。村人たちが彼の体にタールを塗りたくって鶏からむしった羽根で覆い、列車に乗せると、その男は人々を見下ろして言ったのです。

「本当を言うと、このような栄誉を与えられさえしなければ、歩いて出ていきたかったね」

私が仲間のプロたちに言いたかったのは、演壇に立つという栄誉がなければ、むしろ聴衆として座って、他の人の話を聞いていたいと思っていることなのです。他の講師の話を聞くのはけっこう楽しいことです。何か知らない話を教えてもらわなければ、私の話す内容など毎回決まったものになってしまうでしょう。

話をするときに『私』という言葉を使うのが、どうもきまり悪く思っていました。ある時、ジミー・ディマレは私の後から壇上に立ち、聴衆に向かって言いました。

「皆さんお気づきでしたか? ハービーは1時間以上も話をしていたのに、一度も『私』という言葉を使いませんでしたよ」

実は、私はそのことで困っていたのです。「私」という言葉を使いたくないのですが、一日中「私」という言葉を口にしないでいるのは非常に難しいのです。

今日、多くの著名人、特に運動選手が、この「私」の問題を解決するために、三人称を使って表現しています。するとその運動選手と話し手とが、まるで別人のように聞こえるのです。しかし、それも間が抜けている気がしますし、もし私が「ハービー・ペニックは、あなたが何々するべきだと考えます」などと言おうものなら、「あいつは何をもったいぶっているんだ」と、仲間のプロたちから笑われてしまうでしょう。

「私」の使い方の問題で悩んでいるティーチングプロは、私だけではないようです。自分のことを言う際に、「我々」という言葉を使い始めたプロも何人か知っています。これは謙虚さを表す言い方だと思い、そのうち私も、「失礼させていただきます。我々はレッスンがあるので」とか「来週はレッスンがありません。我々はフォートワースでトーナメントがありますので」などと言うようになりました。これは、プロボクサーのマネージャーがボクサーに向かって、「心配するな、連中に我々が痛めつけられるわけがない」と言っているようなものです。ですが、私は構わず使い続けました。この高尚な「我々」の誤用にまったく気がつかなかったのです。

そんなある日、私はマーク・トウェインの書いた記事を目にしました。この著名なユーモア作家は、こんなふうに書いていました。

「『私』と言うべき状況で、『我々』という言葉を使う資格のある人間は、この世に3種類しかいない。まずは、国や州を代表する人。次に編集者。そして、お腹に回虫を飼っている人だ」

これを読んでからは、再び「私」と言うようになったのです。

ティペグ

パー3のホールでは、必ずティペグを使用するべきだと思います。その方が有利だからです。ロベルト・デ・ビセンゾをはじめとして、パー3のホールで（時にはパー4でも）ボールをヒョイと芝の上に投げて、見事なショットを見せてくれる素晴らしいプレーヤーが数多くいるのは知っています。それでも、小さな木のティペグを使用することで有利になるのだから、最大限に利用するべきだと思うのです。

テキサス大学での教え子の1人は、ティペグを使うのを嫌っていました。彼は素晴らしいゴルファーですが、ティペグなど無用だと思っていたのです。ティペグを使うのは下手な証拠だと考え、ルールで認められているようにティペグを使えばもっとスコアが良くなるという私の教えにも、耳を貸そうとしなかったのです。

ある日彼に言いました。「ボビー・ジョーンズも、若い頃は絶対にティペグを使わなかったそうだよ」

「本当ですか？」彼はようやく私に認められたと思ったようでした。

「うん。だが、ジョーンズが偉大なチャンピオンになった頃は、常にティペグを使っていたよ」

彼はその日から、ティペグを使うようになったのです。

ティペグを使う際に注意すべきことが一つあります。パー4のホールでドライバーを使い、アップスウィングで飛距離を出したい時は、ボールが高くなるようにティペグを調整するでしょう。逆にパー3のホールでは、ティペグを低くするべきなのです。というのは、ティペグを使うのは完璧なライを得るためだからです。

ハイハンディキャッパーは、パー3のホールのミドルアイアンショットで、ティペグが1センチほど高すぎる傾向があります。そのため、良いショットが打てないのです。ティペグを高くしたほうがアイアンで打ちやすいように思えますが、それは錯覚にすぎません。

ブラウニー

リバーサイド・ドライブ近くの我がコースに、ブラウニーという名前の犬がいました。ブラウニーはコース内を散歩したり、私と一緒にゴルフカートに乗ってコースを回るのがお気に入りでした。メンバーやクラブの人間はみんなブラウニーが好きだったのですが、グリーンキーパーだけは別だったのです。

それもそのはず、ブラウニーはコースに棲みついているリスを目の敵にしていたのです。リスを見つけると、カートから飛び出し、リスを巣穴に追い込むと、大きな穴を掘り始めるのです。人間がシャベルを使って掘るよりもずっと速く、ブラウニーは土を辺り一面に散らかしていくのです。

そういうわけで、グリーンキーパーはブラウニーを何とかしてほしいと訴え続けていました。

そこで、ビリー・ペンがいい解決策を思いついたのです。理事会の会合で、ペンが提出した動議は可決されました。

ブラウニーは、オースティンCCの名誉会員となったのです。

長身のプレーヤーのために

ジョージ・アーチャー、アンディ・ノース、トム・ワイスコフ、若きアーニー・エルスなど、トップゴルファーにはかなり長身の者がいます。ところが、アベレージゴルファーに関するかぎり、身長が１８０センチを超えるとアドレスでボールから体が離れすぎてしまうため、不利だとされてきました。

そこで、長身の生徒たちに力説するのは、バランスとテンポの二点です。

どんなプレーヤーにとってもバランスは重要ですが、背が高いとなおさらです。ゴルフのスウィングにはバランスの中心（重心と呼ぶ人もいる）があり、一般的にはおへその辺りと信じられています。背の低いプレーヤーはスウィングに合わせて、比較的楽にこの中心を回すことができます。ところが、背の高いプレーヤーは、長い手足を腰の動きに合わせるのに四苦八苦するのです。

背の高いプレーヤーのスウィングテンポは、滑らかでなくてはいけません。さらに脚、ひざ、腰をバランスよく保てる速度が必要です。スウィングが早すぎるか、途中で急な動きが生じると、バランスを崩しかねないのです。背の高いプレーヤーの場合、大抵は大きなスウィングに合わせてクラブヘッドも速く動くので、ことさらボールを強く打つ必要はありません。

背の高いプレーヤーは特に、アドレス時の姿勢を保つことにも留意しなければなりません。生徒の中には、ダウンスウィングでボールの方に突っ込んでしまい、それから誤った動きを正そうと突然上体を起こす者が多いからです。

自分に合った長さのクラブを持てば、スウィング中のこのような上下運動はたいてい直ります。ですが、背の高いプレーヤーに長いクラブが必要とは限りません。重要なのはアドレスした時の手から地面までの距離であって、頭のてっぺんからボールまでの距離ではないからです。背が低くて腕の短いプレーヤーが、自分より30センチも長身のプレーヤーより長いクラブを使うこともあるのです。

身長2メートル10センチを超すプロバスケットのスタープレーヤー、デビッド・ロビンソンがオースティンのゴルフ・スミス社にやって来て、自分に合うクラブセットを求めたことがありました。ロビンソンが試しに何本か豪快なスウィングを決めたあと、彼にピッタリだと集められたクラブは、標準より12・5センチ長いに過ぎなかったのです。

長身のプレーヤーにとって一番重要なのは、ボールを真芯でとらえることであり、これには良いバランスとテンポが必要です。テンポの良い大きなスウィングでボールを的確にとらえれば、飛距離はぐんと伸びるでしょう。

背の高い人のプレーは非常に優雅です。身長190センチ近いトム・ワイスコフのスウィングは、古今で最も美しいでしょう。190センチを超すジョージ・ベイヤーは若い頃、誰よりも遠くにボールを飛ばすことができ、またそれを格好良くやってのけました。

バスケットボールのスーパースターで身長190センチのマイケル・ジョーダンに、私が何度もレッスンをつけた、という話を幾度となく耳にします。雑誌で読んだこともありますが、実は彼に会ったことは一度もありません。確かに、彼を名乗る電話がゴルフショップにかかってきましたが、本人ではないと思います。

この怪しい電話を皮切りに、こんな噂が広まりました。曰く、ジョーダンが1レッスンいくらかと尋ねると、私が「5ドルだ。練習用のボールは自分で用意してくれ」と答えたというのです。本当にジョーダンが電話をかけてきたら、レッスン料は要らないからとにかく会いに来なさいと言うつもりです。テレビでなら、ジョーダンがゴルフをするのを見たことはあるが、ぜひ練習場で生の姿を見たいからです。

『テイク・デッド・エイム』考

ある晩のディナーパーティーでのこと、ある大学教授が、鶏は卵が別の卵を生み出すための媒体だ、と話すのを聞きました。

それまでそんな考え方をしたことはありませんでしたが、教授の意見が正しいのはすぐにわかりました。当然ながら、まずは卵があっての話です。元を正せば、我々は卵から生まれたわけですから。最初から成長した姿で生まれてくる者などいないはずです。

テーブルで客たちが談笑している間に、私はゴルフについて考え始め、教授の話はゴルフの教えにも当てはまることに気づきました。ゴルファーは皆、心の中に卵を持っていて、そこから各々のゴルフスウィングが生まれる、と言えるのではないでしょうか。

力強くポジティブな考えの詰まった卵なら、正しい動きを呼び起こし、良いプレーが生まれます。ネガティブな考えの詰まった不具合な卵なら、間違った動きを呼び起こしてしまうでしょう。しかし、信念ある行動で、これを防ぐことができるのです。

ここでいう信念ある行動とは、『テイク・デッド・エイム』です。

かつてPGAツアーで戦っていたスティーブ・リードが、ある夏スコットランドのプレストウィックでプレーした時の話をしてくれました。スティーブの放った長いドライバーショットはフェアウェイの左端をとらえましたが、「グリーンは丈の長い草や藪に覆われたマウンドに取り囲まれている」とキャディが言いました。「遠くに白い家が見えるだろう？　その1階右側の寝室の窓を狙うのが一番だ」

スティーブはロングアイアンで風を切るようなショットを叩き出しました。見るからに会心のショットだったので、ニヤッと笑いながらスティーブはキャディの方に向き直り、「お見事」という言葉を待ったのです。

「バンカー」とキャディ。

「バンカーだと？」と、スティーブは声を荒らげました。「バンカーとはどういうことだ。君が教えてくれたとおりの完璧なショットじゃないか」

「いや、1階右側の寝室の窓と言ったんだ。あんたが狙ったのは左の部屋の窓だ。だから、バンカーにつかまってしまったんだ」

それまでも自分なりに狙いをつけてきたつもりだった、とスティーブは話しました。

「ツアーでプレーしてきた間ずっと、きちんと『テイク・デッド・エイム』してきたつもりでした。しかし、この寝室の窓を狙えというキャディの言動に比べれば、狙いをとことん絞ることについて考えるようになるまでの僕は、実はただ漠然と狙っていただけだったのです」

『テイク・デッド・エイム』というのは、数秒間、冷静になり、気を緩めずに、ありったけの集中力を現状に注ぐことです。同時に風向きや天気、距離を素早く計算し、ボールが目標を捉えたときの鮮明な画像を頭の中に描くのです。チェスのチャンピオン、ボビー・フィッシャーは、自分が駒を動かす番では、たくさんの手の中から、一手に絞れるまで考えるといいます。つまり正しい手です。

心の命ずるままに、そのスウィングに最も適したクラブを取り出せばいいのです。この時点では、意志の力より想像力のほうが強いでしょう。だから、身体は心の命ずるままに動くのです。疑念も不安もありません。この数秒間は、思い描いた自分になれるのです。

これが、『テイク・デッド・エイム』です。そして自分を信じるのです。

マックスフライの『イ』

まだ駆け出しのゴルフ教師だった何年も前から、マーク・スタインバウアーはオースティンCCの練習場や我が家、あるいは入院先の病院に私をよく訪ねてきました。マークと話すのはいつも楽しい時間でした。彼の出世を目にするのは私の喜びでもありました。

彼は今、ヒューストン近郊の松林の中にある、ザ・ウッドランドという大リゾート地でゴルフを指導しています。

一番最近訪ねてきた時は、教師の忍耐を試す試金石となる、あるタイプの人間について話してくれました。

マークは彼らを「分析型」と呼びます。それは何かにつけて「なぜ？」と聞きたがる人間のことです。私がふつう、医者、弁護士、会計士や技術者、と呼んでいる人たちのことでしょう。

その時、ある日リバーサイド・ドライブの旧コースにレッスンを受けにきた判事のことを思い出しました。まだ質の悪いボールが使われていた頃で、その判事は袋いっぱいの練習ボールを持参しました。何か言うたびに判事はこちらをじっと見て、眉をひそめるのです。

「そうしなければいけないのかね？　それをやればスウィングがどうよくなるのかね？」

そろそろ言わねば、と思いました。

「判事さん、これからゴルフの真髄をお教えします」

判事が持ってきたボールを一つ拾うと、それを彼の目の前に示しました。

「マックスフライと書いてあるでしょう？　この文字の中の『イ』から目を離さないで

ください。『イ』のことだけを考えるのです。おわかりいただけると思いますが、これは全く道理にかなったことなのです。ウォルター・ヘーゲンがいつも言っていました。『私も含めてだが、どんなに偉大なプレーヤーでも、打つ時にボールから目を離してはいけない』と」

判事はたちまちボールをしっかりとらえ始め、ゴルフの真髄をつかんだと信じて帰っていきました。あの判事に効果があったのだから、これはまさにゴルフの真髄であるはずです。

マークにも言ったのですが、ボールから目を離さないという教えは、この判事の例からも分かるように、害になるどころか、多大な恩恵をもたらすこともあるのです。マックスフライの「イ」から目を離さないことで、判事は集中する対象を得ることができたのです。その結果、分析的な心から湧き出す数々の疑問を、簡単に追い払うことができたわけです。

生徒に教える時、教師は心してかからねばならないと思います。教師の言葉は生徒の心に深く刻み込まれ、たやすくは取り消せないものだからです。

マスターズチャンピオン

1984年の春、私はヘレンと胸をわくわくさせながら空港へと車を走らせていました。いろいろな人々と共にベン・クレンショーのオースティン帰郷を出迎えることになっていたのです。クレンショーの鞄の中には、マスターズチャンピオンの証しであるグリーンジャケットが収まっているでしょう。ベンは1983年のマスターズでは2位に終わりましたが、昨日は見事に優勝をさらいました。ゴルフ界最高の栄誉の一つを得たのです。

それまでベンは、しばらくゴルフから遠ざかっていました。健康上の問題を抱え、いろいろ考えることもあったでしょう。テレビで彼のプレーを見た私は、彼の訪問を願いました。ベンが来てくれるようにと毎晩、祈り始めたのです。

周知の事実ですが、願いどおり彼はマスターズの少し前にやって来ました。スウィングを確かめ、ボールの位置、アドレス、クラブフェースの角度が前と変わっていないか、チェックしました。どうしたら冷静な心を保てるかについても話し合いました。優勝したいと強く願い、神にすべてを委ね、そして順番が回ってくれば、必ず勝てる。私はそう信じています。

「いつものスウィングをしなさい」

マスターズへと向かう彼を、安心して見送りました。初日ベンは首位に立ちましたが、3日目の終わりにはトミー・カイトがトーナメントリーダーになっていました。ベンは最終日の10番で、20メートル近いバーディパットを沈めて3連続バーディとし、再びリードを奪ったのです。トミーには同情しましたが、テレビでベンがマスターズチャンピオンに輝いた時には、喜びの涙がほほを伝ったのです。それから8年後、ペブルビーチの全米オープンで今度はトミーが優勝しました。その時も泣きました。トミーとベンは私の息子も同然なのです。

１９８４年のマスターズで、ベンはゴルフに信念を持っていることを示しました。彼は己を信じていたのです。ヘレンと空港へ向かう途中、私はそんなことを考えていました。そして、あの新しいグリーンジャケットを着たベンに会うのが、待ち遠しくてならなかったのです。

ヘレン

人生での一番の幸運は、母とハイドパーク・キリスト教会へ行くことにした、ある日曜日の朝に訪れました。母はその教会の創立委員でした。その朝、私たちは後ろの方の列に座っていましたが、私の目は聖歌隊で歌っている美しい娘に釘付けになっていたのです。彼女をじっと見つめたまま、こっちを向いてくれと念じていました。礼拝のあと、彼女のことをあれこれ聞いて回り、牧師の娘で、名がヘレン・ホームズだと知ったのです。父親は町を転々としながら行く先々で教会を建てているとのことでした。

ヘレンはサンマルコスにあるサウスウエスト・テキサス州立大の卒業生で、教員免状を持っていました。オースティンに移ったのは、テキサス大学に通いながら教職に就くためだったのです。私はヘレンの住所を探り当て、彼女と知り合いになろうと計画を練りました。ある日、一張羅《いっちょうら》の上着にネクタイと帽子、新しいニッカーボッカーズでめかし込み、兄のトムから車を借りました。そして歩道を行くヘレンの傍で車を止め、学校まで送りましょうかと声をかけたのです。

「いいえ、結構よ」

それから数日後、ヘレンが道を渡る所で待ち伏せ、改めて自己紹介をしました。そして近いうちに電話をしたいがかまわないかと聞いてみました。ヘレンはそれならいいわと言ってくれました。15分後に電話して、サンアントニオで行われるテキサスオープンに一日付き合ってくれないかと誘ったのです。

ゴルフのプロという職業をヘレンは知りませんでしたが、サンアントニオは初めてだったので、一緒に行くのを承諾してくれました。車で迎えに行くと、今までに見たこともないような美しい女性が待っています。でも、一つだけ具合の悪いことがありました。その美女はハイヒールを履いていたのです。私は勇気を出して、靴を替えなければならない理由を説明しました。

それから2人で車に乗り込むと、サンアントニオへ向かいました。ブラッケンリッジ・パークに着くと、ボブ・ホープとビング・クロスビーがティショットを打とうとしていました。ヘレンは目を輝かせました。ホープとクロスビーに会えたことで、ゴルフは素敵なスポーツだと思うようになったのではないでしょうか。

ヘレンこそ生涯を共にする女性だと心に決めたものの、彼女の父親がゴルフプロとの結婚など許してくれないのではと案じていました。ホームズ牧師は優秀なスポーツマンで、野球とフットボールが好きでした。ゴルフは簡単そうだねとホームズ牧師が言うので、私は彼をクラブへ連れて行きレッスンをしてみました。ところがいくらやっても、ホームズ牧師はボールに当てることができなかったのです。ついにはクラブを投げ捨てて、悪態をつきました。

「こんちくしょう！」

それまで彼が口にした中で、最も下品な言葉でした。

それから1年と経たないうちに、ヘレンと結婚できました。クラブに程近いハイドパークのローレルレーンにある、素敵な家で暮らし始めたのです。通りを少し行った所には、テキサス大学の学長が住んでいました。娘のキャスリン・リーが生まれ、その数年後にヘレンは息子のティンズリーを身籠りました。

つまりベッドルームがもう一つ必要になったのです。裏手の家がちょうど売りに出されたので、そこを購入しました。前庭に巨大な樫の木がある家でした。この木は地面を這うように伝ってから上にのびていて、地元では「横たわるオークの木」の名で知られています。長老たちの話によれば、かつてインディアンたちがこの木を苗木にするため、北を指すように枝を曲げて、そのまま括りつけたそうです。ティンズリーの犬はよく木の幹に飛び上がり、高い枝までよじ登っていったものです。木に登る犬は、他に見たことがありません。

トーナメントに出場する時、ヘレンは必ずついてきました。そして観客が批判めいたことを言うと、気分を害したものです。ある日、私が短いパットを外すと、ギャラリーの中から、「何であれくらいのが入れられないんだ？」という声が聞こえてきたそうです。するとヘレンは言い返しました。「もっと上手にできると思うんだったら、あそこに行って、自分で打ってみなさいよ」

１９５０年、オースティンＣＣはハンコックパークからコロラド川に近い、町の南東端の新しい場所に移りました。私たちはクラブ近くに土地を買い、ヘレンがあちらこちらに工夫を凝らした夢の家が、12番ティの傍に建ちました。ヘレンは家の前の砂利道を、キャスリン・リーとティンズリーにちなんでティンリー・ドライブと名づけたがっていました。ところがある朝、市の職員がやって来てペニック・ドライブという看板を取りつけてしまいました。その家には、32年間住むことになりました。

兄のトムと私は、今は市の公会堂が建っている川岸に、ゴルフ練習場を所有していました。町の練習場はここだけで、テキサスでも数えるほどしかなかったのです。来る日も来る日も、私は早朝にクラブへ出かけると、あらゆるドアの鍵を開け、夕方の終了時間が来て再びすべての鍵を締めるまで、クラブで過ごしました。それからヘレンを拾い、私たちの練習場まで車を走らせるのです。やがて長時間の拘束が負担になってきたので、結局トムと私はゴルフ練習場を閉めてしまいました。

高校最終学年にゴルフショップでアルバイトをしていた時、懇意にしているメンバーが、米国陸軍士官学校での面接を世話してあげようと言ってくれました。私は、「僕の人生の目的はゴルフプロになることだけですから、申し訳ありませんがお断りします」

と答えました。この時の決断を後悔したことはありませんが、家を空けてばかりのクラブプロと結婚することになったヘレンには、悪かったかなとも思います。だが殊勝にもヘレンはじっと耐えてくれました。彼女の愛と支えなしには、この仕事をこれほど長く続けることはできなかったでしょう。

1972年のある日のこと、納屋を荒らしている連中がいると聞いた私は、猛スピードでゴルフカートを走らせていました。その途中で道のでこぼこにぶつかり、カートから転げ落ちて背骨を折ってしまったのです。よりによって、こんなことで怪我をするとは！　そもそも私はゴルフカートには反対でした。そのゴルフカートのせいで、危うく死ぬところだったのです。この事故以来、昼も夜も痛みに悩まされてきましたが、ヘレンはよく面倒を診てくれています。

兄のトムに教えられました。「人生は自分にとって楽なことばかりではない」と。痛みをしっかり胸で受け止めて本分を尽くすほうが、鎮静剤に頼って自己憐憫《れんびん》に浸るよりはずっとましである、と私は学びました。しかしヘレンの助けがなかったら、諦めていたかもしれません。

町の北西部に新しくピート・ダイコースが開場すると、ヘレンと私は再び引っ越しました。その頃には、ティンズリーがヘッドプロで、私は名誉ヘッドプロと呼ばれていました。ここでいう「名誉」とは、1番ティで始球式をする役目のことを指しています。私は笑いながら言ったものです。

「60年間かけて到達したのが、クラブで最悪の仕事というわけだ」

そしてこの間ずっと、夜遅い時も病気の時も、ヘレンは私の傍らにいて、力づけてくれました。彼女ほど素晴らしく、勇気のある人間は他に知りません。はるか昔のあの日、私をハイドパーク・キリスト教会へと導いてくれた神に感謝するとともに、私と一緒に人生を歩む決心をしてくれたヘレンに感謝したいと思います。

若いプロに、人生で学ぶべき最も重要なことは何ですかと問われれば、必ずこう答えます。

「幸運が微笑んでくれたらの話だが、一番大事なのは、素晴らしい伴侶を見つけることだ」

私はそのとおりにしたのです。愛しているよ、ヘレン。

ヘレンとハービー
(1994年)

エピローグ

1995年、ニューヨーク州ロチェスターで開催されたライダーカップの期間中、ハービー・ペニック氏の名誉を称える催しが行われた。そこには、ゴルフ界を代表する指導者たちが多数、顔を揃えた。基調演説者はハービーの息子であるティンズリー・ペニック。父の跡を継いでオースティンCCのヘッドプロになってから25年以上が経っていた。以下はティンズリーの言葉である。

皆さん今晩は。ここで父の名誉を称える素晴らしい催しを企画してくださったダン・パークス氏に、お礼を述べたいと思います。また、皆さんのような偉大な指導者たちと同じ行事に参加できて光栄です。この席には20世紀後半のゴルフの歴史に名を残す方々も来てくださっています。こうして皆さんと一緒にいるのは、亡き父への最大の贈り物です。

私の友人のディック・ハーモンは、ヒューストンのリバー・オークスCCのプロであり、彼と兄弟のクレイグはここオークヒルのプロです。彼らの父親はクロード・ハーモン氏で、彼らは父親にゴルフとその指導法を教わったのです。ディックは父親が書き始めた文章を締めくくることができるのは自分たちだと、言っていました。

これは私と父にも当てはまると思うのです。この世の誰よりも多くのショットを見てきたのが父ならば、この世の誰よりも多くのショットについて聞いてきたのが、たぶん私だと言えるからです。

父の教え方を、ここに参加されている方々のやり方と比べてみれば、誰でも取り組み方の違いに気づくでしょう。

父のテクニックは、現代の方法とは相容れないと映るかもしれません。先端技術とは無縁のものだからです。きわめて単純で、時には嫌になるほどです。

父のレッスンを受けた人の多くは、後で何が起きたのかと首をひねりました。

クロード・ハーモン氏は父について、次のようによく言っていました。

「ハービーのように必要最低限しか喋らないで教えるのは勇気がいるよ」

実は、これは父の意図的なやり方だったのです。父は生徒にわからないように注意しながら、積極的にゴルフに取り組む姿勢を強化したのです。

父が偉大な指導者と言われるもう一つの理由は、生徒たちに自信を与えたからだと思います。

オースティンの心臓医トム・カークシー博士もレッスンを受けたのちに、ハービーが何を変えたのか見いだそうとしましたが、彼も首を傾げるばかりでわからずじまいでした。しかしそれが何であったにせよ、上手くいったのです。

後になってカークシー博士が仰るには、父のレッスンは旧約聖書を読んでいるような感じだったそうです。そこには重要なメッセージが含まれているが、それが何なのかわからないそうです。

ティーチングプロの多くは、ハンディ0のプレーヤーよりも、ハイハンディキャッパーを教えたがります。初心者を教えるのは簡単ですが、上級プレーヤーへの助言は逆効果を生む恐れがあるからです。父もこのことは十分に承知していました。しかし、優秀なプレーヤーに対しても父なりの教え方があったのです。

ハル・アンダーウッドを例に挙げてみましょう。彼はアマチュアとして素晴らしいキャリアを持ち、70年代初めの数年間はツアーにも参加した人物ですが、一度父のレッスンを受けたことがありました。ハルは30分ほど練習場でボールをひたすら打ち続けましたが、父はそばでじっと見ているだけで何も言いません。ついに打つボールが尽きると、ハルは父に聞きました。「で、どうですか?」父はさらに1分ほどそこに立っていましたが、ようやく口を開きました。「わからないな。今晩考えてみよう」。それからくるりと背を向けて、立ち去ってしまいました。翌日クラブでハルに会うと、父はこう言ったのです。「一晩中考えたのだが、何も変えないほうがいいだろう」。それから何年も経ちますが、ハルはいまだにその時の体験が忘れられないようです。

このような教え方をしようと試みるプロは、ほとんどいません。それに、最近のプレーヤーはもっと情報を求める場合がほとんどです。父はゴルファーのスウィングを全く変えないこと、さらには、その理由も説明しないことで有名でした。

父はこのテクニックを、昔のスコットランドのプロたちから受け継ぎました。今世紀初頭には、ゴルフの指導者といえば、彼らしかいなかったのでしょう。その中でも特に有名なのがスチュワート・メイデンで、彼はボビー・ジョーンズを指導した人です。よく知られた逸話があります。ボビーがウィングドフットのトーナメントに出場するため、オーガスタのスチュワートを呼んでスウィングを見てもらった時のことです。スチュワートはニューヨーク行きの列車に乗り、練習場でボビーに会います。そしてボビーのスウィングを何回か見たあと、「いいかい、バックスウィングでボールを叩いちゃだめなんだ」と言って立ち去ったのです。

オースティン近郊で評判の指導者チャック・クックは、個人的な興味から父のやり方を1週間ほど試してみたことがありました。最初のレッスンはオマー・ウレスティーが相手でした。当時彼はテキサス大学のチームでプレーしており、現在はツアーに参加しています。

クックはウレスティーのグリップについてある提案をしましたが、その理由は明かしませんでした。ウレスティーは「なぜそうするんだい?」と尋ねたのですが、クックは父と同じようにやりたかったので、「何も考えずにただやるんだ」と突っぱねようとしました。ところが、ウレスティーが何度も聞くので、しばらくするとお手上げとなり、いつものやり方に戻してしまったそうです。

父のテクニックは、時代を越えるものだと思います。父はほとんど独学で指導者になりました。1913年の全米オープンでフランシス・ウィメットが優勝した時は、すでにオースティンCCでキャディをしていたのです。ウィリアム・ハワード・タフト大統領がコースでプレーした時は、馬に乗ったシークレットサービスがライフル銃を手に護衛していた、と話してくれたこともありました。1923年にプロになってからは、アメリカ生まれのティーチングプロと認められていたのは、テキサスでは父1人という時代が長かったのです。

でも初期の頃には、父にも手本とする人がいましたし、何人かのプロには敬意を払っていました。特にジャック・バーク・シニア、ボビー・ジョーンズ、スポルディング社でクラブのデザインも手がけるJ・ビクター・イースト、そしてスチュワート・メイデンです。

私が思うに、父の一番良いところは、これはすべての偉大な指導者に共通していますが、何というか自分を完全に信頼しているところです。父は心の中では、それぞれのゴルファーのスウィングのどこがいけないかを、ちゃんと知っていたのでしょう。ですから、父の助言はいつも最小限だったのだと思います。問題点を確信しないかぎり、スウィングを変えようとはしなかったのです。

『私の小さな赤い本』には、ドン・ジャニュアリーがツアーに参戦できるか否か確かめるために、父のレッスンを受けた時の話が出てきます。父はドンにこう言っています。

「ドン、君を見てトップでの抑えがきいていないと言う連中がいるだろうが、気にしてはいけない。荷造りをして、カリフォルニアへ行くんだ。ツアーに参加しなさい」

父の助言はときどき上手なプレーヤーの気分をほぐすだけのこともありました。トム・カイトがツアーに参加した時、父はトムにパットの上手な人たちと夕食をとるようにアドバイスしました。その人たちの自信が、トムにも移ることを狙ったのです。良い影響力のある前向きな人たちに囲まれれば、それがゴルフそのものにも伝わるというわけです。父は人生の様々な面でそれを応用しました。

今年初めに、ラニー・ワドキンスがオースティンCCに来た時、父は「スウィングで体をひねるのは、単に大きな筋肉が小さな筋肉の動きの妨げにならないようにするためだと一時期信じていた」と言いました。しかし後になって、テレビで最近のプロをたくさん見てからは「適切なやり方なら両方の筋肉を使うのが一番良い」と、考え直したそうです。

実は、今日の成功したプレーヤーと指導者の多くが、体全体の動きをゴルフスウィングに取り入れる方法を編み出したことに父は気づき、それを受け入れたのです。ジョン・デーリーのようなスウィングは多くの指導者の原則に反するでしょう。しかし、父はテレビで何回もデーリーを見ながら、よくこう言ったものです。

「彼は自分に合ったスウィングを見つけたのだから、よかったと思うよ。私なら、それを変えないようにと言うね」

70年間にも及ぶ指導者としての人生で、父は様々な経験を積み重ねてきました。ある日、ハイテクのビデオ機器を売り込みに、セールスマンがクラブにやって来た時のことです。そのセールスマンは私のスウィングを撮って、連続写真にプリントしてくれ、私はそれを父に見せました。

「フォロースルーの位置がかなり高いな。上手く打てたのかい？」

と、父は言いました。

「いい当たりだったよ」

すると父が言ったのです。

「ホートン・スミスは、そのくらい高いフィニッシュで打ったものだ」

父が言いたかったのは、高い位置でのフィニッシュが自分に合うなら、それでも良いということです。しかし、私と同じくらい高いフィニッシュのプレーヤーを思い出すために、父は50年も前の記憶まで遡らなければならなかったのです。

父は他の指導者のやり方について、決して批判はしませんでした。プレーヤーがクロスハンドでパットしたとしても、賛成はしないでしょうが、「こんなふざけたパッティング方法は、今まで見たこともない」などとは絶対に言わないでしょう。その代わりきっとこう言うのです。

「ベルンハルト・ランガーなら大丈夫だが、君には合わないと思うよ」

父は概してストロンググリップを好みました。ジャック・ニクラスのインターロッキ

往時のオースティンCCのクラブハウス（1914年）

若き日のハービー（当時34歳）

ング・グリップが流行ると父は言ったものです。

「ジャック・ニクラスには合うが、他の人たちには合わないだろう」と。

父の教えの原則の一つは、パットのアドレスの時の目の位置をボールの真上に定めることでした。ところが、『リトル・グリーン・ビデオ』の制作中に、父はその助言を使わないことにしました。そのときベン・クレンショーが実演していたのですが、ベンは真っ直ぐ立ったときに目がボールの真上になかったからです。

ところで、『リトル・グリーン・ビデオ』の制作中、初めて父はトム・カイトとベン・クレンショーにお互いのレッスンを見ることを許しました。それまでは、2人のプレーがかなり違うので、片方への助言がもう片方へと、知らずに悪影響を及ぼすことを懸念していたからです。

バックスウィングの時に左足かかとを上げることについて、少し付け加えましょう。

父は左かかとが地面から離れるほうが好きでした。父はキャシー・ウィットワースに何年にもわたって数多くのレッスンをつけてきました。キャシーは若い頃、ニューメキシコの自宅からオースティンまで、優に10時間はかかるというのに、月に3～4回は車でやって来たものです。彼女はその後LPGA殿堂入りを果たしましたが、バックスウィングのときに左足かかとを上げたことは、生涯一度もありませんでした。そして父も、そのことを彼女に指摘したことは一度もありません。

さて、最後の言葉を述べる前に、ここで父の指導テクニックをあといくつか紹介します。父はレッスンの前に、生徒がウォームアップの目的で練習するのを嫌いました。いい当たりをしている場合ではそこから調子は落ちていくだけですし、また調子の出ていない場合は始める前からネガティブな考えを持ってしまっているからです。父は白紙の状態で練習を始めたかったのです。

また父は資格を持ち、ゴルフスウィングに理解のある人の指導がなければ、ウェートリフティングはしないよう生徒に忠告しました。ゴルフの前の水泳もあまり勧められないとも言ったものです。

ティからどこに向かって打つかよりも、プレーヤーがボールをしっかり捉えることの方を父は重視していました。

「ティからどこを狙うのかは、ボールをきちんと捉えられてから考えるんだ。そのときになったら、どこに打てばいいか教えよう」

と言ったものでした。父は生徒たちにリー・トレビノとサム・スニードが同じ着地点を狙った時の話をよく聞かせていました。リーはフェードボール、サムはドローボールを打つので、2人の狙いは30ヤードもの隔たりがあったそうです。

父はテキサス大学のゴルフ部で33年間教えてきました。優秀な若いゴルファーをたくさん指導しただけでなく、彼らからもいろいろなことを教わったのです。新しいプレーヤーにはいつも、彼らの地元プロの打ち方や教え方を聞いていました。このような経験から、たくさんの知識を得ていたのです。

「学ぶことをやめた時が、教えることをやめる時なのだ」

と、父はいつも言っていました。きっと、死ぬ間際まで学び続けていたのでしょう。教えるのをやめたことがなかったからです。

皆さんはベン・クレンショーが今年オーガスタへ発つ数日前に、父のベッドルームにやって来た話はお聞きになったと思います。ベンはパッティングの調子が良くないと父に言いました。

「パットの前に2、3回ストロークを練習して、ボールがカップに吸い込まれる瞬間をイメージしているかね？」

と、父はベンに聞きました。

「そういえば、忘れていました」

すると父は言ったのです。

「パターを持ってきて、カーペットの上で数回打ってみなさい」

1時間ほどレッスンは続きました。その2週間後に、ベンはマスターズで優勝しました。ですから、もし「ハービー・ペニックのやり方は今でも通用するのか？」と聞かれれば、私は「ええ、もちろんです」と答えます。

皆さんと思い出を分かち合うことができて、大変光栄に思います。ありがとうございました。

キャシー・ウィットワースと

オースティンCCにあるハービーとトム・カイトの銅像
（1995年4月2日建立）

訳者あとがき

ハービー・ペニック氏（1904年10月23日生まれ）の『リトル・レッドブック』は1992年、彼が87歳の時に出版された。その後、95年4月2日に亡くなるまでの3年間にあと3冊執筆し、本書の英語版原本は彼の全4著作のベストアルバム風書籍として、96年に刊行されている。

最初の著作が発売された92年当時、小生はロンドンに住んでいたが、大手書店、ゴルフクラブのプロショップ、ゴルフ用品量販店にまで件の『私の小さな赤い本』が平積みされ、大評判だったのを懐かしく思い出す。米国南部の田舎町に住む職業ゴルファーのお爺さんが著したレッスン書が、なぜ英国で好評を博したのだろうか？　英国のゴルファーは米国のゴルフ環境に憧れというか、やっかみを持っていることは事実なのだが、小生はもっと別な理由があったのだと思う。

スコットランドの郷土娯楽だったゴルフは、19世紀半ばの産業革命による富を得、マッチプレーを主体にした近代ゴルフに変貌する。また、トム・モリス以降の職業ゴルファーの誕生と、ゴム素材のガッタパーチャボールの普及によって、ゴルフはイングランドまで南下し、同時に米国を含む世界中に輸出されていった。

ところが、近代ゴルフを牽引してきたはずの英国は、ゴルフ後進国だった米国にゴルフ場数はおろか、ゴルフ技術でさえも急速に追いつかれる。本書にも登場するボビー・

ジョーンズ、サム・スニード、ベン・ホーガンらである。米国に主役の座を奪われた時期は、USGA創立が1894年だから20世紀前半、わけても1930年代からのスチールシャフト大量生産が決定打になったのだろう。

このことはハービー・ペニック氏自身のゴルフ歴とほとんど一致する。つまり、彼の見てきたゴルフは、そのまま米国ゴルフ界が英国に追いつき、追い越した歴史そのものなのだ。言い換えれば、ハービーは米国ゴルフのある意味での生き字引だったわけで、その見識や指導方法に英国のゴルファーが強い興味を持つのは当然だったのだろう。

本書の内容は、彼が長年にわたって培ってきた観察眼と、相手を思いやる心、仲間たちとの親交によって構成され、既存のレッスン書と違い技術的な解説はない。つまり、スウィングには個性があり、最終的には技術は個々が修得するものだから、ゴルフ教師は控えめな助言をすべきだという信念に基づいているからだ。

この考え方は、知識の羅列や画一的な指導に対する、強烈なアンチテーゼなのだろう。それこそが世界中で読み継がれている理由だと思う。

最後に、翻訳の機会を与えていただいたゴルフダイジェスト社主幹の中村信隆氏、編集実務では梁島英雄氏と江間孝子さんに大変お世話になりました。この場を借りてお礼申し上げます。

2014年12月

迫田　耕

ハービー・ペニック　Harvey Penick
1904年、米国テキサス州生まれ。地元のオースティンCCでキャディをしながらゴルフを覚え、草創期のプロツアーに参戦。サム・スニードの出現に衝撃を受け、ティーチングプロへの道を切り開く。テキサス大学ゴルフ部のコーチも長く務め、のちにメジャーチャンピオンとなるトム・カイトやベン・クレンショーをはじめ数多くの男女トッププロを育てた。1995年逝去。

迫田　耕　Ko Sakota
1955年、広島県生まれ。東京芸術大学美術学部建築科卒業。木村浩氏のもとで裾野CCのコース改修、磯山元氏のもとで桜GCのクラブハウスを担当。クラブをはじめゴルフ用具のデザイン・制作もこなす。セントアンドリュースGC会員。訳書にアリスター・マッケンジー著『ゴルフコース設計論』がある。

装丁　副田高行　太田江理子

ハービー・ペニックのゴルフレッスン

発行　二〇一五年一月二五日　第一刷

著者　ハービー・ペニック
訳者　迫田 耕
発行者　木村 玄一
発行所　ゴルフダイジェスト社
〒一〇五−八六七〇　東京都港区新橋六−一八−五
電話　〇三−三四三二−四四一一（代表）
　　　〇三−三四三二−三〇六〇（販売部）
e-mail gbook@golf-digest.co.jp
URL　http://www.golfdigest.co.jp/digest
＊書籍販売サイト「ゴルフポケット」で検索
組版　スタジオパトリ
印刷・製本　大日本印刷㈱

定価はカバーに表記してあります。万一乱丁・落丁の本がございましたら、小社販売部までお送りください。送料小社負担でお取り替えいたします。

ISBN978-4-7728-4159-7　C2075